Second Edition 수정판

C KERNIGHAN의 언어 프로그래밍

The C Programming Language

Brian W. Kernighan, Dennis M. Ritchie 지음
김석환, 박용규, 최홍순 옮김

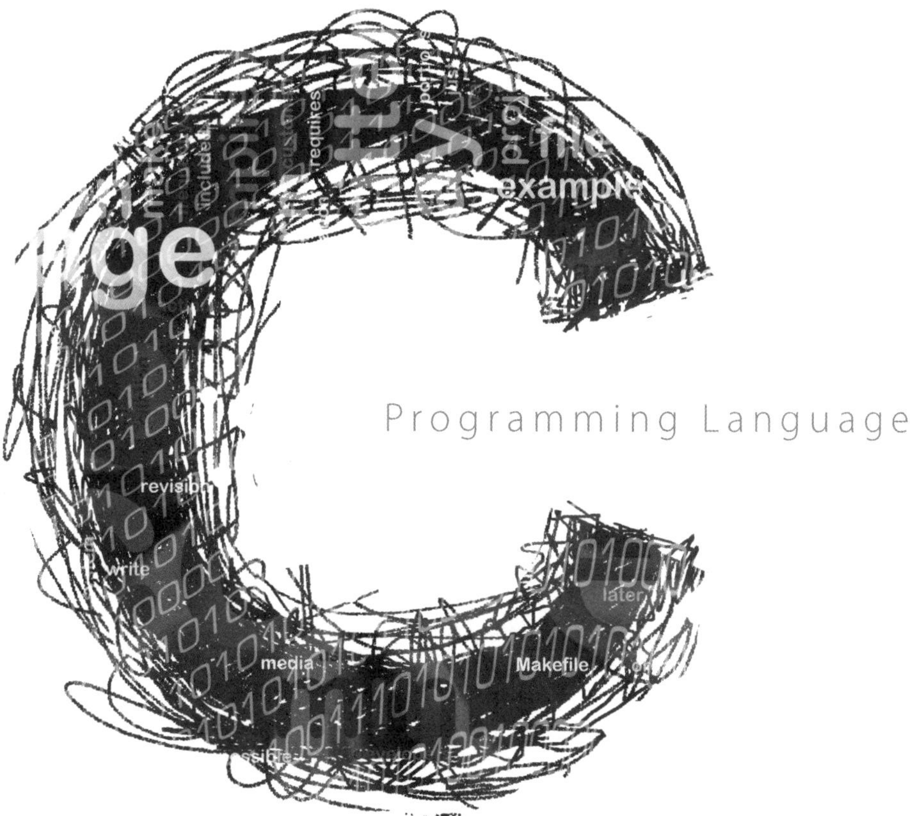

ALWAYS LEARNING

Human Science
휴먼싸이언스

PEARSON

Second Edition 수정판

C KERNIGHAN의 언어 프로그래밍

The C Programming Language

Brian W. Kernighan, Dennis M. Ritchie 지음
김석환, 박용규, 최홍순 옮김

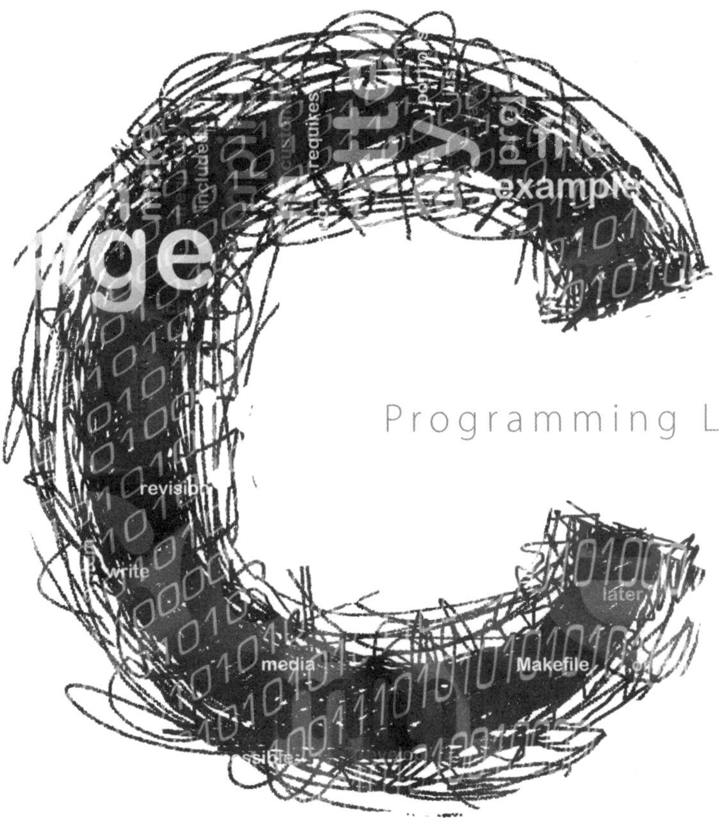

Programming Language

ALWAYS LEARNING

Human Science
휴먼싸이언스

PEARSON

정가 25,000원

KERNIGHAN의 C 언어 프로그래밍 제2판(수정판)
The C Programming Language, 2nd Edition

2016년 1월 26일 2판 1쇄 인쇄
2016년 2월 1일 2판 1쇄 발행

저 자 : Brian W. Kernighan · Dennis M. Ritchie
역 자 : 김석환 · 박용규 · 최홍순
발 행 자 : 박 주 옥
발 행 처 : 휴먼싸이언스
주 소 : 서울시 도봉구 시루봉로 291 B1
(도봉동 613-14 숙진빌딩)
등록번호 : 제2008-20호
등 록 일 : 2008. 10. 13
전 화 : (02) 955-0244
팩 스 : (02) 955-0245
e-mail : humansci@naver.com
ISBN : 978-89-93712-67-4 93690

역자와의 협의하에 인지생략

Preface of Translators

역자 서문

이 책은 C 언어를 만든 사람들이 쓴 『The C Programming Language』를 번역한 것이다. 책이 나올 당시에는 FORTRAN, COBOL, BASIC 등의 언어가 많이 사용되고 있었고, PASCAL과 C는 새로운 언어였다.

그 이후 20년 이상의 세월이 흐르면서 컴퓨터 언어에도 많은 변화가 있었다. 20년 전 대세이던 언어들은 점차 사용되지 않게 되고 많은 새로운 언어들이 나타났다. 그리고 인터넷의 발달과 함께 인터넷상에서 사용하는 JAVA와 같은 새로운 언어들도 나타났는데, 현재 사용되고 있는 많은 화려한 언어들의 대부분은 C를 기반으로 해서 만들어진 것이다.

따라서 C 언어를 이해하는 것은 현재 사용되는 많은 언어를 이해하는 데 기본이 된다. 앞에서 말한 것과 같이 이 책은 C 언어를 만든 사람들이 썼으므로 "C의 철학"을 가장 잘 나타내는 책이라고 할 수 있다.

이 책은 프로그램 작성법이나 컴파일 방법을 친절하고 자세하게 알려 주지는 않는다. 저자들이 밝히고 있듯이 이 책의 목적은 C의 핵심적인 개념을 정확히 설명하는 데 있다. 그렇다 보니 번역하는 과정에서 영어를 그대로 쓰는 편이 나은 부분이 많이 있었다.

컴퓨터의 사용과 프로그램에 대한 기본적인 지식이 있는 독자가 C 언어를 제대로 이해하고자 한다면 이 책이 가장 적합할 것이다. 그러나 C 언어로 프로그램 작성법을 처음 배우는 경우에는 이 책만으로 부족할 듯하다. 어떤 경우이든 독자 여러분이 C 언어의 핵심을 이해하는 데 큰 도움을 주기를 바란다.

역자

Preface of Authors

1판 저자 서문

C 언어는 일반적 용도의 프로그램 언어인데, 간결한 표현, 발전된 형태의 제어 흐름과 자료 구조, 풍부한 연산자 등을 주요 특징으로 하고 있다.

프로그램용 언어는 보통 "high-level", "low-level" 등으로 나누는데, C 언어는 high-level 언어 중에서 가장 "low"한 특징을 가지고 있다. C 언어는 크지 않고(C 언어는 "명령어"라는 것이 없고 모든 연산을 함수와 연산자만으로 하기 때문에 컴파일러가 다른 언어에 비해 훨씬 간단하다—역자 주), 어떤 특정 용도에 사용하기 위해 만들어지지 않았으므로 어떤 용도로 사용하더라도 제한 사항이 적다. 이런 특성이 C 언어를 강력한 언어로 만들었다.

최초의 C 언어는 Dennis Ritchie가 DEC PDP-11이라는 컴퓨터용의 UNIX 시스템을 개발하는 과정에서 만들어졌다. 이 컴퓨터의 UNIX 운영 시스템과 C 컴파일러를 비롯한 모든 프로그램은 C 언어로 작성되었다. 그 외에도 IBM 370, Honeywell 6000, Interdata 8/32 등 많은 컴퓨터의 시스템이 C 언어를 통해 만들어졌다. C 언어의 또 하나의 큰 특징은 하드웨어의 영향을 적게 받는다는 것이다. 다시 말해 한 컴퓨터에서 작성한 C로 쓰인 프로그램을 수정 없이 다른 종류의 컴퓨터에서 실행시킬 수 있다는 것이다.

이 책은 독자들이 C 언어로 프로그램을 작성하는 방법을 배울 수 있도록 하는 목적에서 쓰였다. 책은 입문자를 위한 설명, C 언어의 각 특징을 설명하는 장, 그리고 참고 자료 순으로 되어 있다. 이 책은 문법을 장황하게 설명하기보다는 예제를 통해 이해할 수 있는 구성으로 되어 있다. 대부분의 예제는 읽고, 쓰고, 읽은 내용에 어떤 변화를 가하는 프로그램으로 되어 있기 때문에 거의 모든 예제는 단순히 설명을 위한 의미 없는 조각이 아니라 그 자체로 동작할 수 있는 프로그램이다. 모든 예제는 책에 있는 그대로를 실제로 실행시켜서 확인한 것들이다. 독자들이 C 언어를 잘 이해할 수 있게 하는 것이 이 책의 목적이지만, 우리는 책을 쓰면서 독자들이 유용한 알고리즘, 좋은 스타일, 좋은 디자인의 프로그램에 대한 지식을 얻도록 하기 위해 노력했다.

이 책은 프로그램하는 방법을 가르치기 위한 책이 아니다. 그러므로 독자들이 변수, 변수 값 지정, 루프, 함수 등 기본적인 프로그램에 대한 지식을 가지고 있다고 가정했다. 그렇지만 프로그램을 처음 하는 독자라도 프로그램에 대한 지식이 있는 사람의 도움을 받는다면 이 책으로 프로그램에 대한 공부를 할 수도 있다.

필자들의 경험에 의하면 C 언어는 배우고 사용하기 편하고 표현력이 풍부하며 사용 범위가 넓은 프로그램 언어이다. 그리고 C 언어는 "경험에 의해 성장하는" 언어이다. 이 책이 C 언어를 이해하는 데 큰 도움이 되기를 바라는 마음이다.

많은 친구와 동료들의 지적과 제안이 있었기에 책이 더 좋아지기도 했고 저술하는 과정이 즐겁기도 했다. 특히 내용을 꼼꼼이 읽고 지적해 준 Mike Bianchi, Jim Blue, Stu Feldman, Doug McIlroy, Bill Roome, Bob Rosin, Larry Rosler에게 감사드린다. 책을 저술하는 여러 과정에서 의미 있는 제안을 해 준 Al Aho, Steve Bourne, Dan Dvorak, Chuck Haley, Debbie Haley, Marion Harris, Rick Holt, Steve Johnson, John Mashey, Bob Mitze, Ralph Muha, Peter Nelson, Elliot Pinson, Bill Plauger, Jerry Spivack, Ken Thompson, Peter Weinberger에게도 고마움을 전한다. 그리고 타이핑에 큰 도움을 준 Mike Lesk와 Joe Ossanna에게도 감사한다.

Brian W. Kernighan
Dennis M. Ritchie

Preface of Authors

2판 저자 서문

1978년 『The C Programming Language』의 초판이 나온 이후 컴퓨터 분야는 크게 발전했다. 점점 더 큰 컴퓨터가 등장했고, 10년 전에는 대형 컴퓨터에서나 할 수 있던 계산을 개인용 컴퓨터로 할 수 있게 되었다. 그동안 C 언어도 UNIX 운영체제와 함께 조금씩 변화해서 지금은 처음의 C 언어와는 상당히 다른 모습을 하고 있다.

C 언어를 사용하는 사람이 점점 많아졌고, C 언어를 개발할 때 참여하지 않았던 팀들이 컴파일러를 만들게 되면서 최초의 C 언어와는 조금 다른 C 언어들이 생겨나게 되었다. 그래서 C 언어를 표준화하고 재정비할 필요가 생겼다.

1983년에 ANSI(American National Standards Institute, 미국표준협회)는 C 언어를 어떤 기계에서나 "애매함 없이" 사용할 수 있도록 하는 표준을 만들기 위한 위원회를 발족시켰다. 그 결과 만들어진 표준 C가 이 책에서 설명하는 "ANSI 표준 C"이다.

ANSI C는 이 책의 초판에 설명된 문법의 기준이 그대로 적용되기는 했지만 세부적인 부분이 정리되었는데 대표적인 부분이 구조체(structure)를 정의하는 부분이다. 함수를 정의하는 방법도 정비되어 이제는 함수가 정의된 대로 사용되는지 상호 확인(cross-check)할 수 있게 되었고, 표준 라이브러리도 세분되어 입출력을 담당하는 함수, 메모리 관리, 문자열 처리 등의 부류로 나누어졌다. 그러므로 함수의 동작을 더 세밀하게 정해 줄 수 있게 되었고, 또한 이 함수가 장치 의존성이 얼마나 되는지도 명시할 수 있게 되었다.

이 책은 ANSI C를 설명하는 책이다. 새로운 문법을 기준으로 모든 설명을 할 것이지만, 필요하다면 원래의 문법이 어땠는지를 설명하도록 하겠다. 함수 정의를 설명하는 부분 이외에는 큰 변화가 없기 때문에 다른 부분은 초판과 크게 다른 점이 없다. 지금 사용하고 있는 컴파일러의 새 버전은 이미 새로운 표준 C 문법을 사용할 수 있게 되어 있다.

C 언어는 복잡한 명령어 등이 없는 간결한 언어이다. 이 책도 이에 맞추어 간결성을 유지했다. 큰 분량의 책으로 모든 것을 자세히 설명하는 것보다는 핵심적인 부분을 정확히 설명하는 데 초점을 맞추었다. 초점을 맞춘 대표적인 부분은 C 언어의 가장 큰 특징인 포인터에 대한 부분이다.

이 책에는 설명을 위한 예제들이 있는데, 초판에 있던 것을 수정한 것도 있고 새로 만든 것도 있다. 예를 들어, 복잡한 선언문에 대한 예제는 선언문을 일반 문장으로, 일반 문장은 선언문으로 변환하는 예제를 추가하여 설명하였다. 전과 마찬가지로 모든 예제들은 텍스트 상태에서 컴파일하고 실행할 수 있는 형태로 되어 있고, 확실히 동작됨도 확인했다.

부록 A는 표준 문법을 요약한 것이다. 표준 문법을 요약한 것이지만 문법 자체를 정확하게 설명하기보다는 프로그램을 작성할 때 쉽게 찾아볼 수 있도록 하려는 의도로 쓰였다. 부록 B는 표준 라이브러리에서 제공하는 기능을 정리한 것이다. 부록 B 역시 프로그램을 작성하는 사람이 쉽게 찾아볼 수 있게 하는 의도로 쓰였다. 부록 C는 이전의 문법과 달라진 점을 요약한 것이다.

초판의 머리말에서 말했듯이 C 언어는 "경험에 의해 성장하는" 언어이다. C 언어가 만들어진 지 10년이 지난 오늘날 C 언어는 많이 성장했고 지금도 성장하고 있다. 이 책이 C 언어를 보다 잘 이해하고 보다 잘 사용할 수 있게 되는 데 도움이 되기를 바란다.

이 책이 나오기까지 많은 분들의 도움이 있었다. Jon Bentley, Doug Gwyn, Doug McIlroy, Peter Nelson, Rob Pike는 책의 초안을 교정하고 퇴고하는 과정에서 통찰력 있으면서도 자세한 조언을 해 주었다. 책의 초벌을 읽고 조언을 해 준 Al Aho, Dennis Allison, Joe Campbell, G. R. Emlin, Karen Fortgang, Allen Holub, Andrew Hume, Dave Kristol, John Lindermann, Dave Prosser, Gene Spafford, Chris van Wyk에게도 감사한다. Bill Cheswick, Mark Kernighan, Andy Koenig, Robin Lake, Tom London, Jim Reeds, Clovis Tondo, Peter Weinberger도 의미 있는 제안을 해 주었다. Dave Prosser는 ANSI 표준에 대한 질문에 대해 정확하고 상세한 답변을 해 주었다. 이 책의 예제는 Bjarne Stroustrup가 만든 "C++ translator"를 사용하여 만들어졌다. 예제의 최종 확인 과정은 Dave Kristol이 제공해 준 ANSI C 컴파일러에 의해 이루어졌다. Rich Drechsler는 원고의 식자 과정을 해 주었다.

모두에게 감사드린다.

Brian W. Kernighan

Dennis M. Ritchie

Contents

차례

Introduction

들어가는 글

C는 다목적 프로그래밍 언어이다. 이 언어는 이것이 개발된 UNIX 시스템과 밀접히 연관되어 있으며, 이 시스템과 그 위에 돌아가는 대부분의 프로그램들이 C로 작성되어 있다. 그렇다고 이 언어가 어느 특정 운영 시스템과 기계에만 동작하는 것은 아니다. C 언어는 컴파일러나 운영 시스템을 작성하는 분야에도 유용하기 때문에 "시스템 프로그래밍 언어"라고 불려 왔고, 다른 여러 분야에서의 주요 프로그램 작성에도 많이 사용되고 있는 언어이다.

C 언어에서 많은 중요한 아이디어는 마틴 리처즈(Martin Richards)가 개발한 BCPL이라는 언어에서 비롯된 것이다. BCPL은 B라는 언어를 통해서 간접적으로 C에 영향을 미쳤다. B는 켄 톰슨(Ken Thompson)이 1970년에 DEC PDP-7이라는 컴퓨터에 최초의 UNIX 시스템을 위해 만들어진 언어이다.

BCPL과 B는 "무형"언어("typeless" language)이다. 반면에 C는 데이터 형에 대해 여러 가지를 제공한다. 기본적인 형으로는 다양한 크기를 가질 수 있는 문자형, 정수형 숫자, 부동소수형 숫자가 있다. 여기에 더해서 포인터, 배열, 유니온을 통한 계층적 구조의 유도된 데이터형을 만들어 낼 수 있다. 수식은 연산자(operator)와 데이터(operand)로 구성되어 있으며, 대입문이나 함수 호출을 포함하여 어떠한 표현도 하나의 문장으로 표현될 수 있다. 포인터는 기계 비의존적으로 주소참조 관련 연산을 할 수 있게 해 준다.

C는 잘 구성된 구조적 프로그램을 위한 흐름제어 구조를 다음과 같이 제공한다. 문장들 묶기, 결정하기(if-else), 여러 가능 경우에서 하나 선택하기(switch), 처음에 판단하여 순환하기(while, for), 나중에 판단하여 순환하기(do), 순환에서 빠져나가기(break) 등이 있다.

함수의 리턴 값(반환값)으로서 기본형들과 구조체, 유니온, 또는 포인터가 가능하다. 함수의 재귀적 호출(되부름)도 가능하다. 지역변수는 함수호출 시마다 자동으로 매번 새로이 만들어진다. 함수 정의는 내포적으로 할 수 없으나 변수는 블록 구조체적인 방법으로 정의될 수 있다. C 프로그램의 함수들은 별도로 컴파일 되는 별개의 파일에 작성될 수 있다. 변수는 함수 내부에만 존재하게 할 수도 있고, 단일 소스 파일 내에서만 공통으로 사용되도록 할 수도 있으며, 또는 프로그램 전체에서 사용되도록 할 수도 있다.

프리프로세싱 단계에서는 프로그램 텍스트의 매크로 치환이나 다른 소스 파일의 포함, 조건적 컴파일 등이 가능하다.

C는 상대적으로 "저수준"의 언어이다. 저수준이라는 말은 보통 사용되는 "수준이 낮다"는 뜻이 아니고, 컴퓨터 하드웨어 수준에서 문자, 숫자, 주소에 대해 처리하듯이 이 언어가 처리할 수 있다는 뜻이다. 이러한 데이터들은 산술과 논리적 연산자에 의해 결합되거나 옮겨질 수 있다.

C는 문자 스트링, 집합체, 리스트, 또는 배열 등과 같은 복합 데이터체에 대해 직접적으로 다루는 명령은 가지고 있지 않다. 구조체를 한 개의 단위로 취급하여 복사하는 기능은 제공하지만 배열 또는 스트링 전체에 대해 다루는 기능을 제공하지 않는다. 이 언어는 정적 변수 정의나 함수의 지역변수에 의한 스택 취급 외에는 메모리 할당 기능을 언어에서는 제공하지 않는다. 즉, 힙이나 메모리 폐영역회수 기능이 없다. C 언어 자체는 입출력 기능을 따로 가지고 있지 않다. 즉, READ나 WRITE 같은 문장을 가지고 있지 않다. 언어에 내장된 파일 접근 방법도 없다. 이와 같은 고수준의 기능은 외부의 함수 호출에 의해 구현된다. 대부분의 C 언어 컴파일러들은 이러한 기능을 수행하는 표준적 함수 집합을 제공한다.

이러한 방식과 유사하게 C는 테스트, 루핑, 묶기, 부프로그램과 같은 단일 스레드 제어 흐름만을 제공할 뿐이다. 다중 프로그래밍, 병렬 작동, 동기화, 코루틴(coroutine)을 제공하지 않는다.

이러한 기능들의 결핍이 심각한 단점으로 보이기는 하지만("아니 두 개의 문자 스트링을 비교하기 위해서도 함수를 불러야 한다는 것이네요?" 라고 투덜대겠지만), 간결한 크기를 갖는 이러한 언어는 실질적인 장점을 가진다. C 언어는 상대적으로 작은 크기이므로 묘사에 필요한 공간이 적어도 되고, 결국 배우기가 쉽다. C 언어를 다루는 프로그래머는 이 언어 전체에 대한 적절한 지식과 이해를 통해 사용하고 있다고 간주할 수 있다.

초기의 수년간 C 언어는 『The C Programming Language』의 1판에서 정의된 것을 참조 매뉴얼로 사용하였다. 1983년에 ANSI(American National Standards Institute)에서 C를 개정하

기 위한 위원회를 구성하였고, 최종 결과로 ANSI 표준, 또는 ANSI C라는 새로운 C 표준이 1988년에 완성되었다. 이미 대개의 C 컴파일러는 이러한 표준 기능을 구현하고 있는 상태이다(이 책이 작성된 1988년 기준이다 – 역자 주).

이 표준은 최초의 것을 기본으로 하여 상대적으로 약간 바꾼 것이다. 새로운 표준의 목표 중의 하나는 기존의 대부분의 프로그램을 계속적으로 유효하게 하고, 컴파일 시 새로운 규약에 대한 경고를 내주는 데에 있다.

프로그래머에게 있어 가장 중요한 변화는 함수선언과 함수정의 관련한 새로운 문법이다. 함수의 선언에는 함수 매개변수의 설명이 포함된다. 일치 여부를 체크하도록 문법이 변화되었다. 이런 추가적인 정보에 의해 매개변수 불일치 오류를 탐지하는 것이 컴파일러 입장에서 쉬워진 것이다. 우리의 경험으로 볼 때, 이것은 매우 유용한 언어의 추가변화 사항이다.

다른 몇 가지 작은 변화가 있다. 이미 널리 사용되고 있던 구조체 할당과 열거형 데이터가 공식적으로 언어의 지원을 받게 되었다. 이젠 부동소수점 연산은 단정도 정확도로 계산이 된다. 부호 없는 데이터형에 대한 연산 성질이 분명하게 되었다. 프리프로세서는 좀 더 정교하게 되었다. 대부분의 프로그래머에게는 이러한 변화는 작은 영향으로 인식될 것이다.

표준에서 두 번째로 중요한 변화는 C에 기본으로 포함되는 라이브러리의 정의이다. 운영체계에 접근하기 위한 함수들이 정의되고(예를 들면, 파일 입출력), 형식화 입출력, 메모리 할당, 스트링 조작 등과 같은 것들이 정의된다. 표준헤더 집합은 함수와 데이터형 정의에 동일한 접근법을 제공하게 된다. 호스트 시스템과 이러한 라이브러리를 사용하여 교신하는 응용프로그램은 다른 시스템과의 호환성 보장이 된다. 이 라이브러리의 대부분은 UNIX 시스템의 표준 I/O 라이브러리에 준거하여 설계되었다. 이러한 라이브러리는 이미 초판에 설명되어 있고 다른 시스템에서도 잘 사용되고 있다. 이것에 관해서도 프로그래머는 큰 변화가 없다고 생각할 수 있다.

C 언어에 의해 제공되는 데이터형과 흐름제어는 대개의 컴퓨터에서 직접적으로 지원되므로, 런타임 라이브러리(run-time library)는 아주 작은 크기로 구현된다. 표준함수도 명시적으로 호출되는 방식이므로 이들도 필요 없다면 사용하지 않아도 된다. 이 라이브러리들은 운영시스템에서 숨기고자 하는 세부적인 부분을 빼고는 대부분 C 언어로 구현되므로 다른 시스템으로의 이식이 쉽다.

C는 많은 컴퓨터의 각 기능을 수용할 수 있음에도 불구하고 특정 기계 구조에 의존치 않는다. 조금만 주의를 기울인다면 호환성 있는 프로그램을 작성하기가 쉽다. 즉, 여러 가지 하드웨어에 작동하는 프로그램을 소스 수정 없이 수행시킬 수 있다. 이 표준들 내에서는 호환성

문제를 명시적으로 다루며, 프로그램이 수행되어야 할 기계 특성에 맞는 상수집합들을 미리 정의한다.

C는 강한 데이터형을 요구하는 언어가 아니지만, 형 검사 기능은 강화되고 있다. C의 초기 정의에는 정수의 포인터와 정수 자체 간에도 서로 교환을 할 수 있는 미진한 흔적이 있었지만, 최근의 표준은 적절한 정의와 함께 명시적 형 변환을 요구한다. 이미 몇몇 좋은 컴파일러는 이미 이러한 요구를 구현하고 있었다. 새로운 함수의 정의도 이와 비슷한 진전이 있다. 대부분의 형에 대한 오류를 컴파일러가 경고해 주고 호환되지 않는 데이터형 간에는 자동 변환을 해 주지 않는다. 그럼에도 C는 프로그래머가 그들이 하는 일이 정확이 무엇인지 알도록 하는 기본원칙을 가지고 있으며, 단지 그들의 의도를 명확하게 표시하도록 요구할 뿐이다.

다른 언어와 마찬가지로 C도 흠은 있다. 몇몇 연산자는 잘못된 우선순위를 가지고 있는데, 문법적으로 더 좋아질 수 있을 것이다. 그럼에도 C 언어는 다양한 응용프로그램에서 매우 효율적이고 표현이 강한 언어로 이미 입증되었다.

이 책은 다음과 같이 구성되었다. 제1장에서는 C의 핵심적인 부분에 대해 소개하였다. 새로운 언어를 익히기 위해서는 그것을 사용하여 프로그램을 해 보는 것이 가장 낫다고 믿기 때문에 간단한 예문을 사용하여 독자가 최대한 빠르게 시작하도록 하였다. 이 소개 부분에서는 독자가 프로그래밍에 대한 기본적인 지식을 갖추고 있다고 보았다. 컴퓨터, 컴파일이라는 용어와 n = n + 1의 뜻에 대해 설명하지 않는다. 유용한 프로그래밍 기술에 대해 보여 주기도 하지만, 이 책은 구조체나 알고리즘 등에 대한 참고서가 아니다. 선택을 해야 할 때, 저자는 언어 그 자체의 설명에 우선 초점을 맞추었다.

제2장부터 6장까지는 C언어의 다양한 측면을 제1장보다 좀 더 자세히 다룬다. 여전히 완성된 프로그램 예제를 통해 필요 부분을 강조한다. 제2장은 기본적인 데이터형, 연산자, 그리고 수식에 대해 다룬다. 제3장에서는 if-else, switch, while, for와 같은 제어 흐름문에 대해 다룬다. 제4장에서는 함수와 프로그램 구조, 즉 외부변수, 규칙의 범위, 다중 소스파일과 함께 프리프로세서를 다룬다. 제5장에서는 포인터와 주소연산에 대해 설명하고, 제6장에서는 구조체와 유니온을 다룬다.

제7장에서는 운영체제에 접근할 수 있는 공통의 인터페이스를 제공하는 표준라이브러리에 대해 설명한다. 이 라이브러리는 ANSI 표준에 의해 정의된 것이며 C를 지원하는 모든 컴퓨터에서 사용할 수 있다. 이것을 사용하여 입출력을 하고 운영체제의 필요 부분에 접근하는 프로그램은 어떤 변경도 없이 다른 운영체제로 옮겨질 수 있다.

제8장에서는 C 프로그램과 UNIX 운영체제 간의 인터페이스에 대해 설명한다. 주로 입출력, 파일시스템, 기억장치 할당에 관한 것을 다룬다. 이 장의 일부는 UNIX 시스템에 국한된 것이기는 하지만 다른 운영체제를 사용하는 프로그래머는 표준 라이브러리의 한 버전이 어떻게 구현되고 이식되는지에 대한 식견을 얻게 되는 것을 포함하여 여러 가지 유용한 지식을 발견하게 될 것이다.

부록 A는 언어 참조 매뉴얼이다. C 언어의 문법과 의미에 대한 공식적인 문서는 "ANSI 표준 참조 매뉴얼"인데, 컴파일러 제작자를 위한 것이라 할 수 있다. 이 책의 참조 매뉴얼은 언어의 정의를 엄격하지 않은 좀 더 간결한 스타일로 전달한다. 부록 B는 제작자보다는 사용자를 위한 표준 라이브러리의 정리이다. 부록 C는 초기 언어에 비해 변화된 부분에 대한 요약이다. 의심스러운 부분이 있을 경우, 표준과 컴파일러 구현물이 언어에 대한 최종 권한을 갖는다고 볼 수 있다.

CHAPTER 1

언어 소개

이 장에서는 C를 소개한다. 그 목적은 C의 기본구성을 이해하도록 하는 것이므로 너무 자세한 내용이나 예외적인 사항은 설명하지 않겠다. 설명을 위해 기본적인 예제를 사용한다. 이 장에서는 변수와 상수, 연산, 제어의 흐름, 함수 그리고 입출력에 중점을 두고 설명하고 포인터, 구조, 라이브러리 등은 뒷장에서 설명할 것이다. 연산자와 제어문 중에는 이 장에서 설명되지 않는 것도 있다.

이 장에 있는 예제는 설명을 위해서 만들어진 것이기 때문에 허술한 면이 많다. 이 예제들은 C의 기능을 효율적으로 이용한다고 볼 수도 없고 간략한 형태로 되어 있는 것도 아니다. 그러나 뒷장에서 이 장의 예제를 다시 사용하는 경우가 있으므로 그냥 넘겨 버리지 말고 잘 살펴보기 바란다.

숙달된 프로그래머라면 이 장에 나와 있는 예제를 근간으로 해서 나름대로 훌륭한 프로그램을 작성할 수 있을 것이고, 초보자의 경우 이 장의 예제가 C를 배우는 데 도움이 되리라 본다. 이 장의 내용을 뼈대로 하여 제2장부터는 설명되는 자세한 내용을 그 뼈대에 붙여 나간다 생각하고 읽기 바란다.

1.1 시작

새로운 언어를 가장 빨리 배우는 방법은 그 언어로 프로그램을 작성해 보는 것이다. 물론 많은 에러가 나겠지만 그 에러들을 고쳐 나가는 과정에서 여러분의 실력이 부쩍 늘게 된다. 우선 화면에 다음 문자를 출력하는 프로그램을 작성해 보자.

```
hello, world
```

이 프로그램을 작성하고 실행시키는 데는 몇 단계의 작업이 필요하다. 우선 프로그램이 들어 있는 텍스트 파일을 만들어야 하고 그 파일을 컴파일하고 링크한 다음 실행시켜야 한다. 컴파일하고 링크하는 방법은 기종에 따라 다르다. "hello, world"라고 화면에 출력하는 프로그램은 다음과 같다.

```
#include <stdio.h>
main( )
{
```

```
    printf("hello, world\n");
}
```

이 프로그램을 editor로 작성한 다음 hello.c라는 이름으로 디스크에 저장한다. 그다음 컴파일을 하는데, UNIX에서는

```
cc hello.c
```

와 같은 명령어로 컴파일하게 되어 있고, IBM-PC의 MSC를 사용하는 경우에는

```
msc hello.c
```

와 같이 해 준다. 요즘에는 훨씬 많은 기능을 지닌 에디터와 컴파일러가 함께 들어 있는 소프트웨어를 많이 사용한다.

이제 프로그램 자체에 대해서 알아보자. C 프로그램은 항상 하나 이상의 함수로 구성된다. C의 함수라는 것은 FORTRAN의 함수나 서브루틴, PL/1이나 PASCAL의 프로시듀어와 비슷하다. 함수의 이름은 원하는 대로 붙일 수 있지만 주프로그램(서브루틴이 아닌)의 이름은 꼭 main이라고 해 주어야 한다. main은 대개 다른 함수들을 호출하게 되는데 같은 프로그램 내에 있는 함수를 호출할 수도 있고, 라이브러리에 있는 함수를 호출할 수도 있다. 라이브러리는 여러 개가 있는데, 그중에서 우리가 사용하고자 하는 함수가 어떤 라이브러리에 있는지 프로그램에 명시해 주어야 한다. 위 프로그램에서 사용한 함수는 printf이며 이 함수는 stdio(표준 입출력 라이브러리)에 들어 있다. 그러므로 프로그램의 첫째 줄에

```
#include <stdio.h>
```

라고 써 준 것이다. 표준 입출력 라이브러리(stdio.h)에 대해서는 제7장과 부록 B에서 설명한다.

함수들 사이에 데이터가 오고 갈 때는 매개변수를 사용해야 한다. 매개변수는 함수 이름 바로 뒤에 오는 괄호 속에 써 준다. 위의 프로그램은 함수 이름이 main( )로 되어 있으므로 매개변수가 없다는 말이 된다. 매개변수가 없을 때에도 괄호는 꼭 있어야 한다.

중괄호{ }는 문장들을 묶어서 하나의 덩어리(복합문 또는 블록)로 만들어 주는 역할을 한다. 이것은 PL/1의 DO-END나 Algol, PASCAL의 begin-end와 비슷하다. 위의 프로그램에서는 { 와 } 사이가 main 함수라는 것을 나타내고 있다. 그리고 C에서는 함수를 호출할 때

그 함수의 이름과 매개변수만 써 주면 되고 call이라는 단어는 사용하지 않는다(FORTRAN 이나 PL/1에서는 함수를 호출할 때 call 문을 사용한다).

```
printf("hello, world\n");
```

라는 문장은 printf라는 함수를 호출하는 명령어이며 매개변수는

```
"hello, wrorld\n"
```

이다. printf 함수는 화면출력을 담당하는 함수이다. 인용부호 속에 있는 문자들은 "문자열" 또는 "스트링 상수"라고 불린다. 문자열의 맨 끝에 있는 "\n"은 커서를 그다음의 행의 처음으로 보내는 역할을 한다. 즉 return 키와 같은 역할을 한다. printf 함수에서 행을 바꾸는 방법은 "\n"밖에 없다. "hello"와 "world"를 다른 줄에 쓰기 위해서는 다음과 같이 해야 한다.

```
printf("hello,\n world");
```

이것을 다음과 같이 한다면 에러가 발생한다.

```
printf("hello,
       world");
```

인용부호 사이에서는 줄을 바꿔 쓰면 안 된다. 다음과 같은 프로그램도 "hello,world"를 화면에 출력해 준다.

```
#include <stdio.h>

main()
{
     printf("hello, ");
     printf("world");
     printf("\n");
```

이상에서 설명한 것을 요약하면 다음과 같이 된다.

```
#include <stdio.h>              표준 입출력 라이브러리의 함수를 이용
main()                          main 함수 정의. 매개변수는 없다.
{                               main 함수 시작
    printf("hello, world\n");   문자출력을 위해 printf 함수를 호출
}                               main 함수 종료
```

한 가지 주목할 것은 \n은 하나의 문자라는 것이다. 이런 문자를 escape 문자라고 하는데 출력의 양식을 정해 주는 역할을 한다. \n은 return 키의 역할을 하고 \t는 tab 키의 역할을 한다. 그리고 \b는 backspace(←) 키의 역할을 한다. 화면에 \를 출력하고 싶을 때는 \\와 같이 쓰고, 따옴표(")를 출력하고 싶을 때는 \"로 써야 한다.

예제 1-1 "hello world"를 출력하는 프로그램을 작성해서 실행시켜 보라. 프로그램에서 문자 하나씩 빼고 실행시켜서 어떤 에러가 발생하는지 알아보라.

예제 1-2 "\" 뒤에 여러 가지 문자를 넣어서 각각 어떤 동작을 하는지 시험해 보라.

1.2 변수와 수식 표현

다음은 °C = (5/9) (°F − 32)라는 공식을 사용해서 화씨온도를 섭씨온도로 바꾸어 다음과 같이 출력하는 프로그램이다.

```
0    -17
20   -6
40   4
60   15
```

```
80  26
100 37
120 48
140 60
160 71
180 82
200 93
220 104
240 115
260 126
280 137
300 148
```

프로그램은 다음과 같다. 이 프로그램에서 설명문, 선언, 변수, 수식 표현, 루프 그리고 형식화된 출력 등을 배울 수 있다.

```
#include <stdio.h>                    온도변환 프로그램

/* print Fahrenheit-Celsius table
   for fahr = 0, 20, ... , 300 */
main( )
{
    int fahr, celsius;
    int lower, upper, step;

    lower = 0;     /* lower limit of temperature table */
    upper = 300;   /* upper limit */
    step = 20;     /* step size */
```

```
        fahr = lower;
        while (fahr <=upper) {
            celsius = 5 * (fahr-32) / 9;
            printf("%d\t%d\n", fahr, celsius);
            fahr = fahr + step;
        }
    }
```

이 프로그램에서 둘째 줄과 셋째 줄

```
/* print Fahrenheit-Celsius table
    for fahr = 0, 20, ... , 300 */
```

는 설명문으로서 이 프로그램에 대한 간략한 설명이 나와 있다. /*와 */의 사이에 있는 모든 문자는 프로그램의 실행에 아무런 영향을 미치지 못한다(BASIC에서의 REM, FORTRAN에서 C로 시작하는 문장과 동일하다). 프로그램의 중간중간에 이런 설명문을 넣어서 프로그램을 알기 쉽게 해 주는 것은 좋은 방법이다. 설명문은 한 행 또는 여러 행을 차지할 수도 있고, 명령어의 뒤에 쓸 수도 있다. 위의 프로그램에는 두 가지 경우를 다 보여 준다.

C에서 모든 변수는 사용되기 전에 선언해 주어야 한다. 위의 프로그램에서는

```
int fahr, celsius;
int lower, upper, step;
```

와 같이 변수를 선언해 주고 있다. int는 변수의 형이 정수형(integer)이라는 것을 알려 주며 fahr, lower 등은 변수의 이름이다. 변수를 선언해 주지 않으면 에러가 생긴다. 변수를 선언해야 한다는 것이 불편해 보일지도 모르지만 큰 이점이 있다. BASIC 같은 언어를 사용해 본 사람이면 프로그램 중간에 어떤 변수에 오타가 있어서 그 변수가 잘못 계산되어 고생한 경험이 있을 것이다. 프로그램의 첫 부분에 변수를 선언해 주면 이런 문제가 생기지 않는다. 변수에는 여러 가지 형이 있는데 위의 프로그램에서는 int(정수형)가 사용되었다. 실수형 변수는 float인데 부동소수점형의 변수를 말한다. int와 float 이외에도 다음과 같이 변수형들이 있다.

```
char        문자형, 1바이트
short       단정도 정수형
long        배정도 정수형
double      배정도 부동소수점형
```

이런 변수형들의 정밀도는 기종에 따라 다르다. 예를 들어, PDP-11에서 int는 16비트 부호 숫자로서 −32768에서 32767의 범위를 가지며, float는 32비트 숫자로서 일곱 자리 유효숫자를 가지고 그 크기는 10^{38}에서 10^{-38}의 범위이다. 자세한 내용은 제2장을 참조하기 바란다. 위에서 이야기한 변수형 이외에도 배열(array), 구조체(structure), 유니온(union), 포인터(pointer), 함수(function) 등 선언해야 할 여러 가지 형들이 있는데 모두 뒤에서 설명하겠다.

온도변환 프로그램에서 실제 계산은 다음과 같이 변수들의 초깃값을 지정하는 일부터 시작한다.

```
lower = 0;
upper = 300;
step = 20;
fahr = lower;
```

각 문장은 세미콜론으로 끝나며 뒤에는 설명문이 붙어 있다. 온도 변환표의 각 행은 동일한 방법으로 계산할 수 있는데 이럴 때 사용하는 것이 while 문이다.

```
while (fahr <=upper) {
    ...
}
```

while 문 바로 뒤에 오는 괄호 속의 조건이 만족되는 동안 중괄호 속에 있는 문장들이 계속 수행된다. 온도변환 프로그램의 경우 fahr가 upper보다 작거나 같은 동안 중괄호 속, 즉 그다음의 3행이 실행된다. 다시 설명한다면 다음과 같다. 처음에 fahr는 lower와 같은 값을 가지고 있다. 그다음 while 문에 들어가서 celsius를 계산하고 출력하여 fahr를 step만큼 증가시키는 과정이 반복된다. 이 반복은 fahr가 upper보다 작거나 같은 동안만 실행되므로 fahr가 upper보다 커지면 루프(loop : 반복수행)가 끝나게 된다.

while의 몸체는 위의 예에서 본 것과 같이 중괄호로 싸여 있을 수도 있지만 다음과 같이 하나의 문장이 될 수도 있다. 여기서 중괄호의 역할을 알 수 있을 것이다.

```
while (i < j)
    i = 2 * i;
```

예제 프로그램을 보면 main의 몸체 부분은 main보다 조금 오른쪽으로 들어가 있고 while의 반복 부분은 while보다 조금 오른쪽으로 들어가서 인쇄되어 있다. 이것은 프로그램의 논리적 구조를 알기 쉽게 하기 위한 것이며, 몇 칸을 넣느냐는 전혀 상관이 없다. 이런 식으로 프로그램의 구조를 알기 쉽게 하는 것을 들여쓰기(indentation)라고 한다.

온도변환 프로그램의 작업의 대부분은 루프의 몸체에서 행해진다. 섭씨온도는 다음 식에 의해 계산된다.

```
celsius = 5 * (fahr-32) / 9;
```

이 식은 다음과 같이 바꾸어도 될 것 같다.

```
celsius = (5/9) * (fahr-32);
```

그런데 한 가지 문제가 있다. C에서 정수 계산의 결과는 정수가 된다. 그러므로 5/9는 0이 되어서 celsius는 항상 0의 값만 가지게 된다. 정수형과 실수형의 계산 결과가 어떻게 되는지 한번 실험해 보는 것도 좋겠다.

위 프로그램은 printf 함수의 사용법에 대해서도 보여 준다. printf 함수는 출력을 위한 함수로서, 자세한 내용은 제7장에서 설명하기로 하고 여기서는 프로그램에 있는 정도만 설명하기로 한다.

```
printf("%d\t%d\n", fahr, celsius);
```

출력하는 값은 fahr와 celsius이다. 그 앞에 인용부호 속에서 출력양식을 지정해 주고 있다. %d는 정수형 출력을 의미하고 \t는 tab, \n은 새 행으로 커서를 옮기는 것을 의미한다. 그러므로 fahr가 정수형으로, 몇 칸 띈 다음 celsius가 정수형으로 출력된 다음, 커서가 다음 행의 처음으로 가게 된다. 조금 더 설명하면 %d는 10진 정수형, %o는 8진 정수형, %x는 16진 정수형이며, %c는 문자, %s는 문자열을 나타낸다. %를 출력하고 싶을 때는 %%로 써야 한다.

앞에서도 설명했지만 printf 함수는 C의 표준 입출력 라이브러리에 들어 있는 함수이며 C 언어 자체에 포함되어 있는 명령어가 아니다. C 언어 자체에는 입출력 기능이 없다. 그렇지만 표준 입출력 라이브러리에 있으므로 명령어처럼 생각하고 써도 별 무리는 없다. 이렇게 많은 기능을 라이브러리에 넣은 것은 컴퓨터의 기종에 상관없이 동일한 동작을 하도록 해 주기 위해서인데, printf의 동작은 ANSI 표준에서 정의하고 있다. printf에 대한 설명은 제7장에서 하기로 하고 지금부터는 C 자체의 명령어의 설명에 치중하겠다.

앞에서 작성했던 온도 변환표의 숫자들은 자릿수가 맞지 않아서 숫자들이 들쭉날쭉하다. 자릿수를 맞추기 위해 printf를 다음과 같이 바꾸어 보자.

```
printf("%3d %6d\n", fahr, celsius);
```

그러면 온도 변환표는 다음과 같이 된다.

```
  0     -17
 20      -6
 40       4
 60      15
 80      26
100      37
...
```

이번에는 온도 변환표를 소수점 이하 자리까지 나오게 해 보자. 프로그램은 다음과 같이 바꿔 주면 된다.

```
#include<stdio.h>              온도변환 프로그램

/* print Fahrenheit-Celsius table
     for fahr = 0, 20, ..., 300; floating-point version */
main( )
{
```

```
    float fahr, celsius;
    int lower, upper, step;

    lower = 0;     /* lower limit of temperature table */
    upper = 300;   /* upper limit */
    step = 20;     /* step size */

    fahr = lower;
    while (fahr <=upper) {
        celsius = (5.0/9.0) *(fahr-32.0);
        printf("%3.0f %6.1f\n" , fahr , celsius);
        fahr = fahr + step;
    }
}
```

달라진 점은 fahr와 celsius가 float형으로 바뀌었다는 것과 celsius를 계산하는 식이 바뀌었다는 것, 그리고 출력양식이 바뀐 것이다. 앞에서 설명한 것처럼 5/9는 0이 되므로 계산이 실수형이라는 것을 알려 주기 위해 계산식에서 (5.0/9.0)이라고 썼다. 정수형의 숫자(또는 변수)에 어떤 연산을 하면 정수연산이 행해진다(5/9와 같은 경우). 정수형과 실수형에 어떤 연산을 하면 정수형은 실수형으로 바뀌어 연산이 된다. 위 프로그램의 fahr-32.0은 fahr-32로 써도 같은 결과가 나온다. 그렇지만 좀 더 확실히 하고 프로그램을 알아보기 쉽게 하기 위해 32.0으로 쓰는 것이 좋다. 정수형이 실수형으로 변환되는 또 한 가지 예는 프로그램의 다음 두 행에서 볼 수 있다.

```
fahr = lower;
```

와

```
while (fahr <= upper)
```

정수형과 실수형의 변환에 대해서는 제2장에서 자세히 설명하였다.

다음으로 출력양식에 대해 알아보자. 처음의 %3.0f는 소수점 이하 자릿수가 0이라는 것을 나타낸다. %6.1f는 celsius가 전체 여섯 자리, 소수점 이하 한 자리의 부동소수점 형식으로 출력되도록 지정해 준다. 그래서 출력은 다음과 같이 된다.

```
 0   -17.8
20    -6.7
40     4.4
...
```

출력양식은 여러 가지로 쓸 수 있는데 몇 가지 대표적인 예를 다음에 정리했다.

%d	10진 정수
%6d	여섯 자리의 10진 정수
%f	부동소수점 실수, 길이는 지정하지 않고 있다.
%6f	부동소수점 실수, 전체 길이만 여섯 자리로 지정한다.
%.2f	부동소수점 실수, 소수점 이하 두 자리로 지정한다.
%6.2f	부동소수점 실수, 전체 여섯 자리 소수점 이하 두 자리

이 밖에도 여러 가지 출력양식이 있는데, 앞에서 설명한 것처럼 %o는 8진 정수, %x는 16진 정수, %c는 문자, %s는 문자열을 나타낸다.

예제 1-3 온도 변환표의 위에 항목의 제목이 붙도록 프로그램을 바꾸어 보라.

예제 1-4 위 프로그램은 화씨를 섭씨로 바꾸는 프로그램이었다. 섭씨를 화씨로 바꾸는 프로그램을 작성해 보라.

1.3 for 문

온도변환 프로그램에서 반복계산을 하기 위해 while이 사용되었다. 이것을 for 문을 써서 다음과 같이 프로그램을 바꿀 수 있다. 결과는 물론 앞의 것과 동일하다.

```
#include <stdio.h>

/* print Fahrenheit-Celsius table */
main( )
{
     int fahr;

     for (fahr = 0; fahr <=300; fahr = fahr + 20)
          print("%3d %6.1f\n", fahr, (5.0/9.0) * (fahr-32));
}
```

길이도 많이 짧아졌고 변수도 fahr만 남아 있다. 원래 프로그램에 남아 있던 lower, upper, step 등의 상수는 모두 for 문 속에 숫자로 들어갔다. 계산하는 부분도 printf 속에 들어가 버렸다. C에서는 어떤 변수가 있어야 될 자리에 수식이 들어가도 상관없지만 그 형(type)은 맞아야 한다. 위의 예에서 수식의 출력양식은 %6.1f의 실수형이고 계산도 실수계산이므로 상관없다.

for 문도 while과 마찬가지로 반복수행을 시키는 명령어이다. 경우에 따라 편리한 것을 사용하면 된다. for 바로 뒤의 괄호 속은 세미콜론에 의해 세 부분으로 나누어져 있다.

첫 부분

```
fahr = 0
```

은 루프의 내용이 실행되기 전에 한 번만 실행된다. 두 번째 부분

```
fahr <= 300
```

은 조건을 나타내는 것으로서, 이 조건이 만족되면 루프의 몸체 부분이 실행된다. 그다음 세 번째 부분인

```
fahr = fahr + 20
```

이 실행되고 두 번째 부분의 조건이 만족되는지 검사된다. 만족되면 루프의 몸체는 수행되고, 다음 세 번째 부분이 실행되고, 또 조건이 만족되는지 검사하고…. 이렇게 해서 루프는 fahr가 300 이하인 동안 반복해서 수행된다. while에서와 마찬가지로 for의 루프의 몸체도 하나의 문장일 수도 있고 중괄호로 묶인 문장들일 수도 있다. for 문을 써서 프로그램이 많이 짧아진 것도 한 가지 주목할 만한 일이다.

예제 1-5 위의 프로그램에서는 화씨온도가 0일 때부터 300일 때까지를 계산했다. 300도에서 0도까지를 계산하는 프로그램을 작성해 보라. 즉 온도 변환표를 역순으로 만들어 보라.

1.4 상수 정의

위의 프로그램에서 300, 20과 같은 숫자를 그대로 두면 나중에 프로그램을 보는 사람이 그 숫자가 뭔지 모르는 경우가 있다. 이런 사태를 방지하기 위해 프로그램을 다음과 같이 바꿀 수 있다.

```
#include <stdio.h>          온도변환 프로그램

#define   LOWER 0          /* lower limit of table */
```

```
 #define   UPPER 300      /* upper limit */
 #define   STEP   20      /* step size */

/* print Fahrenheit-Celsius table */
main ( )
{
     int fahr;

     for(fahr = LOWER; fahr <= UPPER; fahr = fahr + STEP)
        printf("%3d %6.1f\n", fahr, (5.0/9.0) * (fahr-32));
}
```

여기서 #define이 상수를 정의해 주는 부분이다.

이렇게 상수를 정의하면 프로그램 내의 LOWER는 항상 0, UPPER는 항상 300, STEP은 항상 20의 값을 갖는다. 값이 계속 변하는 fahr 같은 변수와는 성질이 다름을 알 수 있을 것이다. 상수는 숫자뿐만이 아니라 문자나 문자열(string)도 될 수 있다. 규정은 아니지만 보통 변수 이름은 소문자로 쓰고 상수 이름은 대문자로 써서 혼동을 막는다. 그리고 변수선언의 뒤에는 세미콜론이 붙지만 상수 정의인 #define의 뒤에는 세미콜론이 없다는 데도 주의하라.

1.5 문자 입출력

문자 데이터를 처리하는 몇 가지 프로그램을 작성해 보자. 여기에 나오는 프로그램들은 문자 데이터를 처리하는 가장 기본적인 프로그램이므로 문자 데이터를 처리하는 대부분의 프로그램은 이 책에 있는 프로그램을 변형한 것이라고 할 수 있다.

문자들로 이루어진 어떤 파일이 있을 때 C의 표준 입출력 라이브러리에 있는 함수를 사용해서 문자들을 하나씩 읽어 어떤 처리를 할 수 있다. 파일은 여러 개의 행으로 구성되어 있고 한 행에는 여러 개의 문자가 있게 된다. 행과 행 사이에는 새로운 행의 시작임을 알려 주는 기호가 있고(\n과 같은 것, 화면상에서는 보이지 않음), 파일의 맨 끝에는 파일의 끝임을 알려 주는 기호가 있다. 그러므로 C로 파일을 처리하는 프로그램을 작성할 때 행의 길이나 파일의 길이는 신경 쓰지 않아도 된다.

표준 입출력 라이브러리에 있는 함수 중에서 문자 하나를 받아들이는 함수로 getchar가 있다. 이 함수가 호출되면 바로 그다음의 입력되는 문자를 받아들인다.

```
c = getchar( )
```

입력된 문자는 변수 c의 값으로 주어진다. 입력은 보통 키보드로 하는데 파일에서 읽는 방법은 제7장에서 설명한다.

표준 입출력 라이브러리에 있는 함수 중에서 문자 하나를 출력하는 함수로는 putchar가 있다. 명령은 다음과 같이 한다.

```
putchar(c)
```

이렇게 하면 변수 c의 내용이 문자로 출력된다. 보통 출력은 모니터 화면으로 한다. putchar와 printf는 비슷한 기능을 한다고 볼 수 있고 같은 파일에 대해서 두 개의 함수를 함께 사용해도 무방하다.

위의 예에서 getchar로 어떤 문자를 문자형 변수 c에 받아들였는데 그다음 c를 정수형 변수로 사용할 수도 있다. c에 어떤 숫자를 넣은 다음 putchar(c)라는 명령을 하면 c 값의 ASCII 값에 해당하는 문자가 출력된다. 자세한 내용은 2.7절을 참조하기 바란다.

1.5.1 파일의 복사

getchar와 putchar를 사용하면 입출력의 구조를 모르더라도 입출력 프로그램을 작성할 수 있다. 다음에 가장 간단한 예가 있다. 입력을 그대로 출력으로 내보내는 프로그램을 작성하자면 그 구조는 다음과 같다.

① 문자를 읽어 들인다.
② while (문자가 파일의 끝을 나타내는 기호가 아닌 동안)
③ 문자를 출력한다.
④ 다음 문자를 읽어 들인다.

이런 구조를 가진 프로그램을 C로 작성하면 다음과 같다.

```
#include <stdio.h>          파일 복사 프로그램

/* copy input to output; 1st version */
main( )
{
    int c;

    c = getchar( );
    while (c !=EOF) {
        putchar(c);
        c = getchar( );
    }
}
```

여기서 !=는 "같지 않다"라는 뜻이다. 그리고 프로그램에서 파일의 끝을 나타내는 기호를 EOF(end of file)라고 쓰는데, 보통 파일의 끝을 나타내는 기호는 −1 또는 0이므로 프로그램을 바르게 작동시키려면 프로그램의 첫 부분에

```
#define EOF -1
```

또는

```
#define EOF 0
```

을 써 주어야 한다. EOF의 값은 <stdio.h>에서 정의하고 있으므로 정의 없이 사용할 수도 있다. 변수 c는 char형이지만 정수형으로 선언해도 되도록 되어 있다. 변수 c를 정수형으로 지정한 데는 또 한 가지 중요한 이유가 있는데, 파일의 끝을 나타내는 기호 때문이다. 혼란을

피하기 위해서 몇 마디 설명을 더 하겠다.

문자로 되어 있는 어떤 파일은 실제로는 그 문자에 해당하는 숫자(ASCII 번호)로 기억되어 있게 된다. 문자에 해당되는 ASCII 번호가 getchar에 의해 읽히면 아무 무리가 없다. 그런데 위 프로그램의 c가 문자형으로 정의되어 있는데 파일에서 −1과 같은 값이 들어오면 처리할 수 없게 된다. 그러므로 위의 프로그램에서는 c를 정수형으로 선언해서 파일의 끝을 나타내는 기호(EOF)를 인식할 수 있게 한 것이다.

위의 프로그램은 다음과 같이 해서 더 간결하게 나타낼 수도 있다.

```
#include <stdio.h>          파일 복사 프로그램

/* copy input to output ; 2nd version */
main ( )
{
      int c;

      while ((c = getchar( )) !=EOF)
           putchar (c);
}
```

여기서

```
c = getchar ( )
```

가 while 문의 조건 속에 들어간 것이 눈에 띈다. 이렇게 하면 우선 문자 입력을 c에 넣고 그 다음 c가 EOF와 다른지를 검사하게 된다. !=는 우선순위가 =보다 높기 때문에 c=getchar( )에는 괄호를 붙여야 한다. 괄호는 붙이지 않고

```
c = getchar ( ) !=EOF
```

라고 쓴다면 그것은

```
c = (getchar ( ) !=EOF)
```

와 같은 뜻이 된다. 이것은 파일의 끝이 아닐 때는 c가 1이 되고, 파일의 끝을 만났을 때는 c가 0이 되는 엉뚱한 결과를 초래한다.

예제 1-6 getchar ( ) !=EOF가 0 또는 1이 되는지 실험해 보라.

예제 1-7 EOF의 값이 실제로 어떤 값인지 알아내는 프로그램을 작성하라.

1.5.2 문자의 개수 세기

다음의 프로그램은 문자의 개수를 세는 프로그램으로 파일 복사 프로그램을 변형시킨 것이다.

문자 개수 세기 프로그램

```
#include <stdio.h>

/* count characters in input; 1st version */
main ( )
{
      long nc;

      nc=0;
      while (getchar ( ) != EOF)
          ++nc;
      printf("%ld\n", nc);
}
```

이 프로그램에서 새로운 표현이 하나 보인다.

```
++nc;
```

이것은 nc를 1만큼 증가시키라는 말로서 nc = nc + 1과 같다. nc를 1만큼 감소시킨다는 것은 --nc처럼 나타낸다. 이것도 nc = nc - 1과 같은 뜻이지만 표현이 훨씬 간결하다. nc를 1만큼 증가시키라는 것은 ++nc 또는 nc++ 두 가지 모두 가능하지만, 두 경우는 차이가 조금 있다. ++nc는 nc를 사용하기 전에 1을 증가시키고 nc++는 사용 후에 1을 증가시킨다. 지금은 차이점을 잘 모르겠지만 제2장을 보면 그 차이를 알 수 있을 것이다. --의 경우도 마찬가지이다.

문자 개수를 세는 프로그램에서 아주 많은 문자도 셀 수 있게 하기 위해 nc를 long으로 했다. int형은 보통 16비트 값으로서 최댓값은 32767이 되고 long은 보통 32비트의 값을 가진다. printf의 출력양식 중에서 %ld는 출력되는 변수가 long형임을 나타낸다.

long형으로도 모자랄 만큼 큰 파일이 있을 것에 대비하려면 변수의 형을 double(배정도 실수형 : double precision float)로 해 주면 된다. 그리고 for 문을 사용해서 프로그램을 고치면 다음과 같다.

```
#include <stdio.h>          문자 개수 세기 프로그램

/* count characters in input; 2nd version */
main ( )
{
    double nc;
    for (nc = 0; getchar( )   !=EOF; ++nc)
        ;
    printf("%.0f\n", nc);
}
```

%f는 실수형 출력을 나타내는데 float형이나 double형에 공통으로 사용된다. 그리고 소수

점 이하 자리는 출력하지 않기 위해 %.0f로 썼다. 여기서 for 루프의 몸체에는 아무것도 없다. for 루프에서 해야 할 모든 동작은 for 뒤의 괄호 속에서 다 이루어진다. 그렇다고 몸체에 아무것도 써 놓지 않으면 안 되므로 세미콜론을 써 놓았다.

만약 읽어 들이는 파일이 문자가 하나도 없는 파일이라면 while이나 for의 조건을 만족하지 않기 때문에 루프의 몸체는 실행되지 않고 0이 출력된다. while이나 for의 장점 중에 하나는 루프의 첫 부분에서 조건을 검사한다는 것이다. 그래서 필요 없이 루프가 실행되는 경우가 생기지 않는다.

1.5.3 행의 개수 세기

파일의 각 행 사이에는 행을 바꾸는 기호(\n)가 들어 있는 것이 보통이므로 행의 개수를 세기 위해서는 \n의 개수를 세면 된다.

그런 동작을 하는 프로그램은 다음과 같다.

```
#include <stdio.h>          행의 개수 세기 프로그램

/* count lines in input */
main ( )
{
    int c, nl;

    nl = 0;
    while ((c = getchar( )) !=EOF)
        if (c =='\n')
            ++nl;
    printf("%d\n", nl);
}
```

while의 몸체에 if 문이 들어 있다. if 뒤의 괄호 속 조건이 만족되면 그다음 문장(또는 중괄호로 싸인 부분)이 실행되고 만족되지 않으면 그냥 그다음으로 넘어간다. ==는 "와 같다"라는 뜻의 기호로서 FORTRAN의 .EQ.와 같다. =는 치환을 위한 기호이다(지금까지 많이 사용되었다). 보통 C 프로그램에서는 비교보다 치환이 더 많이 쓰이므로 치환을 위한 기호를 더 짧은 것으로 선택했다.

어떤 문자에 작은따옴표를 붙이면 그 문자에 해당하는 값을 얻을 수 있다. 예를 들어 ASCII 문자를 사용하는 컴퓨터의 경우 'A'는 65와 같다. 물론 'A'와 65가 완전히 똑같다는 말이 아니고 a='A'와 같은 명령을 주면 a의 값이 65가 된다는 말이다(문자형은 정수형으로 변환된다). ASCII 이외의 문자에서는 A의 값이 65가 아니므로 A를 나타내기 위해 65를 사용하는 것은 별로 권할 만한 일이 아니다. '\n'을 해 보면 행을 바꾸라는 신호가 실제로는 어떤 값을 갖는지를 알 수 있다. \를 사용하는 문자들 (escape 문자라고 한다)도 작은따옴표로 값을 알 수 있다. ASCII 문자를 사용하는 컴퓨터의 경우 '\n'은 13이 된다. 여기서 '\n'이 하나의 문자로 취급된다는 것을 다시 한 번 강조한다. "\n"은 문자 하나를 가진 문자열이다. C에서 문자를 표현할 때는 작은따옴표(' ')를 사용하고 문자열을 사용할 때는 큰따옴표(" ")를 사용한다는 것을 알아 두기 바란다.

예제 1-8 빈칸, tab과 행의 개수를 세는 프로그램을 작성하라.

예제 1-9 한 파일을 읽어서 그중 빈칸이 연달아 나오면 그것을 모두 한 칸으로 만들어 출력하는 프로그램을 작성하라.

예제 1-10 한 파일을 읽어서 그중에 tab이 있으면 그것을 \t, backspace가 있으면 그것을 \b, 그리고 \가 있으면 그것을 \\로 대치해서 출력하는 프로그램을 작성하라.

1.5.4 단어 개수 세기

이번에 살펴볼 프로그램은 행, 단어, 문자의 개수를 세는 프로그램이다. 빈칸이나 tab 또는 행바꿈 문자(\n)가 나오면 한 단어가 끝났다고 생각하기로 한다. 프로그램은 다음과 같다.

```
#include <stdio.h>          단어 개수 세기 프로그램

#define IN   1   /* inside a word */
#define OUT  0   /* outside a word */

/* count lines, words, and characters in input */
main ( )
{
   int c, nl, nw, nc, state;

   state = OUT;
   nl = nw = nc = 0;
   while((c = getchar ( )) != EOF) {
        ++nc;
        if (c == '\n')
            ++nl;
        if (c ==' ' ¦¦ c =='\n' ¦¦ c =='\t')
            state = OUT;
        else if (state == OUT) {
            state = IN;
            ++nw;
        }
   }
   printf ("%d %d %d\n", nl, nw, nc);}
}
```

이 프로그램에서 state라는 변수는 지금 읽어 들인 것이 단어 내에 있는 문자인지 아닌지를 표시하기 위해 사용된다. 단어 내에 있으면 state는 IN(즉 1)의 값을 갖고, 아니면 OUT(즉 0)

의 값을 가진다. 0과 1로 하지 않고 IN과 OUT으로 한 이유는 IN과 OUT이 보기에 쉽기 때문이다. 별 차이 없다고 생각할지 모르지만 프로그램이 복잡해지면 큰 차이가 난다.

```
nl = nw = nc = 0;
```

이라는 문장은 nl, nw, nc 모두를 0으로 해 주는 명령이며 다음과 같은 뜻이 된다.

```
nl = (nw = (nc = 0));
```

|| 는 "또는(or)"이라는 뜻의 연산자이다. 그러므로

```
if (c == ' ' || c == '\n' || c == '\t')
```

는 "c가 빈칸이거나 c가 \n이거나 또는 c가 \t이면"이라고 해석할 수 있다. "그리고(AND)"라는 연산자는 &&이다. ||나 &&로 연결된 조건들은 왼쪽에서부터 검사된다. 위 프로그램의 경우에 c가 빈칸이면 그다음의 조건은 검사되지 않고 넘어간다. 이런 사실은 프로그램이 복잡할 때는 아주 중요하다.

이 프로그램에서 주의 깊게 보아야 할 또 다른 부분은 else이다. else는 다음과 같이 사용된다.

```
if(수식)
   문장 1
else
   문장 2
```

즉, 수식(조건)이 만족되면 문장 1이 수행되고 만족되지 않으면 문장 2가 수행된다. 위의 프로그램에서는 else 뒤에 if를 한 번 더 사용하고 있다.

예제 1-11 위의 프로그램이 오동작을 하도록 하는 입력 파일을 만들어 보라.

예제 1-12 파일을 읽어 한 행에 한 단어씩 출력하는 프로그램을 작성해 보라.

1.6 배열

파일을 읽어서 그 파일 속에 숫자가 각각 몇 번씩 나오고 빈칸은 몇 개가 있으며 그 외의 문자들은 몇 개인지를 세는 프로그램을 작성해 본다. 0에서 9까지의 아홉 개 숫자의 개수를 셀 때 숫자마다 변수를 하나씩 지정하는 것보다는 배열(array)을 사용하는 편이 더 좋을 것이다. 그래서 프로그램을 다음과 같이 작성했다.

```
#include <stdio.h>            문자 분류 프로그램

/* count digits, white space, others */
main ( )
{
    int c, i, nwhite, nother;
    int ndigit[10];
    nwhite = nother = 0;
    for (i = 0; i < 10; ++i)
        ndigit[i] = 0;

    while ((c = getchar( )) != EOF)
        if (c >= '0' && c <= '9')
            ++ndigit[c-'0'];
        else if (c == ' ' || c == '\n' || c == '\t')
            ++nwhite;
        else
            ++nother;

    printf("digits =");
```

```
        for (i = 0; i < 10; ++i)
            printf(" %d", ndigit[i]);
        printf(",white space = %d, other = %d\n",
            nwhite, nother);
    }
```

이 프로그램이 들어 있는 파일을 입력 파일로 해서 실행시키면 결과는 다음과 같이 된다.

```
digits = 9 3 0 0 0 0 0 0 0 1, white space = 123, other = 345
```

여기서

```
int ndigit[10];
```

이라는 선언이 배열변수 선언이다. 이렇게 선언하면 ndigit[0]에서 ndigit[9]의 열 개를 각각 독립된 변수로 사용할 수 있다. 여기서 0~9를 배열의 첨자라고 한다. C에서 배열의 첨자는 0부터 시작한다. 첨자는 정수형 변수나 정수형 상수도 가능하고 정수 수식도 가능하다. 프로그램에서

```
if (c >= '0' && c <='9') ...
```

라는 부분은 읽어 들인 문자가 숫자인지 아닌지를 검사하는 부분이다. 숫자인 경우, 그 숫자가 뭔지를 알려면

```
c - '0'
```

을 하면 된다(잘 생각해 보기 바란다). C에서 char와 int형이 섞여 있는 계산을 할 때 모든 변수는 int 형으로 바뀌게 된다는 것은 앞에서 설명한 바와 같다. 그래서 c가 '1'이라고 할 때 c의 실제 값은 1이 아니라 문자 1의 ASCII 값이 된다(물론 ASCII 외의 다른 문자체계를 사용하는 컴퓨터의 경우는 그 문자체계에 맞는 값이 된다). 그래서 c에서 '0'을 빼야 원하는 숫자가 나오는 것이다. 이 숫자(0~9의 값이 된다)가 배열의 첨자로 사용된다.

한 문자가 숫자인지 빈칸인지 아니면 그 이외인지는 다음 부분에서 검사된다.

```
if (c >= '0' && c <= '9')
    ++ndigit[c-'0'];
else if (c == ' ' || c == '\n' || c == '\t')
    ++nwhite;
else
    ++nother;
```

여기서는 다음과 같은 형식이 사용되었다.

```
if(조건 1)
   문장 1
else if (조건 2)
   문장 2
   ......
else 문장 n
   문장 n+1
```

조건 1이 만족되면 문장 1이 수행되고 문장 n+1이 수행된다. 조건 1이 만족되지 않으면 조건 2가 검사된다. 조건 2가 만족되면 문장 2가 수행되고 문장 n+1이 수행된다. 조건 2가 만족되지 않으면 그다음 조건으로 간다. 이렇게 해서 else의 바로 위 조건까지 만족되지 않으면 문장 n이 수행되고 문장 n+1이 수행되는 것이다. 이런 동작은 switch 문으로도 할 수 있는데 switch 문은 제3장에서 설명한다.

예제 1-13 입력된 단어의 길이에 대한 히스토그램을 작성하는 프로그램을 작성하라.

예제 1-14 입력된 문자들의 사용빈도를 나타내는 히스토그램을 출력하는 프로그램을 작성하라.

1.7 함수

C에서의 함수는 FORTRAN에서의 서브루틴, PL/1이나 PASCAL에서의 프로시듀어와 비슷한 것이다. 프로그램 내에서 여러 번 해야 할 동작을 하나의 함수로 만들어 놓으면 그 함수의 내부가 어떻게 되었는지 모르더라도 그 동작을 시킬 수 있다. C는 함수를 쉽게 사용할 수 있도록 되어 있다. 지금까지 공부했던 printf, getchar, putchar 등도 함수인데 그 함수의 내부구조를 몰라도 사용하는 데는 아무런 지장이 없다.

함수를 사용하는 예를 보이기 위해서 x의 y 제곱을 계산하는 함수를 작성하고 사용해 본다. C에는 제곱계산을 위한 연산자(FORTRAN의 **와 같은 연산자)가 없으므로 이것을 함수로 처리해야 한다. x의 y 제곱을 계산하는 power 함수와 이 함수를 사용하는 main 프로그램의 예는 다음과 같다. power(2, 5)의 값은 32가 된다.

```
#include <stdio.h>          제곱계산 함수

int power(int m, int n);

/* test power function */
main ( )
{
    int i;

    for (i =0; i < 10; ++i)
        printf("%d %d %d\n", i, power(2, i), power(-3, i));
    return 0;
}
/* power: raise base to n-th power; n >= 0 */
int power(int base, int n)
{
```

```
    int i, p:

    p = 1;
    for (i = 1; i <= n; ++i)
        p = p * base;
    return p;
}
```

함수는 다음과 같은 형태를 가지고 있어야 한다.

```
리턴 값의 형        함수 이름(매개변수)
{
    선언문
    문장들
}
```

함수들은 어떤 순서로 기록되어 있어도 상관없으며, main과 같은 파일 내에 있어도 되고 다른 파일에 들어 있어도 된다. 함수가 다른 파일에 들어 있을 때 컴파일하고 링크하는 과정이 복잡해지는 것은 당연한 일이다.

위의 프로그램에서

```
printf("%d %d %d\n", i, power(2, i), power(-3, i));
```

이라는 행에서 power라는 함수는 두 번 호출되었다. 2와 i는 정수형이고, 함수 리턴 값(함수의 계산 결과)의 형도 int로 되어 있기 때문에 power(2, i)도 정수형이 된다.

프로그램을 보면 이상한 점이 하나 있다. main에서 반복수행을 위해 i라는 정수형 변수를 사용하는데 power에서도 i를 사용하고 있다. 이렇게 되면 프로그램 실행 결과는 엉망이 되어 버릴 것 같다. 그런데 위의 프로그램은 아무 이상 없이 잘 수행된다. 그 이유는 C에서의 변수가 그 함수 내에서만 의미를 갖기 때문이다. 즉 power에서 i의 값을 아무리 바꾸더라도 main의 i는 바뀌지 않는다. 그래서 함수 power의 첫 부분에서

```
int power(int base, int n)
```

와 같이 매개변수와 함수의 결과 값에 대해 선언해 주고 있다. 함수를 호출할 때 쓰는 매개변수를 영어로는 argument 또는 actual argument라 하고 함수 내에서는 매개변수를 parameter 또는 formal argument라 하여 구별해서 사용하고 있다.

함수의 연산 결과를 나타내는 문장이 return 문이다. 위 프로그램의 경우 power(x, y)의 값은 p가 된다. return의 뒤에는 변수가 올 수도 있고 어떤 수식이 올 수도 있다. 그리고 아무 값도 출력하지 않는 함수도 있을 수 있다. 또 한 가지 주목할 만한 것은 main의 끝에 있는 return이다. 다른 언어를 사용하는 사람은 좀 이상하게 생각할지도 모르겠지만 C에서는 main도 하나의 함수이다. 어떤 상태(예 : DOS 상태)에서 C로 작성한 프로그램을 실행시키면 원하는 동작을 하고 다시 그 상태(DOS 상태)로 돌아온다. 이때 프로그램이 정상적으로 끝나도록 확인해 주는 것이 return 0이다.

main의 앞에 있는

```
int power(int m, int n);
```

는 power라는 함수가 정수 입력을 두 개 받아들여서 정수 값을 내준다는 것(즉, 리턴 값이 정수라는 것)을 나타낸다. 이렇게 해 주는 것을 함수 선언이라고 한다. 이것과 실제 함수 호출이 맞지 않을 때는 에러가 생긴다. 여기서 m과 n은 함수 power 내에서만 사용되는 변수 이름이므로 호출할 때는 다른 변수 이름으로 호출할 수 있다. 그러므로 다음과 같이 함수를 선언할 수도 있다.

```
int power(int, int);
```

이 책에서 설명하는 것은 ANSI 표준에 의한 C 문법이다. ANSI 이전의 문법에 맞게 power 함수를 작성하면 다음과 같다.

```
/* power: raise base to n-th power; n >= 0 * /
/*       (old-style version) */
power(base, n)
int base, n;
```

```
{
    int i, p;
    p = 1;
    for (i = 1; i <= n; ++i)
        p = p * base;
    return p;
}
```

그리고 함수의 선언은 다음과 같이 해 준다.

```
int power( );
```

ANSI 문법에 따르도록 하는 것이 여러 가지 면에서 유리하다. 그리고 이전 문법에 맞는 프로그램을 ANSI에 맞는 컴파일로 컴파일해도 에러가 생기지 않고 제대로 컴파일된다.

예제 1-15 1.2절의 온도변환 프로그램을 온도변환 함수를 사용해서 다시 작성해 보라.

1.8 매개변수 값 전달

C 언어가 FORTRAN이나 PL/1 같은 언어와 두드러지게 다른 점 중의 하나는 함수를 호출할 때 매개변수의 값을 전달해 주는 방법이다. 앞서 main에서의 i와 power에서의 i가 별개의 것이라고 설명했는데, 이렇게 되는 이유는 함수를 호출할 때 변수명을 넘겨주는 것이 아니라 값만 넘겨주기 때문이다. 변수명을 넘겨주는 것을 "call by reference", 값을 넘겨주는 것을 "call by value"라고 부른다. 자세히 설명하면 이야기가 복잡해지므로 생략하고, "C에서는 호출된 함수가 변수의 값을 변화시킬 수 없다"는 것만 이야기하고 넘어가겠다.

call by value를 사용하면 변수를 적게 사용할 수 있게 되어 더 간결하고 효율적인 프로그램을 작성할 수 있다. power 함수는 다음과 같이 더 간결하게 할 수도 있다.

```
/* power: raise base to n-th power; n>=0; version 2 */
                                                    제곱계산 함수
int power(int base, int n)
{
    int p;

    for(p = 1; n > 0; --n)
        p = p * base;
    return p;
}
```

함수 내에서 n의 값을 변화시키더라도 main의 n에는 아무런 영향을 주지 못한다는 것을 잘 이용하고 있다. 이렇게 함수 내에서만 변화시킬 수 있는 변수를 지역(local)변수라고 한다.

프로그램을 작성하다 보면 함수에서 그 함수의 바깥에 있는 변수 값을 변화시켜야 될 필요가 있을 것이다. 이런 동작은 포인터를 사용하면 가능한데 포인터에 대해서는 제5장에서 자세히 설명하겠다. 함수에서 함수 바깥에 있는 변수의 값을 바꿀 수 있는 또 하나의 경우는 "배열"인데 다음 절에서 설명하겠다.

1.9 문자 배열

배열 가운데 C에서 가장 많이 사용되는 배열은 문자 배열일 것이다. 문자 배열을 사용하는 함수의 예를 들기 위해, 여러 행을 읽어서 그중 가장 긴 행을 출력하는 프로그램을 작성해 보자. 프로그램의 개요는 다음과 같다.

```
while(읽을 행이 있으면)
    if(지금 읽는 행이 지금까지 가장 길었던 행보다 길면)
        그 행과 행의 길이를 기억
가장 긴 행을 출력
```

전체 프로그램은 행을 읽어 들이는 부분, 길이를 재는 부분, 가장 긴 행을 저장하는 부분 그리고 전체를 관리하는 부분으로 나누어질 수 있으므로 각 부분을 각각 하나의 함수로 만들도록 한다. 물론 전체를 관리하는 함수는 main이 될 것이다. 프로그램은 다음과 같다.

```
#include <stdio.h>          가장 긴 행 출력 프로그램
#define MAXLINE 1000    /* maximum input line size */

int getline(char line[ ], int maxline);
void copy(char to[ ], char from[ ]);

/* print longest input line */
main ( )
{
    int len;                /* current line length */
    int max;                /* maximum length seen so far */
    char line[MAXLINE];        /* current input line */
    char longest[MAXLINE];     /* longest line saved here */

    max = 0;
    while ((len = getline(line,MAXLINE)) > 0)
        if (len > max) {
            max = len;
            copy(longest, line);
        }
```

```
    if (max > 0)      /* there was a line */
        printf("%s", longest);
    return 0;
}

/* getline: read a line into s, return length */
int getline(char s[ ], int lim)
{
    int c, i;

    for(i=0; i<lim-1 && (c=getchar( )) !=EOF && c!='\n'; ++1)
        s[i] = c;
    if (c == '\n') {
        s[i] = c;
        ++i;
    }
    s[i] = '\0';
    return i;
}

/* copy:  copy 'from' into 'to'; assume to is big enough */
void copy(char to[ ], char from[ ])
{
    int i;

    i = 0;
    while ((to[i] = from[i]) != '\0')
        ++i;
}
```

한 행을 읽어 들이는 함수에는 getline이라는 이름이 붙어 있다. 이 함수는 표준 입출력 라이브러리에 있는 getchar 함수를 사용하고 있다. getline 함수는 행의 길이를 알아내고 파일의 끝을 만나면 0의 값을 내준다. 이전에 가장 길었던 행보다 더 긴 행을 찾으면 그 행을 저장해 두어야 한다. 저장하는 것을 맡은 함수가 copy이며, 전체의 흐름을 관리하는 부분은 main이다.

getline 함수의 첫 번째 매개변수는 배열로 되어 있고 두 번째 매개변수는 정수형으로 되어 있음을 볼 수 있다. 여기서 배열 s의 길이가 정해지지 않는 이유는 그 길이가 main에서 결정되기 때문이다. 그리고 copy 함수에서는 main으로 리턴하는 값이 없다(copy는 void로 선언되었기 때문에).

getline 함수는 한 행을 읽어 문자 배열로 만드는 동작을 하는데, 배열의 끝에 '\0'(null 문자)을 넣어 준다. 예를 들어, hello\n이라는 행을 읽어 문자 배열을 만들면 다음과 같이 된다.

h	e	l	l	o	\n	\0

이와 같이 만들어진 문자 배열을 printf 함수를 사용해서 출력할 경우 출력양식은 %s로 지정해 주게 된다. 그리고 copy 함수가 행을 기록할 때 '\0'이 끝에 붙어 있는 형태로 기록하게 되어 있다. 이 프로그램에서 또 한 가지 생각해 볼 것이 있는데, 그것은 읽어 들일 수 있는 한계 값보다 더 긴 행을 만나면 어떻게 되느냐 하는 것이다. getline 함수를 보면, 한계 값보다 긴 행이 읽히면 한계까지만 읽고 나머지는 읽지 않게 되어 있다. 이때 문자 배열의 끝 문자는 '\n'이 아니다(행의 중간까지만 읽었으므로). 그러므로 main은 getline을 사용해서 읽어 들인 행의 마지막 문자를 읽어 그 행이 너무 긴 행인지 아닌지를 판단할 수 있다. copy 함수는 행의 길이를 알고 있으므로 이런 과정이 필요 없다.

예제 1-16 위 프로그램의 main을 수정해서 모든 행의 길이와 문자를 출력하라.

예제 1-17 길이가 80자 이상인 모든 행을 출력하는 프로그램을 작성하라.

예제 1-18 파일의 각 행에서 뒷부분의 공백과 tab을 제거하고 전체가 공백인 행을 삭제하는 프로그램을 작성하라.

예제 1-19 문자열 s의 문자 순서를 뒤집는 프로그램을 작성하라. 이 함수에 reverse라고 이름 붙이고, 이 함수를 사용해서 파일의 한 행씩 순서를 뒤집는 프로그램을 작성하라.

1.10 외부변수

위 프로그램의 main에는 longest 등의 변수가 있는데 이 변수들은 main 함수 내에서만 의미를 가진다. 다른 함수에서 같은 이름의 변수를 사용하더라도 main에 있는 것과는 전혀 별개의 것이 된다는 사실은 앞에서도 설명한 바 있다. 이런 변수를 지역변수라 부르기도 하고 자동(automatic)변수라고도 한다. 지역변수가 다른 함수에서도 의미를 가지는 경우가 있는데 이는 제4장에서 설명한다.

프로그램을 작성하다 보면 여러 함수에서 공통으로 사용되는 변수가 필요한 경우가 있다. 이런 변수를 공통(global)변수라 하고 공통변수를 정의할 때 extern이라는 명령어를 사용한다(FORTRAN의 COMMON과 비슷하다). 이런 변수는 함수의 바깥에서도 정의해야 하고, 그 변수를 사용하는 각 함수에서도 정의되어야 한다. 가장 긴 행을 찾는 프로그램의 변수 중에서 longest, max, line의 세 변수를 공통으로 사용하도록 프로그램을 고치면 다음과 같다.

```
#include <stdio.h>           가장 긴 행 출력 프로그램

#define MAXLINE 1000     /* maximum input line size */

int max;                 /* maximum length seen so far */
char line[MAXLINE];      /* current input line */
char longest[MAXLINE];   /* longest line saved here */

int getline(void);
void copy(void);
```

```
/* print longest input line; specialized version */
main ( )
{
    int len;
    extern int max;
    extern char longest[ ];

    max = 0;
    while ((len = getline( )) > 0)
        if (len > max) {
            max = len;
            copy( );
        }
    if (max > 0)          /* there was a line */
        printf("%s", longest);
    return 0;
}


/* getline: specialized version */
int getline(void)
{
    int c, i;
    extern char line[ ];

    for(i = 0; i < MAXLINE-1
        && (c=getchar( ))   != EOF && c != '\n'; ++i)
            line[i] = c;
    if (c == '\n') {
```

```
        line[i] = c;
        ++i;
    }
    line[i] = '\0';
    return i;
}


/* copy: specialized version */
void copy (void)
{
    int i;
    extern char line[ ], longest[ ];

    i=0;
    while ((longest[i] = line[i]) != '\0')
        ++i;
}
```

프로그램의 첫 부분에서 변수를 선언하고 있다. 그리고 각 함수에서 필요한 공통변수를 extern이라는 문장으로 선언함을 알 수 있다.

공통변수를 사용하는 함수가 공통변수 선언과 같은 파일에 들어 있는 경우에는 함수 내에서 extern 선언을 해 주지 않아도 된다. 그러므로 위 프로그램의 함수 내에 들어 있는 extern 선언들은 생략할 수 있다. 그런데 만약 copy 함수가 다른 파일에 있다면 copy 함수 내의 extern 선언은 꼭 있어야 한다. 그러면 라이브러리에 있는 함수를 사용할 경우에, 그 함수에는 사용하는 모든 공통변수들을 프로그램의 처음에 선언해 주어야 한다는 말이 된다. C의 표준 라이브러리에 있는 함수의 경우 일일이 찾아서 선언해야 하는 것은 아니고 다음과 같이 한다.

```
#include <stdio.h>
```

이렇게 하면 stdio(표준 입출력 라이브러리)에 있는 함수에서 사용되는 공통변수는 다 선언된 것이다. 제4장에서 더 자세히 설명하기로 하고 라이브러리는 제7장에서 설명한다. 또 한 가지 짚고 넘어갈 것은 getline과 copy에 있는 void이다. 함수가 void형으로 선언되었다면 함수의 기능이 수행된 후 리턴되는 값이 없다는 것을 의미한다. 그리고 변수의 선언도 앞과 다른 것을 알 수 있다. 우선 이렇다는 것만 알고 제4장에서 자세히 살펴보자.

프로그램을 작성할 때 모든 변수를 공통으로 선언하면 함수의 매개변수 부분도 필요 없고 원하는 때에 그 변수를 항상 사용할 수 있어서 좋을 것이라는 생각이 들지도 모른다. 그러나 그런 좋은 점도 있지만 나쁜 점도 있는데, 변수를 혼동하기가 쉽고 일반성이 줄어든다는 것이다. 예를 들어, 다른 곳에서 copy 함수를 사용하려면 copy 함수에서 어떤 변수가 공통으로 잡혀 있는지를 다 파악하고 선언해 주어야 한다.

지금까지 C의 기본적인 구조를 소개했다. 그러나 이것은 그야말로 기본적인 구조일 뿐이고 자세한 내용은 제2장부터 설명한다. 제2장으로 넘어가기 전에 다음에 있는 예제에 도전해 보기 바란다.

예제 1-20 파일 중에 있는 tab을 같은 길이의 빈칸으로 대치하는 프로그램을 작성하라. 매 n번째 위치에 tab 지점이 있다고 가정한다. 프로그램 이름은 dtab으로 하라.

예제 1-21 빈칸이 연속으로 나올 때 그것을 tab 문자로 바꾸는 프로그램을 작성하라. 즉 예제 1-20의 역작용을 하는 entab 프로그램을 작성하되, 사용되는 tab 문자의 개수는 될 수 있는 대로 적게 하라.

예제 1-22 한 행의 n번째 열 앞에 나타나는 빈칸 아닌 문자 중에서 마지막 문자의 뒷부분을 다음 행으로 보내어 한 행을 두 개 이상의 행으로 만드는 프로그램을 작성하라.

예제 1-23 C 프로그램에서 모든 설명문을 없애는 프로그램을 작성하라. 인용부호 속에 있는 문자열에 주의하라.

예제 1-24 기본적인 C 문법을 검사하는 프로그램을 작성하라. 검사 대상은 짝이 맞지 않는 괄호, 중괄호, 그리고 인용부호, escape 문자, 설명문 표시 등이다.

CHAPTER 2

형, 연산자, 수식

변수와 상수는 프로그램에서 사용되는 기본적인 데이터이다. 선언문은 사용될 변수의 형식과 초깃값을 나타내 주고, 연산자는 그것을 어떻게 할 것인가를 지정한다. 수식은 변수와 상수를 묶어서 새로운 값을 나타낸다. 형(type)은 변수와 상수가 취할 수 있는 값과 그것에 가해질 수 있는 연산을 결정한다.

ANSI 표준은 기본형에 여러 가지 변화와 첨가를 했다. ANSI 표준에서는 부호형(signed form)과 무부호형(unsigned form)의 정수형이 있고 무부호형 상수와 16진수의 문자 상수가 있다. 단정도(short) 수나 배정도(double) 수 2배정도(long double) 수와 부동소수형 연산이 있다. 문자열 상수는 컴파일 시에 만들어진다. 어떤 값이 변하는 것을 방지하기 위해 상수형으로 정의할 수도 있다. 이 장에서는 여러 가지 형과 그 형에 따른 연산을 설명할 것이다.

2.1 변수명

제1장에서 언급하지 않았지만 변수명과 상수명에는 약간의 제한이 있다. 변수명은 문자와 숫자로 이루어지는데 첫 번째 글자는 반드시 영문이어야 한다. 밑줄 " _ "도 문자로 취급하는데 변수명이 길 때 알기 쉽게 하는 장점이 있다. 그러나 변수 이름을 밑줄로 시작해서는 안된다. 왜냐하면 라이브러리 이름이 밑줄로 시작하는 경우가 있기 때문이다. 대문자와 소문자는 완전히 구분된다. 따라서 x와 X는 서로 다른 이름이다. C 언어에서는 관습적으로 변수명에는 소문자를, 상수명에는 대문자를 써 왔다.

한 함수 내에서만 사용되는 변수의 이름은 31개의 문자로 구별한다. 함수 이름과 외부변수 등의 외부 이름으로 31보다 적은 수의 문자를 사용하는 경우도 있는데, 어셈블러나 로더 중 짧은 이름만 처리할 수 있는 것이 있기 때문이다. 외부 이름에 대해서 ANSI 표준은 여섯 개 문자에 대해서만 유일성을 보장한다. 즉, abcdefg와 abcdefh는 같은 이름으로 취급된다. if 나 else, int, float 등은 예약어이므로 소문자로 써야 하고, 변수명으로 사용해서는 안 된다.

변수명은 사용 목적에 관계된 이름을 붙여야 오타를 방지할 수 있다. 지역변수(local variable), 특히 순환문에는 짧은 이름을 쓰고, 외부 이름에는 긴 이름을 쓰는 경향이 있다.

2.2 데이터형과 크기

C에는 다음과 같은 몇 개의 기본적인 데이터형이 있다.

`char`	한 바이트의 문자
`int`	정수, 기종에 따라 크기가 다르다.
`float`	단정도(single-precision) 부동소수점
`double`	배정도(double-precision) 부동소수점

이들 기본형에는 몇 개의 한정사(qualifier)가 붙을 수 있는데 정수형에는 short와 long을 쓸 수 있다.

```
short int sh;
long int counter;
```

이런 선언문에서 int란 단어는 보통 생략된다.

int, short, long의 길이는 하드웨어나 컴파일러에 따라 다르게 정해지는데, 보통 short는 16비트, long은 32비트가 된다.

문자나 정수에는 부호형(signed) 또는 무부호형(unsigned)이라는 한정사를 붙일 수 있다. 무부호형 수는 항상 0보다 크거나 같고 크기는 2^n으로 정해진다. 따라서 문자가 8비트이면 무부호 문자형 변수는 0부터 255까지의 값을 갖고, 부호 문자형은 −128에서 127(2의 보수 기계에서)까지의 값을 갖는다. 보통의 문자가 부호형인지 무부호형인지는 기계에 따라 다르지만, 인쇄 가능한 문자들은 모두 양수이다.

long double이라는 한정사는 부동소수형의 정밀도를 더 높여 준다. 정수에서와 마찬가지로 부동소수형의 길이도 기종에 따라 정해진다.

데이터의 형과 크기는 기종에 따라 다른데, 표준 헤더(standard headers)인 <limits.h>와 <fload.h>에 모든 데이터의 형과 크기가 정의되어 있다. 이는 부록 B에서 다룬다.

예제 2-1 표준 헤더에서 적당한 값을 취하거나, 직접적인 계산으로 부호형과 무부호형의 char, short, int, long 변수의 범위를 구하는 프로그램을 작성하라. 여러 가지 부동소수형의 범위를 구해 보자.

2.3 상수

정수형 상수 1234 같은 것은 int이다. long 상수는 123456789L과 같이 l 또는 L로 끝나며, int에 채워지기에 너무 큰 정수는 long으로 간주된다. 무부호형 상수는 u 또는 U로 끝나고, 접미사 ul 또는 UL은 unsigned long을 의미한다.

부동소수형 상수는 소수점(123.4)이나 지수(le-2)를 가지며, 접미사가 없을 경우에는 배정도로 간주된다. 접미사 f 혹은 F는 부동상수를 나타내며, l이나 L은 long double을 나타낸다.

정수 값은 10진수 대신에 8진수나 16진수로 표기할 수 있다. 0이 앞에 나오면 8진수를, 0x 혹은 0X가 앞에 나오면 16진수를 나타낸다. 예를 들면, 10진수 31은 8진수 037 혹은 16진수 0xlf나 0XIF로 쓸 수 있다. 8진수나 16진수 상수에도 L이나 U를 붙여 long 또는 unsigned로 만들 수 있다. 0xFUL은 10진수 15의 무부호 배정도 상수(unsigned long constant)이다. 문자 상수는 'x'와 같이 ' ' 안의 하나의 문자로 나타내며 정수 값을 가진다. 예를 들면, ASCII 문자 집합에서 문자 상수 '0'은 48이라는 값을 갖는다. 문자 상수는 다른 정수와 마찬가지로 숫자 연산을 할 수 있으며 보통 다른 문자와 비교하는 데 쓰인다.

어떤 문자는 \n과 같이 escape sequence(escape 문자)에 의해 문자나 문자열로 표현될 수 있는데, 두 개의 문자처럼 보이지만 실은 한 문자를 나타낸다. 또한 임의의 크기를 갖는 비트 패턴(bit pattern)은 한 개에서 세 개까지의 8진수(0…7)를 써서

```
'\000'
```

로 나타낼 수 있고, 혹은 하나 내지 두 개의 16진수(0…9, a…f, A…F)를 써서

```
'\xhh'
```

로 쓸 수 있다.

따라서

```
#define VTAB '\013'  /* ASCII vertical tab */
#define BELL '\007'  /* ASCII bell character */
```

혹은 16진수로

```
#define VTAB '\xb'  /* ASCII vertical tab */
#define BELL '\x7'  /* ASCII bell charter */
```

로 써도 된다.

escape sequence를 모두 열거하면 다음과 같다.

```
\a    벨 소리               \\      backslash
\b    backspace            \?      물음표
\f    formfeed             \'      작은따옴표
\n    newline              \"      큰따옴표
\r    carriage return      \000    8진수
\t    수평 tab              \xhh    16진수
\v    수직 tab
```

문자 상수 '\0'은 값이 0이고, null 문자를 나타낸다.

0이라고 쓰는 대신에 '\0'은 더 자주 쓰이는 이유는 이것이 문자로 사용된다는 것을 더 잘 나타내기 때문인데 숫자로는 0일 뿐이다.

상수 수식(constant expression)은 상수만을 포함하는 수식이다. 이들은 실행할 때가 아니라 컴파일 시에 값이 정해지므로 상수가 나타날 수 있는 곳이면

```
#define MAXLINE 1000
char line[MAXLINE+ 1];
```

또는

```
#define LEAP 1   /* in leap years */
```

```
int days[31+28+LEAP+31+30+31+30+31+31+30+31+30+31];
```

과 같이 어디든지 쓸 수 있다.

문자열 상수(string constant)는

```
"I am a string"
```

또는

```
"" /* the empty string */
```

와 같이 문자열에 따옴표를 붙여서 사용한다. 따옴표는 문자열에 포함되지 않고 다만 그것을 구분하기 위해 쓰인다. 문자 상수에 쓰이는 escape sequence는 문자열 상수에도 쓰여서 \" 는 큰따옴표 문자를 나타낸다. 문자열 상수는 컴파일 시에 연결될 수 있다. 따라서

```
"hello", "world"
```

는 "hello, world"와 같다.

이는 긴 문자열을 여러 라인에 걸쳐 쓸 때 편리하다.

문자열은 문자의 배열이다. 내부적으로 표현할 때 문자열은 그 끝에 '\0'을 가지고 있어서 실제로 기억장소는 따옴표 안에 있는 개수보다 한 개가 더 필요하다 이 방법은 문자열의 길이에 제한이 없다는 좋은 점이 있지만 프로그램이 길이를 알기 위해서는 문자열을 완전히 훑어야(scan) 한다. 표준 라이브러리 함수인 strlen(s)은 끝의 '\0'을 뺀 문자열 길이를 리턴해 준다.

```
/* strlen: return length of s */
int strlen(char s[ ])

{
    int i;

    i = 0;
```

```
    while (s[i] !='\0')
        ++i;
    return i;
}
```

strlen과 그 밖의 다른 문자 함수들은 표준 헤더인 <string.h>에 선언되어 있다.

문자 상수와 하나의 문자를 가진 문자열은 확실히 구분되어야 한다. 즉, 'x'와 "x"는 다르다. 전자는 컴퓨터의 문자 집합(charactor set) 중의 x라는 문자를 나타내는 정수이고, 후자는 문자의 배열로 하나의 문자 x와 '\0'으로 이루어져 있다.

상수에는 열거(enumeration) 상수라는 형식이 있다. 열거란 다음과 같은 정수형 상수의 나열이다.

```
enum boolean { NO, YES };
```

따로 지정되지 않으면 집합 안 첫 번째 이름의 값은 0, 1, 2 등의 값을 차례로 갖는다. 값이 지정되지 않은 것은 앞의 것보다 1 큰 값을 갖게 된다.

```
enum escapes { BELL = '\a', BACKSPACE = '\b', TAB = '\t',
               NEWLINE = '\n', VTAB = '\v', RETURN = '\r'};

enum months { JAN = 1, FEB, MAR, APR, MAY, JUN,
              JUL, AUG, SEP, OCT, NOV, DEC };
                    /* FEB is 2, MAR is 3, etc. */
```

열거 내에서 상수의 이름은 모두 달라야 하지만 값은 같을 수도 있다.

enum을 사용하면 #define으로 상수를 하나하나 지정해 주는 것보다 편리하게 여러 개의 상수를 지정할 수 있다. 컴파일러는 열거형 변수가 맞게 사용되었는지를 확인하지 않으므로 프로그래머가 잘 확인해야 한다. 열거형 변수의 값을 확인하기 위해서는 디버거(debugger)를 사용해야 한다.

2.4 선언문

원칙적으로 모든 변수는 사용되기 전에 선언되어야 한다. 선언문은 다음과 같이 형(type)을 지정하고 변수 이름을 나열한다.

```
int lower, upper, step;
char c, line[1000];
```

변수들은 어떤 형태로든 따로따로 선언될 수 있다. 위의 리스트는 다음과 같이 쓸 수도 있다.

```
int lower;
int upper;
int step;
char c;
char line[1000];
```

이 형식은 위의 형식보다 더 많은 공간을 차지하나, 설명문(comment)을 붙일 수 있다는 점과 나중에 수정이 용이하다는 장점이 있다.

변수는 선언문에서 초깃값을 지정할 수 있다. 변수에 등호와 수식이 붙으면 다음과 같이 초기화하는 역할을 한다.

```
char esc = '\\';              변수 초깃값 지정
int  i = 0;
int  limit = MAXLlNE+l;
float eps = 1.0e-5;
```

변수가 지역변수가 아니면 초기화는 프로그램이 실행을 시작하기 전에 단 한 번만 실행되는데 그 초기화는 상수의 수식이어야만 한다. 초기화되는 지역변수는 각 함수나 블록에 처음 들어갈 때 행해진다. 외부변수와 정적(static) 변수(그 파일 내에서만 사용되는 변수)는 따로 지정하지 않으면 0으로 초기화된다. 초기화되지 않는 지역변수의 값은 정의되지 않는다.

변수의 값이 변하는 것을 방지하기 위하여 한정사 const가 선언문에 적용될 수 있다. 배열에 있어서 const라는 한정사는 원소들의 값이 변하지 않는다는 것을 나타낸다.

```
const double e = 2.71828182845905;
const char msg[ ] = "warning: ";
```

const라는 한정사는 함수가 어떤 배열의 값을 변화시키지 않는다는 것을 나타내기 위해 배열과 함께 사용될 수 있다.

```
int strlen(const char[ ]);
```

2.5 산술 연산자

산술 연산자는 +, -, *, /와 나머지(modulus) 연산자 %이다. 정수 나눗셈은 소수점 이하를 버린다. 다음의 표현

```
x % y
```

는 x를 y로 나누었을 때의 나머지를 나타내며, x가 y로 나누어 떨어질 때는 0이다. 예를 들면, 4로 나누어지고 100으로 나누어지지 않는 해는 윤년이라는 것을 이용해 다음과 같이 윤년을 판단하는 프로그램을 만들 수 있다.

```
if ((year % 4 == 0 && year % 100 != 0) || year % 400 ==0)
    printf("%d is a leap year\n", year);
else
    print("%d is not a leap year\n", year);
```

% 연산자는 float나 double에는 적용될 수 없다. 음수에 적용했을 때의 결과는 컴파일러에 따라 다르다.

여러 연산자가 함께 사용되는 경우 계산의 순서는 연산자의 우선순위에 의해 정해진다. 산술식은 왼쪽에서 오른쪽의 순서로 계산된다.

이 장 끝의 표 2.1에는 모든 연산자의 우선순위 및 결합 법칙(associativity)이 정리되어 있다.

2.6 관계 연산자와 논리 연산자

관계 연산자에는 다음과 같은 것들이 있다.

```
>   >=  <   <=
```

이들은 모두 우선순위가 같다. 바로 다음의 우선순위를 갖는 것은 등호 연산자(equality operator)이다. !=는 부정 연산자(NOT)이다.

```
==   !=
```

관계 연산자는 산술 연산자보다 우선순위가 낮다. 따라서 i<lim-l은 예상하는 바와 같이 i<(lim-l)로 간주된다.

더 재미있는 것은 논리 연산자 &&(AND)와 ||(OR)이다. 이들 관계 연산자로 연결된 수식은 왼쪽에서 오른쪽으로 계산되며, 참 · 거짓이 판정되면 곧바로 검사를 마친다. 대부분의 C 프로그램은 이런 성질들을 이용한다. 제1장에서 썼던 getline이란 입력함수를 예로 들어 보자.

```
for (i=0; i<lim-l && (c=getchar( )) != '\n' && c != EOF; ++i)
     s[i] = c;
```

새로운 문자를 읽어 들이기 전에 배열 속에 그것을 저장할 수 있는 자리가 있는지 확인할 필요가 있다. 따라서 i<lim-1에 대한 검사가 필요하다. 만약 이 검사가 실패하면 다른 문자를 계속하여 읽어서는 안 된다. 마찬가지로 getchar를 호출하기 전에 c가 EOF인지 검사해도 안 된다. 따라서 문자 c가 검사되기 전에 호출이 일어나 C의 값이 지정되어야 한다. &&는 ||보다 우선순위가 높지만 관계 연산자 등호 연산자보다 순위가 낮다. 따라서 다음의 수식에는 괄호가 별도로 필요하지 않다.

```
i<lim-l && (c=getchar( )) != '\n' && c != EOF
```

그러나 !=의 순위가 =보다 높기 때문에 다음의 경우에 읽어 들인 C 값과 '\n'을 비교할 때 원하는 결과를 얻기 위해서는 괄호가 필요하다.

```
(c = getchar( )) != '\n'
```

정의에서 관계 연산자나 논리 연산자의 값이 참이면 1이고 거짓이면 0이다. !는 일반적으로

```
if (!valid)
```

와 같이 쓰며

```
if (valid == 0)
```

라고는 잘 사용하지 않는다.

어떤 양식이 더 낫다고 말하기는 어렵지만 ! valid가 더 읽기 쉬운 것은 사실이다.

예제 2-2 위의 for 순환문을 &&나 ||를 사용하지 않은 형태로 바꾸어 보라.

2.7 형 변환

형이 다른 대상에 연산을 하면 대상의 형 변환이 일어나는데, 형 변환에는 몇 가지 규칙이 있다. 일반적으로 자동변환(automatic conversion)이 일어나는 것은 f+i에서와 같이 정보의 손실 없이 변환 가능할 때뿐이다. 부동소수를 첨자로 사용하는 것과 같이 상식에서 벗어나는 것은 허용되지 않는다. 긴 정수를 짧은 정수로, 혹은 부동소수형을 정수로 변환하는 수식은 컴파일할 때 경고(warning)가 나오겠지만 불가능한 것은 아니다.

문자는 하나의 정수일 뿐이므로 산술식에서 자유롭게 쓸 수 있다. 이것은 문자 변환에 상당한 융통성을 부여한다. 문자열 속에 숫자가 있을 때 그것을 해당하는 정수로 바꾸어 주는

함수 atoi를 통해 이를 실험해 볼 수 있다.

```
/* atoi: convert s to integer */              정수로 바꾸는 함수
int atoi{char s[ ])
{
    int i, n;

    n = 0;
    for (i = 0; s[i] >= '0' && s[i] <= '9'; ++i)
         n = 10 * n + (s[i] - '0');
    return n;
}
```

제1장에서 설명했던 것처럼 다음의 수식은 s[i]에 저장된 문자의 정수 값이 된다.

```
s[i] - '0'
```

문자를 정수로 변환하는 또 하나의 예는 ASCII 문자 집합에서 대문자를 소문자로 바꾸어 주는 함수 lower를 들 수 있다. 만약 문자가 대문자가 아니면 lower는 그것을 그대로 리턴한다.

```
/* lower: convert c to lower case; ASCII only */  소문자로 바꾸는 함수
int lower(int c)
{
    if (c >= 'A' && c <= 'Z')
        return c + 'a' - 'A';
    else
```

```
        return c;
}
```

위의 프로그램은 ASCII에만 적용되는데 그것은 대문자와 소문자의 거리가 일정하고 A부터 Z 사이에는 영문자만 존재하기 때문이다. EBCDIC에서는 이 문자 변환이 성립하지 않고 이외의 다른 문자체계에서도 안 될 수 있다.

부록 B에 설명된 표준 헤더 <ctype.h>는 문자체계에 관계없이 가능한 문자분류 함수를 정의해 준다. 예를 들면, 함수 tolower(c)는 c가 대문자일 경우 소문자 값을 리턴해 준다. 즉, 앞의 lower 함수 대신 tolower를 사용할 수 있다. 마찬가지로 다음과 같은 검사

```
c >= '0' && c <= '9'
```

대신에

```
isdigit(c)
```

를 사용할 수 있다.

문자를 정수로 변환하는 데는 한 가지 불명확한 점이 있는데, 문자형 변수가 부호형인지 무부호형인지가 기계마다 다르다는 것이다. 어떤 기계에서 가장 왼쪽 비트가 1인 문자는 음의 정수("부호확장")로 변환된다. 물론 왼쪽 비트가 1인 경우도 양수로 취급하는 기계도 있다.

C의 정의에 의하면 기계의 표준 출력문자 세트의 어떤 글자도 음수가 되지 않는다. 그러나 문자 변수에 저장된 임의의 비트 패턴이 어떤 기계에서는 음수로 나타날 수도 있고, 어떤 기계에서는 양으로 나타날 수도 있다. 문자 변수에 문자가 아닌 숫자가 저장되는 것을 막기 위해서는 프로그램에서 부호형인지 무부호형인지를 확실히 해 주어야 한다.

i>j 같은 관계 수식이나 && 혹은 || 로 연결된 논리 수식은 참일 때 1, 거짓일 때 0의 값을 갖는다. 따라서 다음의 지정문은 c가 숫자일 때 1, 그 외의 경우에는 0의 값이 된다.

```
d = c >= '0' && c <= '9'
```

그러나 isdigit 같은 함수는 참일 때 0도 1도 아닌 수를 리턴해 줄 수도 있다. if, while, for 등의 검사 부분에서도 마찬가지로 "참"이란 "0이 아님"을 의미한다.

함축적인 산술 변환(implicit arithmetic conversions)은 거의 기대하는 대로 된다. 일반적으로 +, *와 같이 두 개의 오퍼랜드(operand, 피연산자)를 가진 연산자에서 형이 다를 경우에는 계산을 진행하기 전에 "작은" 쪽에서 "큰" 쪽으로 변환된다. 부록 A의 6절에서 변환 법칙을 자세하게 다루었다. 무부호형 오퍼랜드가 없다면 다음과 같은 간단한 법칙으로 충분하다.

① long double이 있으면 둘 다 long double로 변환한다.
② 그렇지 않고 double이 있으면 둘 다 double로 변환한다.
③ 그렇지 않고 float가 있으면 둘 다 float로 변환한다.
④ 그렇지 않으면 char 또는 short를 int로 변환한다.
⑤ 그리고 long인 오퍼랜드가 있으면 모두 long으로 변환한다.

한 가지 주의해야 할 것은 수식 중의 float는 자동적으로 double로 변환되지 않는다는 것이다. 일반적으로 <math.h>에 선언되어 있는 함수는 배정도를 사용한다. 큰 배열에서는 기억장소를 절약하기 위해 float를 쓰고, 또 기억장소는 충분하다고 하더라도 계산시간을 절약하기 위해 사용할 때도 있다.

무부호형 오퍼랜드가 개입된 경우의 변환 법칙은 더욱 복잡하다. 문제는 부호형과 무부호형의 비교 결과는 기종과 정수형의 크기에 따라 다르다는 것이다. 예를 들어, int가 16비트이고 long이 32비트라 하자.

다른 형으로 저장된 수를 비교할 때 작은 범위의 것이 큰 범위의 것으로 변환되므로 -1L<1U가 된다. 이는 비교 과정에서 1U가 unsigned long으로 변환된 후 비교가 행해지기 때문이다. 같은 방법으로 생각하면 -1L>1UL이 된다. 이 경우는 -1L이 unsigned long 형태로 변환되어 큰 양의 정수처럼 보이게 되기 때문이다.

변환은 지정문에서 나타나는데, 오른편은 왼편과 같은 형으로 변환되어 그것이 결과의 형이 된다. 문자는 위에서 기술한 것처럼 부호확장(sign extension)이든 아니든 정수로 변환된다. 긴 정수는 상위 비트를 버림으로써 짧은 정수 혹은 문자로 변환된다. 그러므로 다음과 같은 경우의 c는 값이 변하지 않는다.

```
int  i;
char c;
```

```
i = c;
c = i;
```

이것은 부호확장에 관계없이 성립한다. 그러나 지정의 순서를 바꾸면 정보를 잃을 수 있다. 만약 x가 float이고 i가 int라면 x=i와 i=x에서 모두 변환이 일어나는데, float를 int로 변환하면 소수 부분을 절단한다. double이 float로 변환될 때 소수 이하를 버릴지 반올림할지는 기종에 따라 다르다.

함수호출에 의해 매개변수가 함수로 전달될 때에도 형 변환이 일어난다. 함수 선언 부분(function prototype)이 없으면 char, short는 int로 변환되고 float는 double로 된다. 이것이 바로 함수가 char이나 float로 호출될 때에도 함수 매개변수들을 int와 double로 지금까지 선언해 온 이유이다.

마지막으로, 캐스트(cast)라 불리는 단일 연산자를 써서 어떤 수식이든 간에 강제로 형 변환을 행할 수 있다. 다음의 구조에서 수식은 지정된 형으로 위에서 말한 법칙에 따라 변환된다.

```
(형 이름)        수식
```

수식은 위의 규칙에 의하여 지정된 형으로 변환된다. 예를 들면, sqrt라는 라이브러리 루틴은 double 인수를 필요로 하고, 그렇지 않으면 예상치 못한 결과를 낳는다(sqrt는 <math.h>에 선언되어 있다). 따라서 n이 정수라면 sqrt에 넘겨주기 이전에 다음과 같이 double로 변환하여 사용할 수 있다.

```
sqrt( (double) n)
```

cast는 n의 값을 적절한 형으로 바꾸어 주고 n 자체는 변하지 않는다는 것에 주의해야 한다. cast 연산자는 이 장 끝의 표에 정리되어 있는 것처럼 다른 단일 연산자와 동일한 높은 순위를 갖는다.

매개변수들은 보통 함수원형(function prototype)으로 선언되어야 하고, 함수호출이 일어날 때는 이 선언으로 인해 자동적으로 변환이 일어난다. 그러므로 다음과 같이 함수원형이 주어진 sqrt에서

```
double sqrt(double);
```

다음과 같은 호출의

```
root2 = sqrt(2);
```

정수 값 2는 cast를 사용하지 않아도 double 변수 2.0으로 강제 변환된다.

표준 라이브러리에는 간단한 의사난수 발생기(pseudo-random number generator)와 seed를 초기화하는 함수가 포함되어 있는데, 이 두 함수를 잘 보면 cast 연산자를 이해할 수 있을 것이다.

```
unsigned long int next = 1;          의사난수 발생기

/* rand: return pseudo-random integer on 0..32767 */
int rand(void)
{
    next = next * 1103515245 + 12345;
    return (unsigned int) (next/65536) % 32768;
}

/* srand: set seed for rand( ) */
void srand(unsigned int seed)
{
    next = seed;
}
```

예제 2-3 16진수 문자열(0x 또는 0X 모두 포함하는)을 정수로 변환하는 함수 htoi(s)를 작성하라. 사용할 수 있은 숫자는 0에서 9, a에서 f, A에서 F까지이다.

2.8 증가 연산자와 감소 연산자

C에서 변수를 증가시키거나 감소시키는 연산자는 두 개가 있다. 증가 연산자 ++는 오퍼랜드에 1을 증가시키고, 감소 연산자 --는 1을 감소시킨다. 변수를 증가시키기 위해 다음과 같이 ++를 자주 사용한다.

```
if (c == '\n')
    ++nl;
```

특이한 것은 ++나 --는 변수의 앞에도 쓸 수 있고 뒤에도 쓸 수 있다는 점이다. 단, ++n은 n이 사용되기 전에 증가시키고, n++는 사용 후에 증가시킨다. 만약 n이 5라면

```
x = n++;
```

에서 x는 5가 되는데

```
x = ++n;
```

에서는 6이 된다.

증가 연산자와 감소 연산자는 변수에만 사용될 수 있고, (i+j)++와 같이 수식에 사용할 수는 없다.

반면에 다음과 같은 경우에는 앞에 붙이든 뒤에 붙이든 결과가 같다.

```
if (c == '\n')
    nl++;
```

그러나 특별히 어떤 것을 써야 할 경우가 있다. 예를 들어 문자열 s 중의 문자 c를 모두 제거하는 함수 squeeze(s, c)를 생각해 보자.

```
/* squeeze: delete all c from s */  문자제거 함수
void squeeze(char s[ ], int c)
```

```
{
    int i, j;

    for (i = j = 0; s[i] != '\0', i++)
        if (s[i] != c)
            s[j++] = s[i];
    s[j] = '\0';
}
```

c가 아닌 것이 나타날 때마다 현재의 j 위치로 복사되고, 다음 문자를 준비하기 위해 j가 증가된다. 이것은 다음과 같이 쓸 수 있다.

```
if (s[i] != c){
    s[j] = s[i];
    j++;
}
```

비슷한 구조를 가진 것으로 제1장의 getline 함수가 있는데,

```
if (c == '\n') {
    s[i] = c;
    ++i;
}
```

다음과 같이 압축된 형으로 고쳐 쓸 수 있다.

```
if (c == '\n')
    s[i++] = c;
```

세 번째 예로 문자열 s의 끝에 문자열 t를 연결하는 함수 strcat(s, t)를 생각해 보자. strcat는 s에 연결된 것을 저장할 충분한 여유가 있다고 가정한다. strcat는 값을 리턴하지 않고, 결

과의 문자열에 대한 포인터를 리턴한다.

```
/* strcat: concatenate t to end of s; s must be big enough */
                                                    문자열 연결 함수
void strcat(char s[ ], char t[ ] )
{
    int i, j;

    i = j = 0;
    while (s[i] != '\0')        /* find end of s */
        i++;
    while ( (s[i++] = t[j++] ) != '\0')        /* copy t */
        ;
}
```

각 문자가 t에서 s로 복사될 때, 접두사 ++가 i와 j에 작용하여 다음 순환할 때 적절한 위치에 있도록 한다.

예제 2-4 문자열 s2의 문자 중 문자열 s1에 있는 문자들을 지우는 squeeze(s1, s2)를 작성하라.

예제 2-5 문자열 s1에서 문자열 s2에 있는 문자 중 하나가 나타나는지를 찾아서 처음 나타나는 것의 위치(s1 내에서의 위치)를 리턴하고 없을 경우 -1을 리턴하는 함수 any(s1, s2)를 작성하라(표준 라이브러리 함수 strpbrk는 같은 작용을 하고, 단지 그 위치에 대한 포인터를 리턴한다).

2.9 비트 연산자

C에는 비트를 조작하는 여섯 개의 연산자가 있는데, char, short, int, long 등의 부호형 혹은 무부호형 정수 오퍼랜드에 적용된다.

```
&     비트 방식 AND
|     비트 방식 inclusive OR
^     비트 방식 exclusive OR
<<    좌측 이동(left shift)
>>    우측 이동
~     1의 보수(단일 연산자)
```

비트 방식 AND 연산자 &는 비트의 형(mask)을 뜨기 위해 자주 사용된다. 예를 들면

```
n = n & 0177;
```

은 n의 하위 7비트 이외의 것을 0으로 만든다.

비트 방식 OR 연산자는 비트를 세트(set)시키는 데(1로 만드는 데) 사용된다. 다음에서

```
x = x | SET_ON;
```

SET_ON에서 1로 세트된 비트에 해당하는 x의 비트를 1로 세트시킨다.

비트 방식 exclusive OR 연산자는 오퍼랜드의 비트가 같을 경우 0으로, 다를 경우 1로 만든다.

비트 방식 연산자 &와 |는 좌에서 우로 참값을 계산하는 논리 연산자 &&나 ||와는 다르다. 예를 들어 x가 1이고 y가 2일 때 x&y는 0이 되고, x&&y는 1이 된다.

이동 연산자 <<와 >>는 왼쪽에 있는 오퍼랜드를 오른쪽에 있는 양의 수의 비트만큼 좌우로 이동시킨다. 그러므로 x<<2는 x의 값을 좌측으로 두 번 이동시키고, 빈 비트를 0으로 채워 넣는데 결국 4를 곱한 것과 같은 결과가 된다. 무부호형을 우측으로 이동할 때 비어 있게 되는 비트는 항상 0으로 채워진다. 부호형을 우측으로 이동할 때에는 기계에 따라서 빈 비트를 0으로 하기도 하고(논리 이동, logical shift), 부호 비트로 채우기도 한다(산술 이동,

arithmetic shift).

단일 연산자 ~는 정수에 있어서 1의 보수를 나타낸다. 즉, 각 비트가 0이면 1로, 1이면 0으로 한다. 예를 들면

```
x = x & ~077
```

에서는 x의 마지막 6비트를 0으로 한다. x& ~077은 단어의 길이에 의존하지 않는다. 즉, x가 16비트라고 가정하고 사용하는 수식 x&017700보다 더 나은 방법이다. 상수 수식은 컴파일 시에 계산되므로 ~17700이라는 간단한 표현이 나쁠 것은 없다.

비트 연산자의 예로 x의 일부 비트를 리턴하는 함수 getbits(x, p, n)을 생각해 보자. 예를 들어 getbits(x, 4, 3)은 우측에서 4번째 비트부터 세 개의 비트, 즉 4, 3, 2번의 세 비트를 출력한다. 비트의 위치 0은 우측 끝을 나타내고 n과 p는 양의 수라 가정한다.

```
/* getbits: get n bits from position p */  일부 비트 리턴 함수
unsigned getbits(unsigned x, int p, int n)
{
    return (x >> (p+1-n) ) & ~(~0 << n);
}
```

수식 x>>(p+1-n)은 원하는 비트를 단어의 우측 끝으로 이동시킨다. ~0은 모든 비트가 1이고, ~0<<n은 좌측 n번 이동이므로 우측 n개의 비트가 0이 되며, ~로 보수를 취하여 우측 n개의 비트가 1인 형(mask)을 얻는다.

예제 2-6 x의 우측 p번째부터 n개의 비트를 y의 최우측 n개의 비트로 대체하며 다른 비트는 그대로 두고 리턴하는 함수 setbits(x, p, n, y)를 작성하라.

예제 2-7 x의 p번째 비트부터 n개의 비트를 역전시키고(즉, 0은 1로, 1은 0으로) 나머지는 그대로 두는 함수 invert(x, p, n)을 작성하라.

예제 2-8 정수 x를 우측으로 n비트만큼 이동한 값을 리턴하는 함수 rightrot(x,n)를 작성하라.

2.10 지정 연산자와 수식

다음과 같은 수식에서

```
i = i + 2
```

우변의 변수는 좌측에 한 번 더 중복되어 사용되는데 이는 다음과 같이 압축하여 사용할 수 있다.

```
i += 2
```

연산자 +=는 지정 연산자라 부른다.

대부분의 이원 연산자(연산자 +처럼 좌측과 우측에 오퍼랜드를 갖는 연산자)는 그것에 해당하는 지정 연산자 op=가 있으며, 여기서 op는 다음에 열거하는 것 중의 하나이다.

```
+  -  *  /  %  <<  >>  &  ^  ¦
```

$expr_1$과 $expr_2$가 수식이라면

$$expr_1 \ op= \ expr_2$$

는 $expr_1$이 단 한 번만 계산된다는 점만 제외하면 다음과 같다.

$$expr_1 = (expr_1) \ op \ (expr_2)$$

$expr_2$를 감싸는 괄호는

```
x *= y + 1
```

가

```
x = x * (y+1)
```

을 의미하며

```
x = x * y + 1
```

을 의미하는 것이 아님을 나타낸다. 즉 *=은 +보다 우선순위가 낮다.

한 예로, 정수에서 1로 되어 있는 비트의 수를 세는 bitcount라는 함수를 보자.

```
/* bitcount:   count 1 bits in x */         1비트 개수 세기 함수
int bitcount(unsigned x)
{
    int b;

    for (b = 0; x != 0; x >>= 1)
        if (x & 01)
            b++;
    return b;
}
```

인수 x를 unsigned로 선언함으로써 우측 이동 시 빈 비트가 기계에 관계없이 sign 비트가 아닌 0으로 채워질 수 있다.

간결성 이외에도 지정 연산자는 사람들이 생각하는 방법과 일치한다는 장점이 있다. 보통 "i를 가져다가 2를 더하고 결과를 다시 i에 넣어라"라고 하기보다는 "i에 2를 더해라" 혹은 "i를 2만큼 증가시켜라"라고 하기 때문이다. 그러므로 i=i+2라는 수식보다 i+=2라는 수식이 더 좋다. 더욱이 다음과 같은 복잡한 수식에서

```
yyval[yypv[p3+p4] + yypv[p1+p2]] += 2
```

지정 연산자를 사용하게 되면 양변의 수식이 같은지를 확인해 볼 필요도 없거니와 틀린

것이 있는지 의심할 이유도 없다. 또한 지정 연산자는 컴파일러가 보다 효율적인 코드를 생성하는 데 도움이 된다.

지정문이 어떤 값을 가지며 또한 수식 안에 나타날 수 있다는 것은 앞에서 이미 서술한 바와 같으며, 가장 흔한 예로 다음을 들 수 있다.

```
while ( (c = getchar( ) ) != EOF )
      ...
```

다른 지정 연산자 (+=, -= 등)도 흔하지는 않지만 수식 안에 사용될 수 있다.

그러한 모든 수식에서 지정문의 형은 좌측 오퍼랜드와 같으며, 값은 지정문 실행 후의 것과 같다.

예제 2-9 2의 보수계에서 x&=(x-1)은 x의 최우측 1비트를 지운다. 그 이유를 설명하라. 이 결과를 가지고 bitcount 프로그램을 작성하라.

2.11 조건문

다음의 수식은 a와 b의 최댓값을 계산하여 z에 저장한다.

```
if ( a > b )
    z = a;
else
    z = b;
```

삼원 연산자(ternary operator) "?:"는 이것과 구조가 비슷한 다른 방법을 제공한다.

다음의 수식에서

$$expr_1 \ ? \ expr_2 \ : \ expr_3$$

$expr_1$이 먼저 계산된다. 만약 그것이 0이 아니면(참이면) $expr_2$의 값이 계산되고 그것이 그 조건문의 값이 된다. 그렇지 않으면 $expr_3$이 계산되고 그 값이 조건문의 값이 된다. 따라서 z는 a와 b의 최댓값이 된다.

```
z = (a > b) ? a : b;  /* z = max(a, b) */
```

조건문은 하나의 수식이며 수식이 쓰일 수 있는 곳이라면 어디든 사용될 수 있다는 점에 주의해야 한다.

만약 $expr_2$와 $expr_3$의 형이 다른 경우에 그 결과는 이 장 앞에서 서술한 바와 같이 변환 법칙을 따른다. 예를 들어, f가 float이고 n이 int이면 다음의 수식은 n이 양인지에 관계없이 float 형을 갖는다.

```
(n > 0) ? f : n
```

위의 지정문에서처럼 ?:의 우선순위는 매우 낮기 때문에 조건문의 첫 번째 수식의 괄호는 필요하지 않다. 그러나 수식의 조건부를 보기 쉽게 해 주기 때문에 사용하는 것이 좋다.

조건문은 가끔 간결한 코드를 생성하게 한다. 예를 들어, 다음 루프는 n개의 원소를 가진 배열의 원소를 한 줄당 10개씩 인쇄하는데, 원소의 사이에는 빈칸이 하나씩 들어가고 각 행의 끝에는 행바꿈(newline) 문자가 들어가게 된다.

```
for (i =0; i < n; i++)
    printf("%6d%c", a[i], (i%10==9 || i==n-1)) ? '\n' : ' ');
```

행바꿈은 매 10개 원소마다 그리고 n번째 원소에 인쇄된다. 다른 모든 원소 다음에는 공란이 한 개 인쇄된다. 이 방법은 꼼수처럼 보이지만, if-else 구문을 사용하는 것보다 훨씬 압축적인 좋은 방법이다. 또 하나의 좋은 예는 다음과 같다.

```
printf("You have %d item%s.\n", n, n==1 ? " " : "s");
```

예제 2-10 대문자를 소문자로 바꾸는 함수 lower를 if-else 대신 조건문을 써서 다시 작성하라.

2.12 우선순위와 계산순서

표 2.1에 아직 설명하지 않은 것을 포함한 모든 연산자들의 우선순위와 결합 법칙을 정리해 놓았다. 같은 행의 연산자는 같은 우선순위를 가지며 각 줄을 따라 우선순위가 낮아진다. 예를 들어 *, /, %는 우선순위가 모두 같고 +, -와 같은 이원 연산자보다 우선순위가 높다. ( )는 함수호출을 뜻한다. 연산자 ->와 ·는 구조체(structure)의 멤버(member)를 다룰 때 사용되는데 sizeof(대상물의 크기)와 함께 제6장에서 다룬다. 제5장에서는 *(포인터가 가리키는 내용)와 &(변수의 번지) 그리고 제3장에서는 콤마 연산자를 다룬다.

비트 방식 연산자 &, ^, ¦의 우선순위가 ==와 != 바로 아래인 것에 주의한다. 이것은 다음과 같은 비트 검사 수식에서

```
if ( (x & MASK) == 0 ) ...
```

바른 결과를 얻기 위해서는 괄호가 모두 사용되어야 함을 의미한다.

표 2.1 연산 우선순위의 연산순서

연산자	연산순서
( ) [ ] -> ·	좌에서 우
! ~ ++ -- + - * & (*type*) sizeof	우에서 좌
* / %	좌에서 우
+ -	좌에서 우
<< >>	좌에서 우
< <= > >=	좌에서 우
== !=	좌에서 우
&	좌에서 우
^	좌에서 우
¦	좌에서 우
&&	좌에서 우
¦¦	좌에서 우
?:	우에서 좌
= += -= *= /= %= &= ^= ¦= <<= >>=	우에서 좌
,	좌에서 우

일원 연산자 +, -, * 등이 이원 연산자보다 우선적이다.

다른 대부분의 언어에서와 마찬가지로 C도 연산자의 어떤 오퍼랜드가 먼저 계산되는지 확정되어 있지 않다(&&, ?: 와 ,는 예외). 예를 들어 다음과 같은 수식에서

```
x = f( ) + g( );
```

f가 g보다 먼저 계산될 수 있고 반대로도 될 수 있다. 그러므로 f나 g가 다른 오퍼랜드의 변수를 변화시키는 경우에는 x의 값이 계산순서에 따라 달라질 수 있다.

이와 유사하게, 함수에 있어서 인수의 계산순서도 확정되어 있지 않다. 따라서 다음의 문장은

```
printf("%d %d\n", ++n, power(2, n) );    /* WRONG */
```

n이 power가 호출되기 전에 증가할지 아닌지에 따라 컴파일러마다 결과가 다를 수 있다. 그 해결책은 다음과 같이 쓰는 것이다.

```
++n;
printf("%d %d\n", n, power(2, n) );
```

함수호출과 중첩된 지정문, 증가 연산자와 감소 연산자는 부작용을 일으킬 수 있는데, 어떤 변수가 계산 결과 변화될 수 있기 때문이다. 이런 부작용은 계산순서를 잘못 알고 사용한 경우 발생한다. 전형적인 불행한 상황은 다음과 같다.

```
a[i] = i++;
```

문제는 첨자 i가 전의 값인지 새로운 값인지 하는 것이다.

컴파일러는 이것을 각기 다르게 해석할 수 있고 그것에 따라 다른 결과를 낳는다. 표준(ANSI)에서는 이런 문제를 확정 짓지 않았다. 왜냐하면 최상의 순서는 기계의 구조에 크게 의존하기 때문이다. (표준은 모든 인수에 대한 모든 부속작용이 함수호출이 일어나기 전에 이루어지도록 규정한다. 그러나 위에서의 printf 호출에는 도움이 되지 않는다.)

계산순서에 의존하는 프로그램을 작성하는 것은 어떤 언어에서든 나쁜 프로그래밍 습관이다. 따라서 괄호를 잘 활용하는 것이 중요하며, 어떤 것을 피해야 하는지 알아야 한다.

CHAPTER 3

제어 흐름

언어에 있어서 제어 흐름이란 계산순서를 정하는 것을 의미한다. 앞 장의 예제에서 이미 여러 가지 일반적인 C의 제어 흐름에 대하여 살펴보았다. 이 장에서는 제어 흐름에 대하여 좀 더 자세하고 구체적으로 설명한다.

3.1 문장과 블록

x=0 또는 i++, printf(...) 같은 것은 수식(expression)이라 하며, 이것들이 세미콜론(;)으로 끝나면 문장(statement)이 되는데 다음은 그 예이다.

```
x = 0;
i++;
printf(...);
```

C 언어에서 세미콜론은 문장의 끝을 나타내며, PASCAL과 같은 종류의 언어에서 세미콜론은 문장을 분리하는 역할을 한다.

중괄호 { }는 여러 개의 선언문이나 문장을 모아서 복합문(compound statement)이나 블록을 구성하는 데 쓰인다. 따라서 중괄호로 묶인 복합문은 구문상으로 단일문장과 동일한 기능을 수행한다.

함수의 시작을 나타내는 {와 끝을 나타내는 }가 좋은 예이다. 이 밖에 if, else, while 또는 for 등의 여러 문장을 둘러싸고 있는 중괄호가 있다(변수는 어떤 블록 안에서도 선언될 수 있는데 이에 대해서는 제4장에서 설명하겠다).

블록을 끝내는 것을 나타내는 오른쪽 중괄호(}) 뒤에는 세미콜론(;)이 올 수 없음에 유의해야 한다.

3.2 if-else 문

if-else 문은 프로그램 흐름을 결정하기 위해 쓰이는데 그 구문은 다음과 같다.

```
if (수식)
    문장 1
else
    문장 2
```

여기에서 else 부분은 필요에 따라 있을 수도 있고 없을 수도 있다. 제일 먼저 수식이 계산되고, 그 계산 값이 참이면(즉, 그 수식 값이 0이 아니면) 문장 1이 수행되며, 그 계산 값이 거짓(수식 값이 0)이고 else 부분이 있으면 문장 2가 수행된다.

if 문은 수식의 값만을 검사하기 때문에 프로그램을 간략화할 수 있다. 즉,

```
if (수식)
```

라고 쓰는 것이

```
if (수식    != 0)
```

라고 쓰는 것보다 훨씬 그 뜻을 명확하게 나타내 준다.

경우에 따라서는 후자의 표현이 자연스러울 경우도 있으나 일반적으로 잘 사용하지 않는다.

if-else 구문에서 여러 개의 if 문이 나타난 경우에 else 문이 생략되면 의미가 불분명해질 수 있다. 이런 else는 가장 가까운 if 문의 else로 생각함으로써 명확히 구분할 수 있다.

즉,

```
if (n > 0)
    if (a > b)
        z = a;
    else
        z = b;
```

이 경우 else는 안쪽의 if와 쌍을 이룬다. 만일 안쪽의 if와 쌍을 이루려는 의도가 아니라면 중괄호를 사용하여 뜻을 명확히 해야 한다. 즉,

```
if (n > 0) {
    if (a > b)
        z = a;
}
else
        z = b;
```

다음의 예와 같이 else의 불분명한 사용이 엉뚱한 결과를 가져오기도 한다.

```
if (n >= 0)
    for(i = 0; i < n; i++)
        if (s[i] > 0) {
            printf("...");
            return i;
        }
else        /* WRONG */
    printf("error - - n is negative\n"};
```

위 프로그램에서 프로그래머는 시각적으로 if와 else를 연결시키려 했지만, 컴파일러가 이 의도를 알 수 없으므로 else를 가장 안쪽의 if와 연관시키게 된다. 이런 종류의 실수는 무척 발견하기 힘들기 때문에 처음부터 주의해서 프로그램을 작성해야 한다.

중괄호를 적절히 사용하는 것도 이러한 실수를 줄이는 좋은 방법이다.

```
if (a > b)
    z = a;
else
    z = b;
```

위의 예에서 z = a 뒤에 세미콜론이 있는 것에 유의해야 한다. if 뒤에는 항상 문장이 와야

하고, z = a와 같은 수식 뒤에는 반드시 세미콜론이 와야 한다는 문법 때문이다.

3.3 else-if 문

```
if (수식)
    문장
else if (수식)
    문장
else if (수식)
    문장
else if (수식)
    문장
else
    문장
```

이런 형태의 if 문은 다중 판단을 할 경우에 사용되는 전형적인 문장으로 자주 사용된다. 수식(expression)은 순서에 의해 계산되며, 만일 수식이 참일 경우 바로 그 밑에 있는 문장(statement)이 수행되고, 그렇지 않을 경우 다음 수식으로 넘어가는 과정을 반복한다. 위에서 문장이라고 표현한 것은 한 줄의 문장일 수도 있고 중괄호로 싸인 여러 개의 문장일 수도 있다.

마지막 else는 위쪽 수식이 참일 경우가 하나도 없을 때 수행되는 문장을 포함하고 있는데, 필요가 없으면 생략할 수 있다. 이 부분은 우발적인 실수를 검사하기 위해 사용되기도 한다.

삼중 비교(three-way decision)를 예로 들기 위해 정렬된 배열 v에서 특정한 값 x가 있는지를 알아보는 이분탐색 함수(biary search function)를 살펴보자. 단 배열 v의 원소들은 오름차순으로 되어 있고, 이 함수는 배열 v 안에서 x의 위치를 리턴시킨다고 하자. 만일 x가 없으면 −1을 리턴시킨다.

```
/* binsearch: find x in v[0] <= v[1] <=... <= v[n-1] */
int binsearch(int x, int v[ ], int n)              이분탐색 함수
{
    int low, high, mid;

    low = 0;
    high = n-1;
    while (low <= high) {
        mid = (low+high) / 2;
        if (x < v[mid])
            high = mid - 1;
        else if (x > v[mid] )
            low = mid + 1;
        else    /* found match */
            return mid;
    }
    return -1; /* no match */
}
```

이 프로그램에서 주 판단은 각 스텝에서 x가 배열 v의 중간 v[mid]보다 큰지 작은지 또는 같은지 여부를 검사한다. 이는 else-if 사용의 전형적인 예라고 하겠다.

예제 3-1 위의 프로그램에서 이분탐색 부분은 루프 내에서 두 번의 비교를 수행한다. 이 부분에서 한 번만 비교하도록 프로그램을 수정하고 계산 시간을 비교해 보라.

3.4 switch 문

switch 문은 다중결정(multi-way decision)의 하나로서 수식이 상수 값에 일치하는지를 알아보고 그에 따른 쪽으로 분기(branch)시킨다.

```
switch (수식)          {
      case 상수 : 문장
      case 상수 : 문장
      default : 문장
}
```

각 경우는 하나 또는 여러 개의 상수 또는 상수 수식으로 구분되는데 상수나 상수 수식은 정수 값을 가져야 한다. 만일 어떤 경우가 상수 값과 일치하면 바로 뒤의 문장을 수행한다. case 다음에 오는 수식들은 반드시 달라야 하며, 똑같은 수식을 두 번 이상 사용하면 안 된다. default는 각 경우가 만족되는 것이 없을 때 수행되며, 생략해도 무방하다. case 문과 default 문의 순서는 상관이 없으나, 일반적으로 default 문이 case 문 뒤에 오는 것이 보통이다.

앞의 제1장에서 숫자, 스페이스 문자, 기타 모든 문자 등을 if else if…else를 사용하여 구별하는 프로그램을 작성해 보았다.

여기서는 똑같은 프로그램을 switch 문으로 사용하여 작성해 본다.

```
#include <stdio.h>                          문자분류 프로그램

main( )   /* count digits, white space, others */
{
      int c, i, nwhite, nother, ndigit[10];

      nwhite = nother = 0;
      for (i = 0; i < 10; i++)
```

```
        ndigit[i] = 0;
    while ( (c =getchar( ) )  != EOF) {
        switch (c) {
        case '0': case '1': case '2': case '3': case '4':
        case '5': case '6': case '7': case '8': case '9':
            ndigit[c-'0']++;
            break;
        case ' ':
        case '\n':
        case '\t':
            nwhite++;
            break;
        default:
            nother++;
            break;
        }
    }
    printf("digits =");
    for (i = 0; i < 10; i++)
        printf(" %d", ndigit[i] );
    printf(", white space = %d, other = %d\n",
        nwhite, nother);
    return 0;
}
```

break 문은 switch 문에서 벗어나는 역할을 수행한다. 그것은 case가 레이블(label) 구실만 하므로 한 case가 수행된 뒤 특별한 지시가 없을 경우 다음 case 문의 실행문을 차례차례 실행하기 때문이다. break와 return 문은 switch 문에서 벗어나기 위해 가장 많이 사용된다.

break 문은 이후에 설명하는 while, for, do 문으로부터 벗어나는 데에도 사용된다. case 문은 여러 가지 면에서 유용하게 사용될 수 있으며 예제에서와 같이 여러 가지 경우를 하나의 동작에 연결할 수도 있다. 그러나 각 case 문은 break 문으로 끝내야만 다음 case로 넘어가는 것을 방지할 수 있다. 여러 가지 경우를 하나의 동작에 연결하는 경우를 제외하고는 case 문을 사용하는 경우가 흔치 않다. 마지막 경우에 break 문을 넣는 것은 논리적으로 보아 전혀 불필요하지만, 만일의 경우(예 : 다른 경우를 추가하게 될 경우)에 논리 흐름을 안전하게 보장해 줄 수 있으므로 의미가 있는 것이다.

예제 3-2 문자열 s를 t로 변환할 때 newline이나 tab 문자를 \n이나 \t와 같은 escape sequence로 바꾸는 함수 escape(s,t)를 switch 문을 사용하여 작성하라.

3.5 순환문 : while과 for

이미 앞에서 다음과 같은 while 문이나 for 문을 보았다.

```
while (수식)
        문장
```

수식을 계산하여, 0이 아니면 문장이 수행되고 수식을 다시 계산하게 된다. 이와 같은 과정은 수식이 0이 될 때까지 계속 반복하게 된다.

for 문은

```
for (수식 1; 수식 2; 수식 3)
      문장
```

의 구조를 가지며 이것은

```
수식 1;
```

```
while (수식 2) {
     문장
     수식 3;
}
```

와 같은 구조이다.

문법적으로 for 문의 세 가지 요소, 즉 수식 1, 수식 2, 수식 3이 모두 수식이어야 된다. 보통은 수식 1과 수식 3은 지정문(assignment)이거나 함수호출이고 수식 2는 관계수식(relational expression)이다. 위의 세 가지 요소 중 어느 것이라도 생략은 가능하지만 세미콜론은 남겨 두어야 한다. 비교를 수행하는 수식 2가 존재하지 않으면 무한 루프를 돌게 된다. 즉,

```
for (; ;) {
      ...
}
```

이것은 break나 return 등에 의해서만 동작을 중지시킬 수 있다.

while 문을 사용할 것인가, for 문을 사용할 것인가는 프로그래머의 기호나 문제의 성격에 따라서 좌우된다. 즉,

```
while ((c = getchar ( )) == ' ' || c == '\n' || c == '\t')
     ;    /* skip white space characters */
```

에서는 초깃값 설정이 필요 없으므로 while 문이 더 적합할 것이다.

for 문은 루프 제어를 루프의 시작 부분에서 제어할 수 있기 때문에 초깃값 설정이 필요할 때는 while보다 편리하다. 즉,

```
for (i = 0; i < n; i++)
      ...
```

위의 예는 FORTRAN의 do 문이나 PASCAL의 for 문과 같은 기능을 가진 C의 구문이다. 다른 점은 C에서는 한계치(위 예의 n)를 루프 내에서 변경시킬 수 있다는 것과 세 번째 부분(위 예의 i++)은 어떤 수식이라도 가능하다는 것이다.

즉 정해진 만큼의 증가나 감소만 할 수 있는 것이 아니라 수식으로 정해 줄 수 있다는 것

이다. 그렇지만 루프와 관계없는 계산을 루프 안으로 끌어들이는 것은 좋지 않다. 예로서 문자를 그와 동일한 수 값으로 변환하는 atoi 함수의 다른 형식의 프로그램을 보자. 이것은 제2장에서 설명한 것보다 조금 더 일반적인 것으로, 공백이나 +, - 부호까지 처리하도록 하였다.

프로그램의 기본 구조는 다음과 같다.

① 공백이 있으면 무시하고
② 부호가 있으면 읽고
③ 정수를 읽어서 문자로 변환

각 행에 나타난 명령은 각각의 정해진 일을 하며, 다음 처리에 대비해서 입력된 문자를 변환되지 않은 상태로 둔다. 이 함수는 숫자가 아닌 다른 문자가 나왔을 때 끝나는 구조로 되어 있다.

```
#include <ctype.h>                        정수로 바꾸는 함수

/* atoi: convert s to integer; version 2 */
int atoi(char s[ ] )
{
    int i, n, sign;

    for (i = 0; isspace(s[i]); i++)   /* skip white space */
        ;
    sign = (s[i] == '-') ? -1 : 1;
    if (s[i] == '+' || s[i] == '-')   /* skip sign */
        i++;
    for (n = 0; isdigit(s[i]); i++)
        n = 10 * n + (s[i] - '0');
    return sign * n;
}
```

문자열(스트링)을 정수로 바꾸어 주는 함수는 표준 라이브러리에서도 strtol이라는 이름으로 제공하고 있다. 부록 B.5에 나와 있으니 참조하기 바란다.

여러 개의 루프가 중첩되었을 때 명백히 처리하려면 루프 제어를 중앙에서 집중적으로 하는 것이 좋다. 다음 함수는 셸소트(shell sort)라고 부르는 정렬 프로그램이다.

1959년 D. L. Shell이 개발한 이 분류 알고리즘의 기본동작 원리는, 초기 상태에서는 서로 멀리 떨어져 있는 배열의 두 원소 위치를 서로 바꾸어 주는 것이다. 그렇게 하면 모든 원소가 대체적으로 정렬된다. 따라서 다음 단계에서 바꾸어야 할 원소의 수가 훨씬 줄어들며 비교될 두 원소의 간격이 감소되면서, 결국 정렬 작업은 인접한 두 원소를 비교하는 상호교환(interchange) 분류로 바뀌게 된다.

```
/* shellsort:  sort v[0] . . . v[n-1] into increasing order */
void shellsort(int v[ ], int n)
{
    int gap, i, j, temp;

    for (gap = n/2; gap > 0; gap /= 2)
        for (i = gap; i < n; i++)
            for (j=i-gap; j>=0 && v[j]>v[j+gap]; j-=gap) {
                temp = v[j];
                v[j] = v[j+gap];
                v[j+gap] = temp;
            }
}
```

위의 프로그램에는 세 개의 중첩된 루프가 있다.

가장 바깥쪽의 루프는 두 원소의 간격을 조절하는데, 한 번 수행될 때마다 반으로 줄어들어 0이 될 때까지 반복된다. 가운데 루프는 두 원소를 비교하는 것을 제어한다. 가장 안쪽 루프는 gap만큼 떨어져 있는 두 원소를 비교하고, 순서가 잘못되어 있으면 두 원소의 순서를 바꾸어 분류를 수행하는 역할을 한다. gap 변수는 결국 1이 되므로 모든 변수는 정확히 정렬된다.

for 문에서도 자주 사용되는 콤마도 C의 연산자이다. 콤마에 의해 분리된 두 수식은 왼쪽에서 오른쪽으로 계산되며 형(type)과 계산 결과의 형은 오른쪽 연산자의 형을 갖게 된다.

따라서 for 문에 있어서 세 가지 구성요소 중의 어느 한 요소를 다중수식(multiple expression)으로 나타낼 수 있어, 두 개의 변수를 함께 바꾸어 가면서 어떤 루프를 수행할 수 있다. 이것은 다음의 예제인 reverse 함수에 잘 나타나 있다. 이 reverse(s) 함수는 문자열 s를 그 역순으로 만드는 기능을 수행한다.

```
#include <string.h>                    문자열 뒤집기 함수

/* reverse: reverse string s in place */
void reverse(char s[ ])
{
    int c, i, j;

    for (i = 0, j = strlen(s)-1; i < j; i++, j--) {
         c = s[i];
         s[i] = s[j];
         s[j] = c;
    }
}
```

함수 인자(매개변수)에서의 콤마나 선언문에서 변수를 구별하는 콤마는 연산자가 아니므로 왼쪽에서 오른쪽으로의 연산을 보장하지는 않는다.

콤마 연산자는 일반적으로 잘 사용하지 않는다. reverse 프로그램의 for 루프와 같이 서로 연관이 깊은 구조를 요할 때나 매크로 구조 내에서 가끔 사용되고 있다. 콤마 연산자를 사용하여 앞의 예제를 조금 수정하면 다음과 같다

```
for (i = 0, j = strlen(s)-1; i < j; i++, j--)
        c = s[i], s[i] = s[j], s[j] = c;
```

예제 3-3 s1에 a-d로 입력하면 s2에 abcd로 변환되는 함수 expand(s1, s2)를 작성하라. 대·소문자 처리가 가능해야 하고, a-b-c, a-z0-9, -a-z 같은 것도 처리되어야 하며, 앞이나 뒤에 붙은 -는 문자로 처리되어야 한다.

3.6 do-while 루프

제1장에서 설명했듯이 while이나 for 문은 종료 조건을 시작 부분에서 검사하는 반면 do-while 문은 종료 조건을 루프 마지막에서 검사한다. 따라서 do-while 문장 내의 프로그램은 최소한 한 번은 수행된다. do-while 구문은 다음과 같다.

```
do
      문장
while (수식);
```

위의 구조에서 알 수 있듯이 do-while 내의 문장이 수행된 후 수식이 계산된다. 수식이 참이면 루프 안의 문장이 다시 수행되고, 수식이 거짓이면 루프를 종료하게 된다.

do-while 문은 PASCAL에서 repeat-until과 거의 동일하다. do-while 문은 for 문이나 while 문보다는 훨씬 덜 사용되고 있다 그러나 itoa 함수(atoi 함수의 역기능을 가진 함수)에서와 같이 매우 유용하게 사용될 수도 있다. 이 함수는 생각보다 복잡하다. 왜냐하면 바로 숫자를 만들어 내는 방법을 사용하면 순서가 반대로 되기 때문이다. 따라서 일단 문자열을 거꾸로 만든 다음, 그 문자열을 앞뒤로 바꾸는 방법을 취하였다.

```
/* itoa: convert n to characters in s */ 문자로 만드는 함수
void itoa(int n, char s[ ])
{
    int i, sign;

    if ((sign = n) < 0)     /* record sign */
        n = -n;             /* make n positive */
    i = 0;
    do {          /* generate digits in reverse order */
        s[i++] = n % 10 + '0';      /* get next digit */
    } while ((n /= 10) > 0);        /* delete it */
    if (sign < 0)
        s[i++] = '-';
    s[i] = '\0';
    reverse(s);
}
```

위의 예제에서는 do-while 문이 유용하게 사용되었다. n이 0이라도 배열 s 내에는 적어도 1자가 저장되어 있기 때문이다. 또한 do-while 구문의 몸체를 구성하기 위해서 중괄호 { }를 사용하였다. 이 경우 중괄호가 불필요하다고 생각할 수도 있으나 while 부분을 while 구문의 시작이라고 착각하지 않도록 하기 위해 사용되었다.

예제 3-4 2의 보수 표현에 있어서 앞서 설명한 itoa 함수는 가장 큰 음수, 즉 $-(2^{워드크기-1})$ 이상의 n 값은 다룰 수 없다. 그 이유를 설명하고, 결과가 정확하게 나오도록 수정하라. 기종에 관계없이 실행되도록 작성하라.

예제 3-5 문자열 s를 b진법 정수 n으로 변환하는 itob(n, s, b) 함수를 작성하라. itob(n, s, 16)일 경우 문자열 s를 16진수 n으로 바꾸는 것이다.

예제 3-6 itoa 함수에서 두 개의 변수 대신 세 개의 변수를 사용하도록 프로그램을 재작성하라. 세 번째 변수는 최소 필드 크기를 나타내도록 하라. 즉 변환된 숫자는 문자열의 오른쪽에 채워지고 왼쪽은 공백으로 채워지게 하라.

3.7 break와 continue

어떤 경우에는 루프의 도중에 루프를 벗어나는 것이 편리할 때가 있다. break 문은 switch 문뿐만 아니라 for 문, while 문, do 문에서 루프를 벗어나는 역할을 한다. break 문은 가장 가까운 루프 하나를 벗어나며, 중첩된 루프일 경우 한 번에 전체 루프에서 빠져나올 수는 없다. 다음의 프로그램은 입력 라인의 끝 부분에 있는 공백(break)이나 탭(tab) 등을 제거하는 trim 함수이며, break 문의 사용 예를 보여 준다.

```
/* trim: remove trailing blanks, tabs, newlines */
int trim(char s[ ])
{
    int n;

    for (n = strlen(s)-1; n >= 0; n--)
        if (s[n] !='' && s[n] != '\t' && s[n] != '\n')
            break;
    s[n+1] = '\0';
    return n;
}
```

strlen은 문자열의 길이를 알려 준다. for 루프는 탭이나 공백, newline이 아닌 첫 번째 문자열을 조사한다. 그리고 한 문자가 발견되거나 n이 음수 값이 되면(모든 스트링이 다 검사되었음을 의미함) 루프에서 벗어난다. 문자열이 없거나 공백 문자열일 때도 정확한 동작을 할 수 있는지 생각해 보라.

continue 문은 break 문과 비슷한 동작을 하는데 break 문보다는 덜 사용된다. continue 문은 for, while 또는 do 루프에서 다음 반복(next iteration)을 수행하기 위해 사용된다. 즉, while 문이나 do 문의 비교 부분이 곧 다시 수행됨을 의미한다. for 문에서는 다음 단계로 제어 흐름을 넘김을 뜻한다. continue 문은 루프 안에서만 사용될 수 있으며, switch 문에서는 사용될 수 없음에 유의하라. 다음의 예는 양의 원소만 처리되고 음의 원소는 건너뛰는 것을 보여 준다.

```
for (i = 0; i < n; i++) {
    if (a[i] < 0)     /* skip negative elements */
        continue;
    ...    /* do positive elements */
}
```

이런 continue 문은 루프 뒤에 오는 부분이 매우 복잡할 때 자주 사용되고 있다.

3.8 goto와 label

C 언어에서는 이론적으로는 goto 문이 전혀 필요하지 않으며, 사실 goto 문을 사용하지 않고도 쉽게 프로그램을 작성할 수 있다. 이 책에서는 goto 문을 사용하지 않았다. 그러나 어떤 경우는 goto 문이 유용할 때도 있다. 가장 전형적인 경우는 중첩된 루프에서 한 번에 모든 루프를 벗어날 경우이다. break 문은 한 번에 한 개의 루프만 벗어날 수 있으므로 이런 경우 goto 문이 편리하게 사용된다.

```
for ( ... )
    for ( ... ) {
        ...
        if (disaster)
            goto error;
        }

    ...

error:
    clean up the mess
```

이런 구조는 처리해야 할 에러가 프로그램을 중지시켜야 할 정도이고, 에러가 여러 곳에 걸쳐서 발생할 수 있을 때 유용하다. 레이블 이름의 뒤에는 콜론을 붙여야 하며, goto 문의 기능과 마찬가지로 어떤 문장의 앞에도 붙일 수 있다.

다른 예로서 두 개의 배열 a, b에서 공통된 원소를 찾는 프로그램을 생각해 보자.

```
    for (i = 0; i < n; i++)        배열의 공통원소 찾기 함수
        for (j = 0; j < m; j++)
            if (a[i] == b[j])
                goto found;
    /* didn't find any common element */
    ...
found:
    /* got one:  a[i] == b[j] */
    ...
```

goto 문을 사용한 문장은 goto 문을 사용하지 않는 구조로 바꿀 수 있는데, 이렇게 하려면 더 많은 변수를 사용하고 더 많이 비교해야 한다. 예를 들어, 위의 프로그램에서 goto 문을 제거하고 작성해 보면 다음과 같다.

```
found = 0;
for (i = 0; i < n && !found; i++)
    for (j = 0; j < m && !found; j++)
        if (a[i] == b[j])
            found = 1;
if (found)
    /* got one: a[i-1] == b[j-1] */
    ...
else
    /* didn't find any common element */
    ...
```

약간의 예외를 제외하고 일반적으로 goto 문의 사용은 피하는 것이 좋다. 일반적으로 goto 문을 많이 사용한 프로그램은 goto 문을 사용하지 않는 프로그램에 비해 그 구조를 파악하기가 어렵다. 처음부터 goto 문을 사용하지 않고 프로그램을 작성하는 습관을 들여야 한다.

CHAPTER 4

함수와 프로그램 구조

함수는 많은 연산 작업을 여러 개의 작은 연산 작업으로 세분하여 프로그래머들이 처음부터 큰 프로그램을 작성해야 하는 어려움을 덜어 준다. 함수의 적당한 사용은 자세히 알 필요가 없는 세세한 연산을 감추어 주므로 전체적으로 프로그램이 명확해지며, 또한 수정을 용이하게 해 준다.

C 언어의 함수는 사용하기 쉽고 또한 효과적으로 만들어졌다. C 프로그램은 일반적으로 작은 여러 개의 함수들이 모여서 이루어진 구조로 되어 있다. 프로그램은 하나 또는 여러 개의 소스 파일로 나눌 수 있다. 소스 파일은 각각 독립적으로 컴파일되며, 라이브러리로부터 미리 컴파일되어 있는 함수들과 함께 사용될 수도 있다. 그 과정을 여기에서는 자세하게 언급하지 않겠는데, 이는 함수를 불러오는 과정이 사용하는 시스템의 종류에 따라서 조금씩 다르기 때문이다. ANSI 이전의 C는 함수 정의와 선언 부분이 ANSI 표준과는 많이 달랐는데, ANSI 표준이 채택되면서 제1장에서 보았던 것처럼, 함수가 선언될 때 인자들의 형(type)을 정의하는 것이 가능하게 되었다. 함수 정의의 구문도 달라졌는데, 이는 함수 선언과 정의를 부합시키기 위함이다. 이런 변화는 전보다 컴파일러가 더 많은 에러를 검사할 수 있게 해 준다. 또한 인자들이 올바르게 선언되어 있다면 자동적으로 인자들의 형(type)과의 관계를 일치시켜 준다.

4.1 함수의 기초

어떤 특정한 패턴이나 문자열을 포함한 행을 출력시키는 프로그램을 작성해 보자(이는 grep 라는 UNIX 유틸리티 프로그램의 특별한 경우이다). 예를 들어, 다음 행들의 집합에서 "ould"라는 문자 패턴이 있는 행만 출력하면

```
Ah love! could you and I with Fate conspire
To grasp this sorry Scheme of Things entire,
Would not we shatter it to bits -- and then
Re-mould it nearer to the Heart's Desire!
```

다음과 같은 결과를 얻을 것이다.

```
Ah Love! could you and I with Fate conspire
```

```
Would not we shatter it to bits -- and then
Re-mould it nearer to the Heart's Desire!
```

이 작업은 다음과 같은 세 부분으로 구성된다.

```
while (행이 있는 동안)
    if (그 패턴이 행 속에 있으면)
        그 행을 출력한다.
```

이 부분들은 main 루틴에 모두 집어넣을 수도 있겠지만, 각 부분을 독립적인 함수로 만들어서 구조화하는 것이 더욱 효과적이다. 작은 세 부분이 하나의 큰 부분보다 다루기 편리한데, 이는 프로그래머가 알 필요가 없는 자잘한 연산들을 함수 안으로 감출 수 있으므로 불필요한 상호관계를 최소화할 수 있기 때문이다. "행이 있는 동안"은 제1장에서 사용했던 getline이라는 함수를 사용하면 되고, "그 행을 출력한다"는 printf 함수에 해당한다. 이 함수들은 이미 만들어져 있어서 우리는 그것들을 사용하기만 하면 된다.

문자열 s 안에 문자열 t가 시작하는 위치에 인덱스를 나타내고, 문자열 t가 포함되어 있지 않으면 -1을 나타내는 함수 strindex(s, t)를 사용해도 같은 결과를 얻을 수 있을 것이다. C 언어에서 배열(array)은 0 위치에서 시작하기 때문에 s 안에서 시작점을 0 또는 양수로 나타내며, -1과 같은 음수는 에러를 나타내는 데 사용된다. 후에 좀 더 세련된 프로그램으로 고칠 경우에도 strindex 함수만 바꾸고 나머지 부분은 그냥 두어도 된다(strst 함수는 인덱스 대신에 포인터를 리턴시킨다는 점만을 제외하고 strindex 함수와 동일하다).

이런 여러 가지 구상을 한 후에 프로그램의 자세한 부분을 작성하는 것은 어려운 일이 아니다. 여기서는 문자열 안에 있는 어떤 패턴을 찾는 프로그램을 제시했는데, 많이 사용되는 방법은 아니다. 제5장에서 또 다른 방법으로 동일한 효과를 나타내는 프로그램을 소개하겠다.

```
#include <stdio.h>
#define MAXLINE 1000    /* maximum input line length */
                                        문자열 내 패턴 찾기 프로그램
int getline(char line[ ], int max);
int strindex(char source[ ], char searchfor[ ]);
```

```
char pattern[ ] = "ould";   /* pattern to search for */

/* find all lines matching pattern */
main ( )
{
    char line[MAXLINE];
    int found = 0;

    while (getline(line, MAXLINE) > 0 )
        if (strindex(line, pattern) >= 0) {
            printf("%s", line);
            found++;
        }
    return found;
}

/* getline: get line into s, return length */
int getline(char s[ ], int lim)
{
    int c, i;

    i = 0;
    while (--lim > 0 && (c=getchar( ) ) != EOF && c != '\n')
        s[i++] = c;
    if (c == '\n')
        s[i++] = c;
    s[i] = '\0';
    return i;
}
```

```
/* strindex: return index of t in s, -1 if none*/
int strindex(char s[ ], char t[ ] )
{
    int i, j, k;

    for (i = 0; s[i] != '\0'; i++) {
        for(j =i, k=0; t[k]!='\0' && s[j]==t[k]; j++, k++)
            ;
        if (k > 0 && t[k] == '\0')
            return i;
    }
    return -1;
}
```

각 함수의 형태는 다음과 같다.

```
리턴형 함수 이름(매개변수 선언)
{
    선언문과 다른 문장들
}
```

위에서 여러 부분이 생략될 수도 있다. 가장 간단한 함수는 다음과 같다.

```
dummy( ) { }
```

위와 같은 함수의 기능은 아무 일도 하지 않는 것이다. 위와 같이 아무 일도 하지 않는 함수는 프로그램 개발 중 어떤 부분을 표시하는 데 유용하게 사용된다. 만일 리턴되는 변수의 형이 정의되지 않으면 그 변수는 정수형으로 여긴다.

프로그램은 개별적인 함수의 집합이다. 함수 사이의 연락은 매개변수와 함수에서 리턴시키는 값으로 이루어진다. 이는 또한 외부변수(external variable)를 통해서도 가능하다. 한 프로그램에 여러 개의 함수가 있을 때 이 함수들은 소스 파일 하나에 다 있어도 되고 여러 개의 소스 파일에 나누어 있어도 된다. 소스 파일 내에서 함수의 순서는 바꾸어도 관계없지만, 하나의 함수가 여러 개의 파일에 나뉘어 있는 것은 안 된다.

"return" 문은 호출된 함수로부터 계산된 값을 호출한 함수로 넘겨주는 데 사용되며, return 문 뒤에는 어떤 수식이나 다 쓰일 수 있다.

```
return 수식;
```

수식은 필요하다면 함수에서 지정한 형(type)으로 변환될 수도 있다. 수식은 괄호로 묶일 수도 있다. 호출하는 함수는 원한다면 보내온 값을 무시할 수도 있다. 또한 return 뒤에 수식이 오지 않아도 된다. 그럴 경우 호출한 함수에 어떠한 값도 넘어오지 않는다. 즉 함수의 끝인 오른쪽 중괄호 { }까지 실행되면 아무런 값도 가지지 않고 호출한 함수로 넘어가는데, 리턴 값에 어떤 수가 들어 있게 될지는 알 수 없다.

여러 소스 파일에 있는 C 프로그램을 컴파일하고 로드하는 방법은 시스템에 따라 다르다. UNIX 시스템에서는 제1장에서 설명했던 cc 명령이 그런 기능을 수행한다. 만일 세 개의 함수가 각각 main.c, getline.c, strindex.c라는 파일에 있다면

```
cc main.c getline.c strindex.c
```

라는 명령으로 세 개의 파일을 컴파일하여 main.o, getline.o, strindex.o라는 목적 코드(object code)를 만들어 주고, 그것들은 모두 모아 a.out이라는 실행 가능한 파일을 만들어 준다. 만일 main.c라는 프로그램에 에러가 있다면 main.c만 다시 컴파일하며 다음과 같은 명령을 주면 다시 컴파일하고 이전의 목적 파일(main.o)을 새것으로 바꾸어 준다.

```
cc main.c getline.o strindex.o
```

cc 명령은 ".c"와 ".o"를 사용하는데 이는 소스 파일과 목적 파일을 구별하기 위함이다.

예제 4-1 s 내에서 t의 가장 오른쪽 위치를 나타내는 함수 strindex(s, t)를 작성해 보라. 만일 t가 없다면 -1을 리턴시키도록 작성하라.

4.2 정수가 아닌 값을 넘겨주는 함수

지금까지 예로 들었던 함수들은 정수 값을 리턴시키거나 값을 리턴시키지 않는 것들이다. 정수 아닌 값을 리턴시키려면 어떻게 해야 할까? sqrt, sin, cos 함수들은 실수 값을 리턴시키고, 어떤 특별한 함수는 다른 형의 값을 리턴시킬 수도 있다. 이런 문제들을 해결하기 위하여 문자열 s를 그와 동등한 배정도(double precision)의 실수로 변환하는 atof(s)라는 함수를 작성해서 사용해 보자. 이는 제2장과 제3장에서 사용했던 atoi 함수를 확장시킨 것이다. 이것은 부호나 소수점 부분을 처리할 수 있고 정수 부분이나 소수 부분이 있거나 없을 경우도 처리할 수 있도록 되어 있다. 다음의 프로그램은 높은 수준의 입력 루틴은 아니다. 표준 함수 라이브러리에는 atof 함수가 있으며, 그것을 사용하려면 <math.h>를 프로그램 첫 부분에 선언해 주어야 한다.

첫째, atof는 넘겨주는 값이 int가 아니므로 atof 함수 내에서 리턴 값의 형을 반드시 선언해야 한다.

```
#include <ctype.h>                    실수로 바꾸는 함수

/* atof: convert string s to double */
double atof(char s[ ])
{
    double val, power;
    int i, sign;

    for (i = 0, isspace(s[i]); i++)    /* skip white space */
        ;
    sign = (s[i] == '-') ? -1 : 1;
    if (s[i] == '+' || s[i] == '-')
        i++;
```

```
    for (val = 0.0; isdigit(s[i]); i++)
        val = 10.0 * val + (s[i] - '0');
    if (s[i] == '.')
        i++;
    for (power = 1.0; isdigit(s[i]; i++) {
        val = 10.0 * val + (s[i] - '0');
        power *= 10.0;
    }
    return sign * val / power;
}
```

둘째는 아주 중요한 것으로, 호출한 루틴은 atof가 int가 아닌 값을 넘겨준다고 명시해야 한다. 이것을 확실히 하는 방법 중의 하나는 atof를 호출 루틴에서 외부변수로 선언하는 것이다. 선언은 아래 있는 초보적인 계산기 프로그램(회계장부 정리에는 부적합함)에 있는 것처럼 하면 된다. 이것은 각 라인마다 하나의 숫자(부호가 붙을 수도 있음)를 읽어서 모두 더하여 각 입력이 끝나면 합계를 출력하도록 되어 있다.

```
#include <stdio.h>

#define MAXLINE 100

/* rudimentary calculator */
main ( )
{
    double sum, atof(char[ ]) ;
    char line[MAXLlNE];
    int getline(char line[ ], int max);
```

```
    sum = 0;
    while (getline(line, MAXLlNE) > 0)
        printf("\t%g\n", sum += atof(line));
    return 0;
}
```

아래의 선언

```
double sum, atof(char[ ]);
```

은 sum은 double 변수이고 atof는 double 값을 넘겨주는 함수임을 나타낸다. 함수 atof는 반드시 선언되고 일관성 있게 정의되어야 한다. 만일 같은 소스 파일 내에서 atof 함수에서의 형과 그것을 호출하는 프로그램에서의 형이 일치하지 않으면 컴파일 시 에러가 발생할 것이다. 그러나 만일 호출하는 프로그램과 atof 함수가 있는 프로그램이 각각 독립적으로 컴파일된다면 컴파일러는 형이 일치하는지 그렇지 않은지를 검사할 수 없으며, 따라서 형이 일치하지 않는 경우의 에러도 찾을 수 없게 된다. 이렇게 컴파일되어 로드된 경우 atof 함수는 int로 간주되어 전혀 의미 없는 값을 리턴시켜 줄 것이다.

적절히 정의된 atof가 주어지면 atof에 의해 문자열을 int로 변환하는 atoi를 다음과 같이 작성할 수 있다.

```
/* atoi: convert string s to integer using atof */
int atoi(char s[ ])
{
    double atof(char s[ ]);

    return (int) atof(s);
}
```

선언과 return 문의 구조를 보면 함수 내에서 변수의 형을 어떻게 처리하는지 알 수 있다. 다음의 명령에서 수식의 값은 리턴되기 전에 함수의 형으로 변환된다.

```
return 수식;
```

그러므로 double인 atof의 값은 (int)를 사용하지 않더라도 자동적으로 int로 변환된다. 어떤 컴파일러는 이럴 경우 경고(warning)를 하기도 한다. 위 프로그램에서는 (int)를 사용하며 atoi가 정수 값을 리턴한다는 것을 명시해 주었다.

예제 4-2 소수 뒤에 e나 E가 오고 그 뒤에는 부호 생략이 가능한 지수 부분이 오도록 atof 함수를 확장하여 프로그램을 작성하라. 즉 123. 45e-6과 같은 형태의 수를 다룰 수 있도록 atof 함수를 확장하라.

4.3 외부변수

"외부(external)"라는 말은 함수 내에서 정의되는 매개변수를 나타내는 "내부(internal)"라는 말과 대조되어 사용된다. 외부변수들은 바깥에서 정의되므로 여러 다른 함수들이 사용할 수 있다. 함수는 항상 외부형으로 정의되고, 함수 내에서 다른 함수들이 정의될 수 없다. 외부변수는 또한 전체적으로 사용되기 때문에 함께 사용될 모든 파일 내에 같은 이름의 외부변수는 하나만 있어야 한다(이런 특성을 external linkage라고 부른다). 이런 점에서 볼 때 C의 외부변수는 FORTRAN의 COMMON 블록이나 PASCAL의 최외각 블록과 동일하다. 전체적으로는 이용할 수 없지만, 하나의 소스 파일 내에서만 사용되는 외부변수나 함수를 어떻게 정의하는가에 대해서는 나중에 설명하겠다. 외부형 변수들은 전체적으로 사용할 수 있기 때문에 데이터를 교환하는 데 사용되는 매개변수나 리턴 값(return value)과 같은 용도로 사용될 수 있다. 만일 어떤 외부변수의 이름이 선언되었다면 어떤 함수이든 그 외부변수를 사용할 수 있다.

많은 변수가 함수들 사이에 공유되어야 한다면 외부변수를 사용하는 것이 매개변수를 사용하는 것보다 훨씬 편리하다. 그러나 제1장에서도 지적했듯이 조심스럽게 사용해야 한다. 외부변수를 많이 사용하면 프로그램의 구조가 나빠질 수도 있고, 함수들 간에 많은 데이터의 연결이 필요해지기 때문이다.

자동변수(automatic variable)는 함수에 대해서 내부형이다. 자동변수는 그 루틴이 수행될 때 생성되었다가 수행이 끝나면 사라진다. 한편 외부변수는 영구적이다. 외부변수는 한 번 생성되면 없어지지 않으므로, 함수가 한 번 호출된 후 다음 호출이 있을 때까지 값을 보존한다. 그러므로 두 함수가 어떤 데이터를 공유해야 하지만 서로 상대방을 호출하지 않는다면 매개변수를 통한 값의 전달보다 외부변수를 사용하는 것이 더 편리하다. 이를 예제를 통해 살펴보자. 이 프로그램은 +, −, *, / 동작을 하는 계산기 프로그램이다. 이는 구현하기가 쉬운 편이므로 infix 대신에 reverse polish 표기를 사용하기로 하자. reverse polish 표현은 Forth나 PostScript 같은 언어 또는 일부 휴대용 계산기(Hewlett Packard 계산기)에서 사용하고 있다.

reverse polish 표현은 각 연산자들이 그들의 오퍼랜드 뒤에 따라오는 형식이다.

```
(1 - 2) * (4 + 5)
```

와 같은 infix 표현은

```
1 2 - 4 5 + *
```

와 같은 reverse polish 표현과 같은 의미이며 괄호는 필요하지 않다.

이것은 구현이 간단하다. 각 오퍼랜드는 스택을 저장하고 연산자가 나타나면 적당한 수의 오퍼랜드(이원 연산자의 경우 두 개)를 취하여 연산하며, 그 결과가 다시 스택에 넣어진다. 위의 예제에서는 1과 2가 스택에 넣어지고 그들의 차 1이 그들의 자리를 차지하게 된다. 그다음에 4와 5가 스택에 넣어지고 그들의 합인 9가 그들의 자리에 넣어지게 되고, 1과 9의 곱인 9가 스택에 남는다. 따라서 입력 라인의 끝을 만나면 스택에서 9를 꺼내 출력시키면 된다.

이 프로그램은 각 오퍼랜드나 연산자가 나타날 때마다 동일한 동작(스택에 집어넣고 연산하는)을 반복하는 구조로 되어 있다.

```
while (다음의 연산자나 오퍼랜드가 EOF가 아닌 동안)
    if (숫자이면)
        push (숫자)
    else if (연산자이면)
        pop (오퍼랜드)
```

```
        연산을 행하고
        push (결과)
    else if (새로운 행)
        스택의 가장 위의 것을 pop, print
    else
        에러
```

스택에 집어넣고 꺼내는 연산은 단순한 동작이지만 에러를 찾아내어 수정하는 데 상당한 시간이 소요되므로, 전체 프로그램에서 그 동작을 반복시키는 것보다 그들을 별개의 함수로 만드는 편이 훨씬 편리하다. 그리고 다음 입력 연산자 또는 오퍼랜드를 끄집어내는 별도의 함수가 필요하다.

또 하나의 중요한 문제는 스택이 어디에 있는가 하는 점, 즉 어느 루틴에서 직접 스택을 액세스하는가이다. 한 가지 방법은 스택을 main에 두고, 스택에 집어넣고 뽑아내는 연산을 하는 루틴에게 스택과 현재의 스택 위치를 전달하는 방법이다. 그러나 main은 스택을 제어하는 변수들에 관해서는 알 필요가 없고, 스택에 집어넣고 꺼내는 동작만을 생각해야 한다. 따라서 스택과 스택에 관련된 정보는 push 또는 pop 함수들을 통해서만 액세스되고 main에서는 액세스되지 않도록 외부변수들을 만들어 보자. 이상과 같은 내용을 프로그램화하는 것은 어렵지 않은데 기본 구조는 다음과 같다.

```
#includes
#defines

function declarations for main
main( ) { ... }

external variables for push and pop
void push(double f) { ... }
double pop(void) { ... }
```

```
int getop(char s[ ]) { ... }

routines called by getop
```

이 프로그램을 여러 개의 소스 파일로 분리하는 것에 대해서는 나중에 설명하기로 한다. main 프로그램은 기본적으로 연산자와 오퍼랜드와 형에 의한 커다란 switch이다. 이것은 3.4 절에서 보았던 좀 더 전형적인 switch 사용의 예제이다.

```
#include <stdio.h>                    Reverse polish 계산기 프로그램
#include <stdlib.h>    /* for atof( ) */

#define MAXOP   100    /* max size of operand or operator */
#define NUMBER  '0'    /* signal that a number was found */

int getop(char [ ]);
void push(double);
double pop(void);

/* reverse Polish calculator */
main( )
{
    int type;
    double op2;
    char s[MAXOP];

    while ( (type = getop(s) ) != EOF) {
        switch (type) {
```

```
            case NUMBER:
                push(atof(s));
                break;
            case '+':
                push(pop( ) + pop( ));
                break;
            case '*':
                push(pop( ) * pop( ));
                break;
            case '-':
                op2 = pop( );
                push(pop( ) - op2);
                break;
            case '/':
                op2 = pop( );
                if (op2 != 0.0)
                    push(pop( ) / op2);
                else
                    printf("error: zero divisor\n");
                break;
            case '\n':
                printf("\t%.8g\n", pop( ));
                break;
            default:
                printf("error: unknown command %s\n", s);
                break;
            }
        }
        return 0;
    }
```

+와 *의 연산자들은 오퍼랜드의 순서에 상관이 없으므로 pop 되는 순서에 상관이 없지만 -나 / 연산자들은 왼쪽 오퍼랜드와 오른쪽 오퍼랜드의 순서가 명확히 정해져야 한다.

```
push(pop( ) - pop( ) );     /* WRONG */
```

순서를 명확히 하기 위해 첫 번째 값을 스택에서 꺼내어 임시 변수에 저장할 필요가 있다.

```
#define MAXVAL 100    /* maximum depth of val stack */

int sp = 0;           /* next free stack position */
double val[MAXVAL];   /* value stack */

/* push: push f onto value stack */
void push(double f)
{
    if (sp <MAXVAL)
        val[sp++] = f;
    else
        printf("error: stack full, can't push %g\n", f);
}


/* pop: pop and return top value from stack */
double pop(void)
{
    if (sp > 0)
        return val[--sp];
    else {
        printf("error: stack empty\n");
```

```
        return 0.0;
    }
}
```

함수 밖에서 선언된 변수는 외부형 변수이다. 그러므로 push와 pop에 의해서 공유되어야만 하는 스택과 스택 포인터는 함수 바깥에서 정의되어야 한다. main 자체는 스택과 스택포인터를 참조하지는 않는다(스택과 스택 포인터에 관한 정보는 숨겨져 있다).

이제 getop 함수를 구현해 보자. 이 함수는 다음 연산자나 오퍼랜드를 가져오는 기능을 수행한다. 이 함수는 공백(blank)과 탭(tab)을 무시하고 다음 문자나 숫자가 소수점이 아닌 경우 그것을 리턴시킨다. 그렇지 않으면 숫자나 소수점으로 구성되는 숫자열을 구성해서 NUMBER라는 변수로 그 값을 리턴시킨다.

```
#include <ctype. h>

int getch(void);
void ungetch(int):

/* getop: get next operator or numeric operand */
int getop(char s[ ])
{
    int i, c;

    while ((s[0] = c = getch( )) == ' ' || c == '\t')
        ;
    s[1] = '\0';
    if (!isdigit(c) && c != '.')
        return c;       /* not a number */
```

```
    i = 0;
    if (isdigit(c))    /* collect integer part */
        while (isdigit(s[++i] = c = getch ( )))
            ;
    if (c ==’.’)       /* collect fraction part */
        while (isdigit(s[++i] = c = getch( )))
            ;
    s[i] = ’\0’;
    if (c ! = EOF)
        ungetch(c);
    return NUMBER;
}
```

getch와 ungetch란 무엇인가? 입력 프로그램은 지나치게 입력되기 전까지는 충분히 읽어 들였는지 판단할 수 없다. 그 예로 숫자를 구성하는 문자들의 집합을 들 수 있다. 즉 숫자가 아닌 것이 입력되기 전까지는 숫자 입력이 끝났는지 아닌지를 알 수 없다. 이 문제를 해결하기 위해서는 일단 한 문자를 읽은 후 숫자가 아니면 그것을 다시 원상태로 되돌려주어야 한다. 다시 말해서 프로그램이 한 문자를 읽어 들일 때마다 그것을 입력에 다시 넣어서 프로그램의 나머지 부분들은 그것이 읽히지 않았던 것처럼 처리하면 되는 것이다.

다행히도 한 쌍의 함수를 사용함으로써 위의 동작을 하도록 할 수 있다. getch는 다음 입력문자를 읽어 들인다. ungetch는 문자를 다시 입력에 넣어서, 다음에 getch를 호출할 때 그것을 넘겨주도록 한다. 이것들의 동작은 아주 간단하다. getch는 버퍼에 어떤 문자가 있으면 읽어 들이고, 버퍼가 비면 getch를 호출한다. 그리고 버퍼 안의 현재 문자 위치를 기록해 두어야 한다(인덱스). 버퍼와 인덱스는 getch와 ungetch에 의해 공유되며, 호출할 때 그들의 값을 유지해야 하므로 모두 외부형으로 선언되어야 한다. 그러므로 getch와 ungetch 그리고 그들의 공유된 변수는 다음과 같다.

```
#define BUFSIZE 100

char buf[BUFSIZE];    /* buffer for ungetch */
int bufp = 0;         /* next free position in buf */

int getch(void)  /* get a (possibly pushed back) character */
{
    return (bufp > 0) ? buf[--bufp] : getchar( );
}

void ungetch(int c)  /* push character back on input */
{
    if (bufp >= BUFSIZE)
        printf("ungetch: too many character\n");
    else
        but[bufp++] = c;
}
```

ungetch는 한 문자를 리턴해 주는 기능을 가진 표준 라이브러리에 있는 함수인데 제7장에서 자세히 설명하겠다. 읽어 들인 문자를 다시 집어넣기 위해 하나의 문자 대신에 문자 배열을 사용했는데, 이는 일반적인 경우를 다룰 수 있도록 하기 위함이다.

예제 4-3 계산기 프로그램에 modulus 연산자(%)와 음수 계산 기능을 첨가하라.

예제 4-4 pop 연산을 거치지 않고 스택의 제일 위쪽 요소를 화면에 출력하는 명령을 추가하라. 스택을 비우는 명령도 추가하라.

예제 4-5 sin, exp, pow 등과 같은 라이브러리 함수를 사용할 수 있도록 프로그램을 수정하라. 부록 B를 참조하라.

예제 4-6 변수를 취급할 수 있도록 프로그램을 수정하라(하나의 문자로 된 26개의 변수를 설정하는 것이 쉬울 것이다).

예제 4-7 전체 문자열 s를 input으로 되돌려주는 ungets(s) 루틴을 작성해 보라. ungets 루틴이 ungetch를 사용해야 하는가? 또한 buf와 bufp에 대한 정보가 있어야 하는가?

예제 4-8 리턴해 줄 문자가 단 하나뿐인 경우 getch와 ungetch를 수정하라.

예제 4-9 우리가 작성한 getch나 ungetch는 EOF pushed-back을 처리하지 못한다. 가능하도록 하려면 어떻게 해야 하는지 구상하여 프로그램을 작성하라.

예제 4-10 입력 라인 전체를 읽어 들이는 getline을 사용하면 getch와 ungetch는 필요 없어진다. getline을 사용하여 계산기 프로그램을 다시 작성하라.

4.4 변수 범위 규칙

C에서 사용되는 모든 함수나 외부변수들이 동시에 컴파일될 필요는 없다. 프로그램의 소스는 여러 개의 파일로 나누어질 수 있고, 이전에 컴파일된 루틴은 라이브러리로부터 로드될 수도 있다. 그렇다면 다음과 같은 몇 가지 의문점이 생길 것이다.

- 컴파일되는 동안 변수들이 올바르게 선언되도록 하려면 선언을 어떻게 해야 할까?
- 프로그램이 로드될 때 모든 부분이 올바르게 연결되도록 하려면 선언을 어떻게 해야 할까?
- 외부변수는 어떻게 초기화할까?
- 같은 라이브러리를 사용하는 여러 프로그램을 링크하여 실행시켜도 변수가 중복되어 선언되지 않고 하나만 선언되는 이유는 무엇일까? 즉 #include <stdio.h>가 각 파일에 있어도 되는 이유는?

앞에서 설명했던 계산기 프로그램을 몇 개의 파일로 나누어 재구성하여 위의 의문점들을 설명하겠다. 이 계산기 프로그램은 너무 작아서 여러 부분으로 나누어 작성할 필요는 없지만, 위의 의문점들에 대한 해답을 줄 수 있으므로 큰 프로그램을 작성할 때 도움이 될 것이다. 어떤 변수의 범위(scope)란 프로그램 중에서 그 변수가 효력을 발생하는 부분이다. 함수의 시작 부분에서 선언된 자동변수의 범위는 그 함수 내이고, 똑같은 이름의 변수라도 다른 함수 내에 있는 변수와는 아무런 연관이 없다. 함수 매개변수에 있어서도 마찬가지이다. 외부변수의 범위는 소스 파일의 선언된 부분부터 그 파일의 끝 부분까지이다. 예를 들어, main, sp, val, push, pop이 한 파일에서 다음과 같이 정의되었을 때

```
main( ) { ... }

int sp = 0;
double val[MAXVAL];

void push(double f) { ... }

double pop(void) { ... }
```

val과 sp라는 변수는 push, pop에서도 사용될 수 있고, 더 이상의 선언을 필요로 하지 않는다. 만일 외부변수가 그것이 선언되기 이전에 사용된다거나, 또한 그것이 사용되고 있는 파일이 아닌 다른 소스 파일에서 사용된다면 반드시 extern 선언을 해야 한다.

외부변수의 선언(declaration)과 정의(definition)를 구별하는 것이 중요하다. 선언이란 변수의 성질(주로 변수의 형)을 나타내는 것이고, 정의는 실제로 기억장소가 할당되도록 하는 것이다.

```
int sp;
double val[MAXVAL];
```

만일 위의 두 행이 어떤 함수의 외부에 있을 때, 이것은 외부변수 sp와 val을 정의하고, 기억장소가 할당되도록 하며, 그 소스 파일 내에서는 전체적으로 작용한다. 이와는 반대로 다음은

```
extern int sp;
extern double val[ ];
```

sp는 int이고 val은 double 배열(그 크기는 다른 곳에서 결정됨)이라는 것을 선언하지만 변수를 만들어 내거나 기억장소를 할당하지는 않는다.

소스 프로그램을 구성하는 파일에서 사용되는 외부변수에 대해서는 단 한 번의 정의만이 있어야 한다. 다른 파일에서 그 외부변수를 사용하도록 하려면 extern 선언을 포함해야 한다(정의를 포함하고 있는 파일 안에서 extern 선언이 있을 수 있다). 배열의 크기는 정의와 함께 명시되어야 하나 extern 선언에서는 안 해도 된다. 다음의 예는 push와 pop이 한 파일에서 정의되고, val과 sp는 다른 파일에서 정의되며, 초깃값이 지정될 수 있음을 보여 준다. 따라서 이 정의와 선언을 결합하는 일이 필요할 것이다.

파일 1에서

```
extern int sp;
extern double val[ ];

void push(double f) { ... }

double pop(void) { ... }
```

파일 2에서

```
int sp = 0;
double val[MAXVAL];
```

파일 1에 있는 extern 선언들은 함수 정의의 외부에 위치하므로 모든 함수에 적용되는 것이다.

4.5 헤더 파일

계산기 프로그램을 몇 개의 소스 파일로 분해해 보자. main.c라는 파일에 메인 프로그램을 넣고, stack.c 파일에 push.pop과 그와 관련되는 변수들을 넣으며, getop.c라는 파일에 getop 부분을 넣자. 마지막으로 getch.c라는 파일에 getch 부분과 ungetch 부분을 넣어 모두 네 개로 분리하기로 하자. 이렇게 프로그램을 분리하여 각각 컴파일한 후 링크 과정을 통해 합치면 된다.

이때 중요한 것은 각 파일들 사이의 선언과 정의를 어떻게 해 주느냐 하는 점이다. 각 파일에서 선언과 정의를 해 줄 수도 있지만 공통되는 부분을 calc.h라는 헤더 파일(header file)에 모아 두고 필요할 때 헤더 파일을 프로그램에 삽입시키면 매우 편리하다(#include 명령에 대해서는 4.11절을 참조하라). 따라서 프로그램은 다음과 같이 구성된다.

calc.h

```
#define NUMBER '0'
void push (double) ;
double pop (void) ;
int getop (char [ ]) ;
int getch (void) ;
void ungetch (int) ;
```

main.c

```
#include <stdio.h>
#include <stdlib.h>
#include "calc.h"
#define MAXOP 100
main( ) {
    ...
}
```

getop.c

```
#include <stdio.h>
#include <ctype.h>
#include "calc.h"
getop( ) {
    ...
}
```

getch.c

```
#include <stdio.h>
#define BUFSIZE 100
char buf[BUFSIZE];
int bufp = 0 ;
int getch(void) {
    ...
}
void ungetch(int) {
    ...
}
```

stack.c

```
#include <stdio.h>
#include "calc.h"
#define MAXVAL 100
int sp = 0;
double val[MAXVAL];
void push(double) {
    ...
}
double pop(void) {
    ...
}
```

그 파일에 꼭 필요한 정보만을 공통적인 헤더 파일에 담을 수는 없으므로(파일에 다른 정보가 필요할 수도 있으므로) 헤더 파일 내에서 필요한 정보를 선택적으로 찾아내야 한다. 이런 불편을 없애기 위해 여러 개의 헤더 파일을 들 수도 있지만 일반적으로 한 개의 헤더 파일에 모든 정보를 저장하는 것이 효율적이고 가장 좋은 방법으로 알려져 있다. 그러나 매우 복잡한 구조를 가진 큰 프로그램에서는 여러 개의 헤더 파일을 사용하기도 한다.

4.6 정적 변수

stack.c 내에 있는 sp.val 같은 변수나 getch.c 내에 있는 buf, bufp 같은 변수는 각각의 파일에서만 사용되고 다른 파일에서는 사용하지 않는 변수이다.

외부형 변수나 함수에서의 static 선언은 그 파일 내에서만 통용된다. 따라서 외부형 정적 변수(static variables)는 getch-ungetch의 프로그램에서 buf, bufp 같은 변수 이름을 숨길 수 있도록 해 준다. 이 변수들은 두 프로그램에서 공유되도록 외부형이어야 하지만, getch나 ungetch를 사용하는 사람들에게 혼란을 일으키지 않도록 숨기는 것이 좋다. 정적 변수는 정상적인 변수선언 앞에 static이란 선언을 함으로써 얻어진다. 만일 두 루틴과 두 변수가 다음과 같이 한 파일에서 컴파일된다면

```
static char buf[BUFSIZE];    /* buffer for ungetch */
static int bufp = 0;         /* next free position in buf */

int getch(void) { ... }


void ungetch(int c){ ... }
```

다른 루틴들은 buf 나 bufp 변수를 사용할 수 없다. 따라서 같은 프로그램 내의 다른 파일에 있는 똑같은 이름으로 인해 혼란을 겪지 않을 것이다. 같은 방법으로 sp와 val 변수에 static 선언을 함으로써 push와 pop 동작에 사용되는 변수들을 숨길 수 있다. 외부 정적 선언은 변수에 주로 사용되지만 함수에도 사용될 수 있다. 함수 이름은 공통적(global)이며, 프로

그램 안의 모든 부분에서 사용할 수 있다. 그러나 함수가 static으로 선언되면 그 이름은 그것이 정의된 파일 이외에는 사용할 수가 없게 된다. 정적 변수 선언은 내부형 변수에도 사용된다. 정적으로 선언된 내부형 변수들은 자동변수와 거의 같은 기능을 가지고 있으나, 자동변수와는 달리 항상 기억장소가 할당되어 있으며, 소멸되지 않는 차이점이 있다. 즉, 함수가 호출될 때 그 전에 호출될 때의 값을 가지고 있게 된다(보통의 자동변수는 0 등으로 초기화된다).

예제 4-11 getop 프로그램을 ungetch를 사용하지 않는 구조로 개선하라.
힌트 : 내부 정적 변수를 사용하라.

4.7 레지스터 변수

레지스터 변수(register variables) 선언은 컴파일러에게 그 변수가 매우 자주 사용될 것임을 알려 준다. 레지스터 변수는 실제로 컴퓨터의 레지스터에 위치하여, 프로그램을 더욱 작고 빠르게 수행되도록 한다. 그러나 컴파일러 중에는 레지스터 변수를 사용하지 않는 것도 있다. 레지스터 변수의 선언은 다음과 같다.

```
register int x;
register char c;
```

레지스터 변수 선언은 자동변수나 함수의 매개변수에만 적용될 수 있다. 후자의 경우 다음과 같이 선언한다.

```
f(register unsigned m, register long n)
{
    register int i;
    ...
}
```

실제적으로, 사용하고 있는 하드웨어의 현실성을 고려하면 레지스터 변수의 사용에는 약간의 제약이 따른다. 각 함수에서 몇 개의 변수만 레지스터에 저장될 수 있고 특정한 형(type)만 허용된다. 너무 많은 레지스터 변수를 선언한 경우, 가능한 개수 이상의 것은 무시하는데 프로그램 수행상에 지장을 주지는 않는다. 그리고 레지스터 변수의 주소를 얻어 내는 것은 불가능하다(이는 제5장에서 자세히 다룰 것이다). 레지스터 변수의 제약은 사용하는 컴퓨터의 기종에 따라 다르다.

4.8 블록 구조

C는 함수들이 다른 함수 내부에서 정의될 수 없으므로 PASCAL과 같은 종류의 언어와 비교하면 블록 구조로 된 언어가 아니다. 그러나 변수들이 함수 내에서 블록 구조(block structure) 형식으로 정의될 수 있다. 변수의 선언(초깃값 결정도 포함한)은 함수의 시작을 나타내는 왼쪽 중괄호 {뿐만 아니라 복합문의 시작을 나타내는 왼쪽 중괄호 { 뒤에도 따라올 수가 있다.

이렇게 선언된 변수들은 다른 블록에서 동일한 이름으로 선언된 변수를 숨길 수 있으며, 오른쪽 중괄호 }를 만날 때까지 유효하다. 예를 들면

```
if (n > 0) {
    int i; /* declare a new i */

    for (i = 0; i < n; i++)
        ...
}
```

변수 i의 범위는 if 문의 내부이며, 블록 외부의 i 변수와는 아무런 연관이 없다. 자동변수의 선언과 초기화는 블록 안으로 들어갈 때마다 매번 일어나지만, 정적 변수는 블록 안으로 처음 들어갈 때 한 번 초기화되는 점을 주의하기 바란다.

매개변수 및 자동변수는 같은 이름의 외부형 변수나 함수와는 전혀 별개의 것이다.

```
int x;
int y;

f (double x)
{
    double y;
    ...
}
```

위와 같은 선언에서 함수 f 내에서의 x 변수는 double로 동작하며, 함수 f 밖에서의 x 변수는 외부형 정수로 서로 별개의 것이다. 이와 같은 관계는 변수 y에 대해서도 마찬가지이다. 그러나 에러를 발생시킬 확률이나 혼동을 일으킬 확률이 매우 크므로 이러한 변수의 사용은 바람직하지 못하다.

4.9 초기화

초깃값 설정에 관해서는 변수를 설명하는 과정에서 여러 번 언급했다. 지금까지 여러 가지 변수에 대해서 알아보았으므로 몇 가지 규칙을 정리하여 요약해 보자. 특별한 초깃값 설정이 없을 경우 외부변수나 정적 변수는 0으로 초기화(initialization)되고, 자동변수와 레지스터 변수에는 정의되지 않는 값(garbage)이 들어가게 되므로 어떤 값이 될지 알 수 없다. 스칼라 변수(배열이 아닌 변수)는 이름 뒤에 '=' 기호와 값을 둠으로써 변수가 선언될 때 초깃값을 지정할 수 있다.

```
int x = 1;
char squote = '\'';
long day = 1000L * 60L * 60L *24L;    /* milliseconds/day */
```

외부변수나 정적 변수는 초깃값이 반드시 상수여야 하며, 초기화는 단 한 차례만 이루어진다. 이에 비해 자동변수나 레지스터 변수는 함수나 블록 구조로 들어갈 때마다 매번 초기화가 이루어지게 된다. 자동변수나 레지스터 변수의 초깃값 지정은 반드시 상수일 필요는 없으며, 이전에 지정된 값을 이용한 수식 표현이나 심지어는 함수호출을 할 수도 있다. 예를 들어, 3.3절에서 사용한 이분탐색(binary search) 프로그램의 시작 부분을 다음과 같이 할 수 있다.

```
int binsearch(int x, int v[ ], int n)
{
    int low = 0;
    int high = n - 1;
    int mid;
    ...
}
```

원래는 다음과 같이 되어 있었다.

```
int low, high, mid;

low = 0;
high = n - 1;
```

어떤 표현을 사용하는가는 개인적인 취향에 달렸지만, 변수 정의와 초기화라는 것을 쉽게 알아볼 수 있도록 하는 것이 좋다.

배열은 다음과 같이 중괄호 안의 콤마로 분리된 값을 지정하는 형식으로 초기화할 수 있다.

```
int days[ ] = { 31, 28, 31, 30, 31, 30, 31, 31, 30, 31, 30, 31 };
```

배열의 크기 지정을 생략했을 경우 컴파일러가 초깃값의 수를 세어서 자동적으로 크기를 잡아 주게 되는데, 위의 경우는 12로 지정된다. 지정된 변수의 크기보다 초깃값으로 지정되는 상수의 수가 작은 경우 나머지 변수에 대해서는 0 값이 들어가게 된다(자동변수일 경우는 정의되지 않은 값이 들어간다). 이와 반대일 경우, 즉 초깃값으로 지정되는 상수의 수가 변수의 크기보다 많을 경우에는 에러가 발생하게 된다. 변수의 일부만을 초기화한다든지 초깃값을 반복해서 지정할 수는 없다. 문자 배열은 초기화의 특별한 경우인데, 중괄호 { }나 콤마를 사용하지 않고 문자열(string)을 사용한다.

```
char pattern[ ] = "ould";
```

다음과 같이 지정할 수도 있다.

```
char pattern[ ] = { 'o', 'u', 'l', 'd', '\0' };
```

위와 같은 경우 배열의 크기는 5이다(네 개의 문자에다 문자의 끝을 나타내는 '\0'이 추가되므로).

4.10 되부름

C 함수는 순환적으로 사용될 수 있다. 즉 함수는 직접적으로 또는 간접적으로 자기 자신을 호출할 수 있다. 수를 문자열로 출력시키는 것을 생각해 보자. 앞에서도 잠깐 언급한 것처럼 숫자들은 순서대로 생성되지 않는다. 즉 낮은 자리의 수가 높은 자리의 수보다 먼저 이용 가능하지만, 출력 시에는 반대순서로 출력되어야 한다.

이 경우에는 두 가지 해결방법이 있다. 하나는 숫자가 생성되는 대로 배열에 저장한 다음 3.6절에서 사용한 itoa에서처럼 반대순서로 출력시키는 것이다. 또 다른 방법은 되부름(recursion)을 사용하는 것인데, 이것은 printd를 호출할 때마다 앞에 있는 숫자들을 처리하기 위해 먼저 자기 자신을 호출하고 나서 나머지 숫자들을 출력시키는 것이다.

```
#include <stdio.h>

/* printd: print n in decimal */
void printd(int n)
{
    if (n < 0) {
        putchar('-');
        n = -n;
```

```
    }
    if (n / 10)
        printd(n / 10);
    putchar(n % 10 + '0');
}
```

함수가 순환적으로 자기 자신을 호출할 때 새로 호출된 함수는 이전의 자동변수들과 무관한 새로운 자동변수들을 가지게 된다. 따라서 printd(123)와 같이 하면 n=123이 된다. 함수 속에서 n=12가 되고 printd가 다시 실행되고 3이 출력된다. 마찬가지 방법으로 세 번째 printd에 1을 전달하고 2를 출력하는 과정을 반복하게 된다.

순환을 사용한 좋은 예는 1962년 C. A. R.이 개발한 quicksort이다. 다음에 제시한 quicksort 프로그램은 가장 빠른 알고리즘은 아니지만 순환(되부름)을 이해하는 데 도움을 줄 수 있을 것이다.

```
/* qsort: sort v[left]...v[right] into increasing order */
void qsort(int v[ ], int left, int right)
{
    int i, last;
    void swap(int v[ ], int i, int j);

    if (left >= right)    /* do nothing if array contains */
        return;           /* fewer than two elements */
    swap(v, left, (left + right)/2);  /* move partition elem */
    last = left;                      /* to v[0] */
    for (i = left+1; i <= right; i++)     /* partition */
        if (v[i] < v[left])
            swap(v, ++last, i);
```

```
        swap(v, left, last);          /* restore partition elem */
        qsort(v, left, last-1);
        qsort(v, last+1, right);
    }
```

여기서 변수를 교환하는 동작이 여러 번 사용되기 때문에 swap라는 함수를 만들어 해결하고 있다.

```
    /* swap: interchange v[i] and v[j] */
    void swap(int v[ ], int i, int j)
    {
        int temp;

        temp = v[i];
        v[i] = v[j];
        v[j] = temp;
    }
```

표준함수 라이브러리에는 qsort라는 이름으로 quicksort 루틴이 포함되어 있다.

일반적으로 순환구조는 현재 진행되고 있는 값들의 스택이 유지되어야 하므로 기억장소를 많이 사용하며, 속도가 느린 편이다. 그러나 순환구조는 훨씬 간결하고 명확하여 작성 및 이해가 편리하며, 트리(tree)와 같이 순환적으로 정의된 자료구조를 처리할 때 무척 편리하다. 6.5절에서 좋은 예제를 소개하겠다.

예제 4-12 printd의 개념을 이용하여 itoa의 순환형을 작성하라. 즉 되부름을 사용하여 정수를 문자열로 변환하라.

예제 4-13 순환 루틴을 사용하여 문자열 s를 거꾸로 하는 함수 reverse(s)를 작성하라.

4.11 C 프리프로세서

C는 프리프로세서(preprocessor)에 의해 일종의 언어 확장 기능을 제공한다. #include 명령에 의해 컴파일 시 어떤 파일을 실어 올 수 있으며, #define 명령으로 긴 문자열을 하나의 심벌로 대치하여 사용할 수도 있다. 이 절에서는 첨자를 가진 매크로 정의와 조건부 컴파일에 대해 설명하겠다.

4.11.1 파일 삽입

파일 삽입 기능은 #define과 선언, 집합을 처리하기 쉽게 해 준다. 다음과 같은 명령은 filename 파일의 내용이 이 위치에 복사된 것과 똑같은 동작을 하게 해 준다.

```
#include "filename"
```

혹은

```
#include <filename>
```

소스 파일 앞부분에 여러 개의 #include 명령이 올 수 있다. 예를 들어, <stdio.h> 등의 라이브러리 함수나 #define 또는 외부변수의 선언 등이 올 수 있다. #include는 커다란 프로그램에서 선언을 결합하기 위해 주로 사용된다. 모든 소스 파일이 똑같은 정의와 변수 선언을 제공받게 됨을 보장함으로써 귀찮은 버그(bug)의 발생 확률을 감소시켜 준다. 그러나 include 파일에 변화가 생겼을 경우 그것을 포함하는 모든 소스 파일을 다시 컴파일해야 한다.

4.11.2 매크로 치환

다음과 같은 정의는

```
#define 이름 문자열
```

가장 간단한 종류의 매크로 치환으로서, 이렇게 하면 긴 문자열 대신 상수명을 쓸 수 있다. #define 다음의 이름은 변수 이름과 같은 형을 가지며 텍스트(text)는 아무것이나 상관없다. 치환될 텍스트는 이름 뒤에 위치하는데, 한 행을 넘어갈 정도로 긴 경우 계속 표시를 나타내는 \를 행의 끝에 삽입하면 몇 행이라도 연속해서 쓸 수 있다. #define으로 정의된 이름의 범위는 컴파일되는 파일 내에서만 유효하다. 이름은 다시 정의될 수도 있고, 정의는 이전의 정의를 재사용할 수 있다. 그리고 YES가 정의된 이름인 경우 printf("YES") 또는 YESMAN에서는 매크로 치환이 일어나지 않는다.

이런 몇 가지 경우만 제외하고 어떤 종류의 이름도 치환될 수 있다. 예를 들면,

```
#define forever for (;;)    /* infinite loop */
```

는 forever란 이름의 무한 루프를 지정한다. 또한 첨자를 지닌 매크로 정의도 가능하다. 예를 들면,

```
#define  max(A, B)  ((A) > (B) ? (A) ; (B))
```

이것은 함수호출처럼 보이나 라인 내부의 코드로 확장하는 역할을 수행한다. 즉, 다음과 같이 변환하는 것이다.

```
x = max(p+q, r+s);
```

가

```
X =((p+q) > (r+s) ? (p+q) : (r+s));
```

로 치환된다. 이 매크로는 어떤 데이터형에도 적용 가능하므로, 함수의 경우처럼 서로 다른 데이터형에 대해서 서로 다른 종류의 max가 필요하지 않다. max의 확장을 관찰해 보면 약간의 함정을 관찰할 수 있다. 수식은 두 번 계산되므로 입출력문이 증가 연산자를 포함할 경우 좋지 않은 결과를 가져온다.

예를 들어,

```
max(i++, j++)     /* WRONG */
```

는 두 번의 증가를 가져오게 되므로 좋지 않다. 즉 치환되고 나면 내부에서 몇 번 계산하는지가 한눈에 보이지 않으므로 조심해야 한다는 말이다. 계산순서를 올바르게 하기 위해서는 괄호에도 주의를 기울여야 한다.

다음 매크로를 정의하고 square(z+1)이라는 문장을 사용했을 때의 결과를 생각해 보자.

```
#define square(x)  x * x    /* WRONG */
```

이런 약간의 단점에도 불구하고 매크로는 매우 유용하다. 실제적인 예로 <stdio.h>와 같이 getchar와 putchar 같은 함수들이 정의되어 있는 매크로는 프로그램 수행 속도를 크게 향상시켜 준다.

이름(name)은 #undef 명령에 의해 정의가 해제될 수도 있다. 그 예는 다음과 같다.

```
#undef getchar

int getchar(void) {...}
```

따옴표 속에 있는 변수나 상수를 치환하기 위해서는 #를 사용해야 하는데, 다음 예는 #의 사용법을 보여 준다.

```
#define    dprint(expr)    printf(#expr "= %g\n", expr)
```

이 매크로가 다음 명령으로 수행되면

```
dprint(x/y);
```

매크로는 다음과 같이 확장된다.

```
printf("x/y" "= %g\n", x/y);
```

그 효과는 다음과 같다.

```
printf("x/y = %g\n", x/y);
```

즉 #을 붙이면 변수가 아닌 문자열로서의 치환이 일어나는데, 문자열 중의 첨자에서 "는 \"로 치환되고, \는 \\로 치환되므로 그 결과는 문법에 어긋나지 않는다.

연산자는 매크로 확장 시 실제 첨자를 연결하는 역할을 한다. 치환될 텍스트가 ##로 연결되어 있으면 ## 앞의 텍스트와 ## 뒤의 텍스트가 여백 없이 연결된다. 예를 들어, 두 개의 첨자를 연결하는 paste라는 매크로를 살펴보면

```
#define paste(front, back) front ## back
```

따라서 paste(name, 1)은 name1이라는 이름을 만들어 낸다. ##의 자세한 사용에 관해서는 부록 A에서 설명하겠다.

예제 4-14 두 개의 첨자 x, y를 t형으로 상호 치환하는 매크로 swap(t, x, y)를 작성하라.

4.11.3 조건부 포함

프리프로세서 명령어도 컴파일 시의 조건에 따라 포함할지 포함하지 않을지를 선택할 수 있다. #if 명령은 정수형 표현(sizeof, casts, enum 제외)을 계산하여, 그 결과가 0이 아니면 #endif 나 #elif 또는 #else가 나오기 전까지의 라인들을 포함시킨다. defined(name) 문은 이름(name)이 정의되었으면 1의 값을, 아니면 0의 값을 갖게 된다. 예를 들어, hdr.h라는 파일을 단 한 번만 포함하고 싶다면 다음과 같이 하면 된다.

```
#if !defined(HDR)
#define HDR

/* contents of hdr.h go here */

#endif
```

일단 hdr.h 파일이 포함되면 HDR이라는 이름이 정의된다. 다음에 또 포함시키려고 하면, 이름이 정의되었으므로 #endif 로 뛰게 된다. 비슷한 방법으로 파일의 중복 포함을 방지할 수 있다.

다음 프로그램은 시스템이 어떤 버전의 헤더 파일을 사용할 것인지를 선택할 수 있게 해준다.

```
#if SYSTEM == SYSV
    #define HDR "sysv.h"
#elif SYSTEM == BSD
    #define HDR "bsd.h"
#elif SYSTEM == MSDOS
    #define HDR "msdos.h"
#else
    #define HDR "default.h"
#endif
#include HDR
```

#ifdef 와 #ifndef 명령은 이름이 정의되어 있나를 알아보는 특별한 기능을 수행한다. 첫 번째 예제의 #if 는 다음과 같이 쓸 수도 있다.

```
#ifndef HDR
#define HDR

/* contents of hdr.h go here */

#endif
```

CHAPTER 5

포인터와 배열

5.1 포인터와 주소

5.2 포인터와 함수의 매개변수

5.3 포인터와 배열

5.4 번지 연산

5.5 문자 포인터와 함수

5.6 포인터 배열 : 포인터의 포인터

5.7 다차원 배열

5.8 포인터 배열의 초기화

5.9 포인터와 다차원 배열

5.10 명령 라인 매개변수

5.11 함수의 포인터

5.12 복잡한 선언문

포인터는 다른 변수의 주소를 그 값으로 가지는 변수이다. 포인터는 C 언어에서 많이 사용되는데 경우에 따라서는 포인터를 사용하지 않으면 안 되는 경우도 있다. 포인터를 잘 사용하면 아주 효율적이고 간결한 프로그램을 작성할 수 있다. 포인터는 배열과 밀접한 관계를 가지고 있는데 이 장에서 그러한 것도 살펴보겠다.

포인터와 goto 문을 잘못 사용하면 아주 알아보기 힘든 프로그램이 되는 수가 있으나 잘 사용하면 효율적인 프로그램을 작성할 수 있다는 사실을 명심하기 바란다.

ANSI C에서는 포인터 사용이 더 명확하게 되었고 형을 고정하지 않은 일반적인 포인터 형태로 char* 대신 void*(void형의 포인터)가 사용되었다.

5.1 포인터와 주소

메모리의 구성을 그린 그림을 보면서 설명을 읽기 바란다. 보통의 컴퓨터에서는 배열이 메모리에 연속적으로 기록되며, 한 바이트가 한 문자가 될 수도 있고, 연속된 두 개의 바이트가 short integer가 될 수도 있으며, 연속된 네 개의 바이트가 long integer가 될 수도 있다. 포인터는 어떤 변수의 번지를 기억한다고 했다. 예를 들어, c가 char형이고 그 포인터가 p라고 할 때, p의 값은 c가 기록되어 있는 메모리의 번지가 된다. 아래 그림은 이해하는 데 도움이 될 것이다.

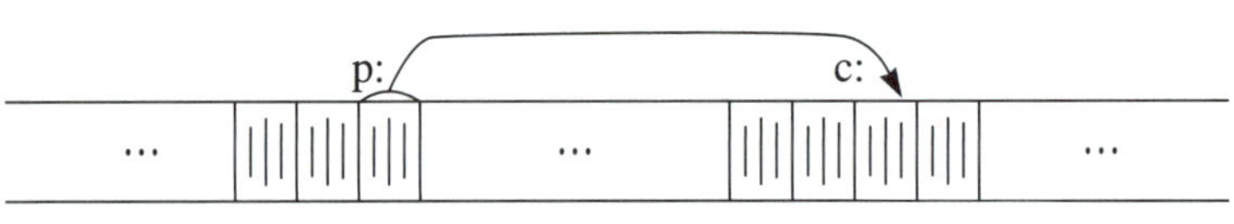

번지를 알아내는 연산자 &를 사용해서 p에 c의 번지를 기억시키려면 다음과 같이 한다.

```
p = &c;
```

& 연산자는 메모리에 있는 대상(변수와 배열)에만 사용할 수 있고 문장이나 상수 등에는 사용할 수 없다.

* 연산자는 반대의 역할을 한다. 포인터에 * 연산을 하면 그 포인터가 가리키고 있는 변수(또는 배열변수)의 값을 알려 준다. x와 y는 정수형 변수이고 ip가 포인터인 경우 &와 *를 사용하는 예는 다음과 같다.

```
int x = 1, y = 2, z[10];
int *ip;            /* ip is a pointer to int */

ip = &x;            /* ip now points to x */
y = *ip;            /* y is now 1 */
*ip = 0;            /* x is now 0 */
ip = &z[0];         /* ip now points to z[0] */
```

x, y, z의 선언은 많이 보아 온 것과 같고 포인터 ip의 선언은

```
int *ip;
```

와 같다. 이와 같이 해 주면 ip는 정수형 변수의 포인터가 된다. 포인터를 다른 변수와 같은 방법으로 선언하므로 변수를 선언하면서 포인터를 함께 선언할 수 있다. 포인터 선언은 함수 선언과 함께 할 수도 있는데, 예를 들면 다음과 같다.

```
double *dp, atof(char *);
```

이렇게 하면 *dp와 atof의 형은 double이 되고(dp는 double형 변수의 포인터, atof의 리턴 값은 double형), atof의 매개변수의 형은 char형 변수의 포인터가 된다.

위에서 알 수 있는 바와 같이 포인터를 선언할 때 어떤 형의 변수에 대한 포인터인가를 정해 주게 되어 있다. 그런데 선언 중에 void형이라는 것이 있는데 제약이 있기는 하지만 어떤 형의 포인터도 될 수 있다(이는 5.11절에서 설명하겠다). 포인터는 수식에서 사용될 수 있으며, 예를 들어 x의 포인터가 ip라면 *ip는 x 대신으로 사용될 수 있다(좌변에 사용할 수 있다). 그래서 다음과 같이 하면

```
*ip = *ip + 10;
```

*ip의 값(x의 값)이 10 증가된다. *와 & 연산자는 산술 연산자보다 우선순위가 높으므로

```
y = *ip + 1
```

은 x(*ip)에 1을 더한 값을 y에 넣어 준다. 그리고

```
*ip += 1
```

은 *ip의 값을 1 증가시키는데, 이것은

```
++*ip
```

와

```
(*ip)++
```

와 같은 동작을 한다. 마지막 예에서는 괄호가 필요한데, 그 이유는 괄호가 없는 경우 ip가 증가되기 때문이다.

포인터 역시 일종의 변수이기 때문에 다른 변수와 같은 방법으로 사용될 수 있다. 예를 들어,

```
iq = ip
```

와 같이 하면 iq는 ip와 같은 변수를 가리키게 된다.

5.2 포인터와 함수의 매개변수

C에서 호출할 때 매개변수는 그 값만 전달되므로(call by value) 호출된 함수에서 호출한 함수의 변수 값을 바꾸는 것은 불가능하다. 예를 들어, 두 변수의 값을 교환하는 함수를 다음과 같이 호출했다고 하자.

```
swap(a, b);
```

이때 swap라는 함수가 다음과 같다면

```
void swap(int x, int y)  /* WRONG */
{
    int temp;

    temp = x;
    x = y;
    y = temp;
}
```

프로그램은 우리가 원하던 대로 실행되지 않는다. a와 b는 호출한 함수의 변수이므로 그 값을 swap라는 함수에서 바꿀 수 없고, 단지 swap 함수 내에서 x와 y의 값이 바뀌었을 뿐이다. x, y 대신 a, b처럼 함수 밖의 변수명과 같은 변수명을 사용해도 마찬가지이다.

원하는 결과를 얻으려면 다음과 같이 포인터를 사용하면 된다.

```
swap(&a, &b);
```

연산자 &는 변수의 주소를 알아내는 연산자이므로 &a는 a를 가리키는 포인터이다. 함수 swap 내에서는 매개변수들을 포인터로 정의해 준다. swap 함수는 다음과 같다.

```
void swap(int *px, int *py)  /* interchange *px and *py */
{
    int temp;

    temp = *px;
    *px = *py;
```

```
    *py = temp;
}
```

그림으로 나타내면 다음과 같다.

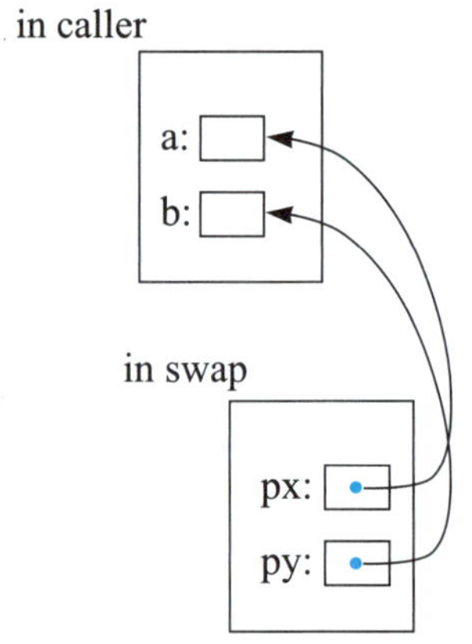

포인터를 사용하면 호출된 함수에서 호출한 함수의 변수 값을 바꿀 수 있다. 예를 들어, 입력되는 문자열을 호출할 때마다 한 자씩 정수로 바꾸는 함수 getint를 생각해 보자. 이 함수는 더 이상 입력이 없을 경우 파일의 끝을 나타내는 기호(EOF)를 출력해 주어야 한다. EOF는 다른 문자들과 혼동되지 않게 출력해야 한다.

한 가지 방법은 문자를 정수로 변환한 값은 함수의 매개변수를 통해 보내고 EOF는 함수의 출력으로 보내는 것이다. 이는 제7장에서 설명할 scanf 함수에서 사용하는 방법이다.

다음 문장은 함수 getint를 호출하여 배열의 원소에 정수 값을 넣어 준다.

```
int n, array[SIZE], getint (int *);

for (n = 0; n < SIZE && getint(&array[n]) != EOF; n++)
    ;
```

입력이 있으면 getint 함수는 그 입력을 받아들이고 n은 1만큼 증가된다. getint 함수가 제대로 동작하기 위해서 array[n]의 번지를 알아야 한다는 데에 주의하자. 파일의 끝에서는

EOF를 출력하며, 다음 입력이 숫자가 아닐 때는 0을 출력하고 숫자일 때는 양수를 출력하는 프로그램은 다음과 같다.

```
#include <ctype.h>                    문자를 숫자로 출력하는 함수

int getch(void);
void ungetch(int);

/* getint: get next integer from input into *pn */
int getint(int *pn)
   {
   int c, sign;

   while (isspace(c = getch( )))   /* skip white space */
      ;
   if (!isdigit(c) && c != EOF && c != '+' && c != '-') {
      ungetch(c);   /* it's not a number */
      return 0;
   }
   sign = (c == '-') ? -1 : 1;
   if (c == '+' || c == '-')
      c = getch( );
   for (*pn = 0; isdigit(c); c = getch( ))
      *pn = 10 * *pn + (c - '0');
   *pn *= sign;
   if (c != EOF)
      ungetch(c);
   return c;
}
```

함수 getint에서 *pn은 정수형(int) 변수로 사용되었으며 한 문자를 다시 입력으로 읽어 들이기 위해 getch와 ungetch(4.3절 참조)를 사용했다.

예제 5-1 위의 프로그램에서 숫자 앞이 아닌 다른 곳에 있는 +와 -는 0으로 취급되었다. 입력으로 읽을 수 있도록 해 보라.

예제 5-2 부동소수점을 출력하고 getint와 같은 동작을 하는 함수 getfloat를 작성하라. 함수 값은 어떤 형의 값이 될까?

5.3 포인터와 배열

C에서 포인터와 배열은 밀접한 관계가 있으므로 같이 살펴보도록 하자. 배열에 의한 연산은 포인터를 사용해서 할 수 있으며, 포인터를 사용하는 것이 더 빠르기는 하지만 좀 더 어렵다는 문제가 있다.

선언문

```
int a[10];
```

은 크기가 10인 배열을 정의한다. 이렇게 하면 a[0], ... a[9]를 변수로 사용할 수 있다.

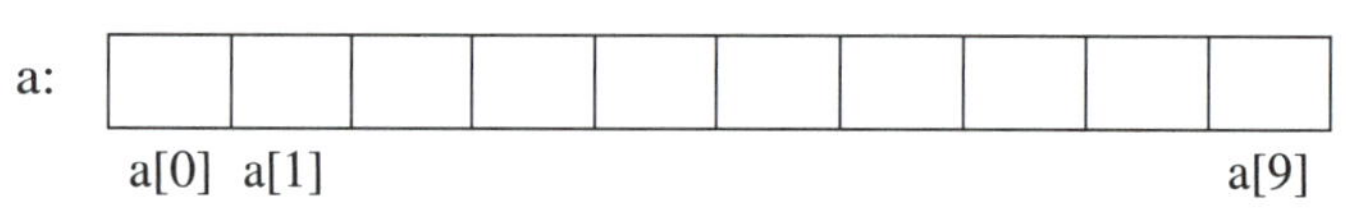

a[i]는 i번째의 요소를 말한다. pa가 정수형의 포인터라고 하면 선언은

```
int *pa;
```

와 같이 되고

```
pa = &a[0];
```

이라는 문장은 pa가 a[0]의 포인터가 되도록 해 준다.

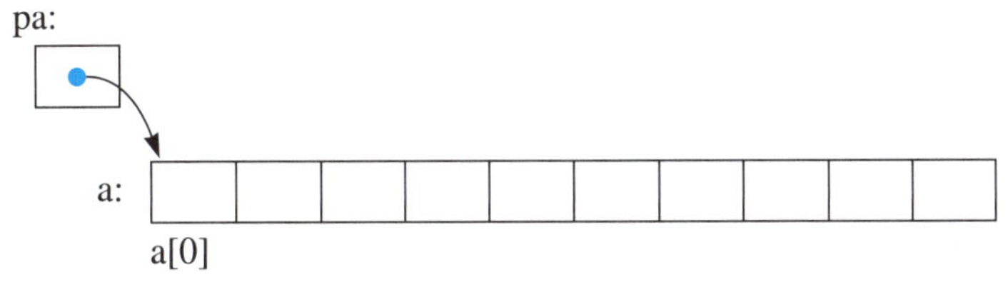

그리고

```
x = *pa;
```

와 같이 하면 x는 a[0]과 같은 값을 갖게 된다. pa가 a[i]의 포인터라면 pa+1은 a[i+1]의 포인터가 되고 pa−1은 a[i−1]의 포인터가 된다. 그러므로 pa가 a[0]의 포인터라면

```
*(pa+1)
```

은 a[1]의 값이 된다.

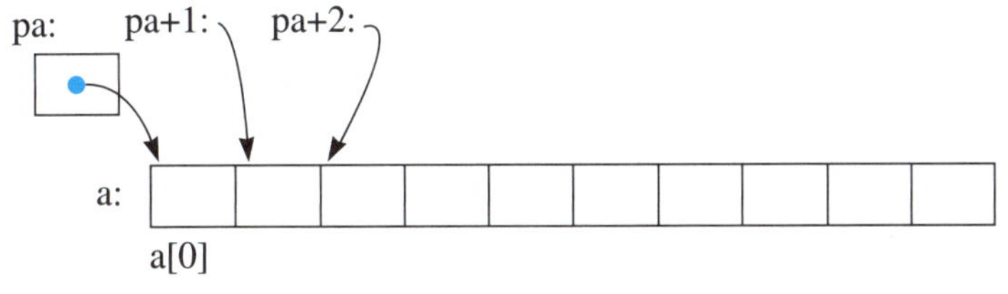

위에서 설명한 내용은 배열 a의 형이나 크기와는 관계없이 성립된다. 포인터에 1을 더한다는 말은 그다음 바이트를 의미하는 것이 아니라 그다음 요소를 지시한다는 뜻이다. 포인터를 사용하는 연산은 첨자(인덱스)와 밀접한 관계가 있다. 정의에 의하면 배열형의 변수 값은 0번째 요소의 값이 된다. 그러므로

```
pa = a;
```

과 같은 문장이 있으면 pa는 a(변수 이름)와 같은 값을 가지게 된다. 배열의 이름(예 : a[i] 배열인 경우 a)은 그 배열 첫 번째 요소의 위치를 나타내므로 위의 문장은 다음과 같이 써도 된다.

```
pa = &a[0];
```

더욱이 놀랄 만한 사실은 a[i]를 *(a+i)로 써도 된다는 것이다. a+i는 a의 i번째 요소를 뜻한다. 그러므로 &a[i]는 a+1과 같아진다. 또 pa가 포인터라면 pa[i]는 *(pa+i)와 같다. 즉 배열과 인덱스 표현은 포인터와 오프셋(offset)으로 표현한 것과 동일하다.

배열변수의 이름을 사용하는 것과 포인터를 사용하는 것은 비슷하지만 한 가지 차이점이 있다. 포인터는 일종의 변수이므로 pa=a나 pa++ 같은 표현을 사용할 수 있지만 배열 이름은 변수가 아니므로 a=pa나 a++ 등과 같은 표현은 사용할 수 없다. 즉 배열의 이름은 포인터 상수라고 생각하면 된다.

배열 이름을 어떤 함수에 넘겨줄 경우 실제로 넘겨주는 것은 첫 번째 요소의 위치이다. 호출된 함수 내에서 넘겨받는 매개변수(배열)는 지역변수이고 배열 이름(매개변수로 사용된)은 포인터이다. 설명이 좀 어려운 것 같으면 다음의 strlen 함수를 잘 살펴보기 바란다. 이 프로그램은 문자열의 길이를 계산하는 함수이다.

```
 /* strlen: return length of string s */          문자열 길이 계산 함수
int strlen(char *s)
{
    int n;

    for (n = 0; *s != '\0'; s++)
        n++;
    return n;
}
```

s는 포인터이므로 s를 1 증가시킬 수 있다. 그렇지만 s++는 이 함수를 호출한 함수에는 아무런 영향도 미치지 못한다. 단지 함수 strlen에서 새로 만든(원래의 것과 똑같은) 문자열에서만 영향을 미친다. 그래서 다음과 같은 표현들도 사용될 수 있다.

```
strlen("hello, world");  /* string constant */
strlen(array);           /* char array[100]; */
strlen(ptr);             /* char *ptr; */
```

함수 정의 부분에서

```
char s[ ];
```

와

```
char *s;
```

는 같다. 그렇지만 후자 쪽이 포인터라는 것을 명확히 나타내 주므로 후자처럼 하는 것이 좋다. 배열 이름이 함수로 전달될 때는 그 이름이 배열로 사용되기도 하고 포인터로 사용되기도 한다.

배열의 한 부분만을 함수에 전달해 줄 수도 있다. 그렇게 할 때 그 부분의 첫 번째 요소를 가리키는 포인터를 사용한다. 예를 들어, a가 배열이라고 하면

```
f(&a[2])
```

와

```
f(a+2)
```

두 가지 모두 a[2]가 함수 f로 전달된다. 함수 f의 내부에서는 매개변수 선언이 다음과 같이 되어야 한다.

```
f(int arr[ ]) { ... }
```

또는

```
f(int * arr) { ... }
```

함수 f 내에서는 매개변수가 배열의 일부만을 사용하고 있다는 것을 고려할 필요가 없다. p[-1], p[-2] 등도 사용할 수 있지만 어떤 결과가 생길지는 알 수 없다.

5.4 번지 연산

p가 배열의 어떤 요소에 대한 포인터라면 p++는 p가 다음 요소를 가리키게 한다. 그리고 p+=i는 현재의 요소로부터 i번째의 요소를 가리키게 한다. 이런 기초적인 번지 연산을 잘 기억해 두기 바란다.

C 언어의 번지 연산은 아주 체계적이다. 포인터 배열 그리고 번지계산이 통합되어 있다는 것은 C의 큰 장점 중의 하나이다. 기억장소를 할당하는 프로그램을 예로 들어 설명하겠다. 이 프로그램에는 alloc(n)과 afree(p)의 두 루틴이 필요하다. alloc(n)은 이 함수를 호출하는 함수가 문자를 기억하기 위해 사용할 연속된 n개 문자의 위치를 가리키는 포인터를 리턴한다. afree(p)는 alloc(n)에서 할당한 기억장소를 다시 사용할 수 있도록 처리해 준다. 다시 사용하기 위해서는 alloc을 호출한 역순으로 afree를 호출해야 한다. 그러므로 이 함수는 스택을 사용하게 되어 있다. 표준 라이브러리에는 이 두 함수와 비슷한 malloc과 free라는 함수를 제공하고 있다. malloc과 free는 8.7절에서 설명한다.

함수 alloc은 allocbuf라는 이름의 큰 문자 배열을 가지고 있는데 이 문자 배열의 일부를 호출함수에 분배해 줄 수 있다. 이 배열은 alloc과 afree 함수에서 사용 가능하며, 포인터를 사용하는 배열이므로 다른 루틴에서는 배열의 이름을 알 필요가 없다. 사실 이 배열은 이름을 갖지 않아도 되는데, alloc 함수를 호출하든지 또는 OS에서 포인터를 알 수 있기 때문이다.

또 한 가지 알아야 할 것은 allocbuf 배열 중의 얼마만큼이 사용되었나 하는 것이다. 이를 위해서 allocbuf의 사용되지 않은 기억장소의 처음 주소를 가진 allocp라는 이름의 포인터를 사용한다. 함수 alloc은 n개의 문자 배열을 처리할 때 allocbuf 내에 n개 이상의 충분한 여분의 기억장소가 있는지를 조사해야 한다. 있으면 allocp를 리턴하고 allocp를 n만큼 증가시키며, 없으면 0을 리턴한다. afree(p)는 p가 allocbuf 내를 가리키면 allocp에 p의 값을 넣어 준다.

alloc: 호출 전

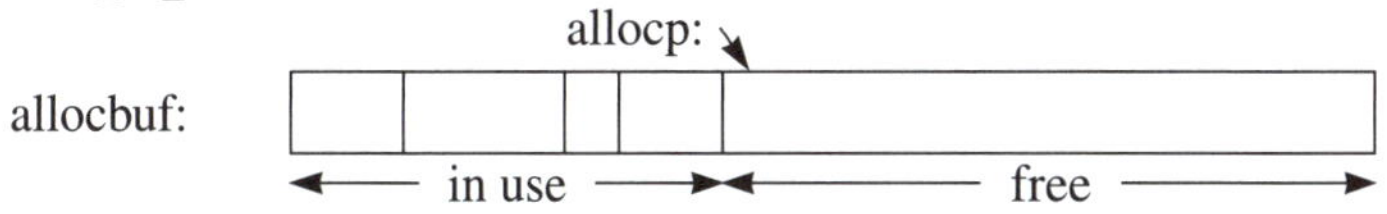

alloc: 호출 후

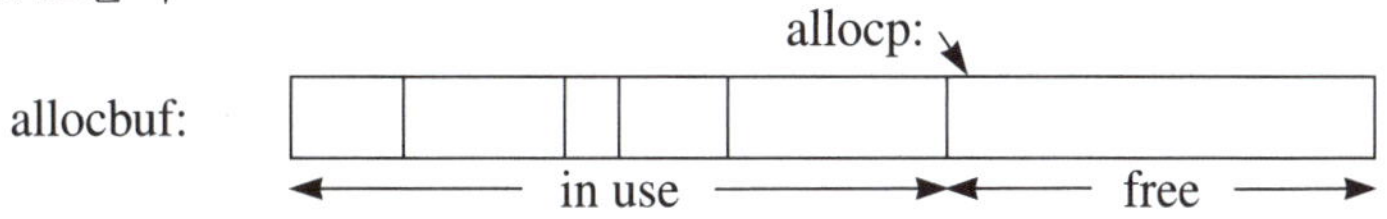


```
#define ALLOCSIZE 10000 /* size of available space*/

static char allocbuf[ALLOCSIZE];    /* storage for alloc */
static char *allocp = allocbuf;      /* next free position */

char *alloc(int n)   /* return pointer to n characters */
{
    if (allocbuf + ALLOCSIZE - allocp >= n) { /* it fits */
        allocp += n;
        return allocp - n; /* old p */
    } else      /* not enough room */
        return 0;
}
void afree{char *p)   /* free storage pointed to by p */
{
    if (p >= allocbuf && p < allocbuf + ALLOCSIZE)
        allocp = p;
}
```

포인터는 다른 변수와 마찬가지로 초깃값을 설정할 수 있다. 이 초깃값은 0이 되거나 미리 정의된 데이터의 주소가 된다. 선언문

```
static char *allocp = allocbuf;
```

은 allocp를 문자형의 포인터로 정해 주는데 초깃값은 allocbuf의 첫 부분, 즉 사용 가능 영역의 첫 부분이 된다. 위의 선언문은 다음과 같이 써도 된다.

```
static char *allocp = &allocbuf[0];
```

배열의 이름은 0번째 요소로 취급되므로

```
if (allocbuf + ALLOCSIZE - allocp >= n)
```

와 같이 하면 n개의 문자가 들어갈 자리가 있는지 알 수 있다. 있으면 allocp의 값은 allocbuf 끝의 바로 다음을 가리키게 된다. 위 문장의 조건이 만족되면 alloc은 문자 모임의 처음을 가리키는 포인터를 리턴한다(함수 자체의 선언을 눈여겨볼 것). 만족되지 않으면 alloc은 자리가 없다는 신호로 포인터의 값을 0으로 해 준다.

포인터와 정수형은 바꾸어 사용할 수 없게 되어 있지만 포인터에서 0은 사용할 수 있다. 포인터의 값을 0으로 할 수도 있고 포인터와 0을 비교할 수도 있다. 0 대신 NULL을 사용하기도 한다. NULL은 <stdio.h>에 정의되어 있다. NULL을 사용한 문장

```
if (allocbuf + ALLOCSIZE - allocp >= n)
```

과

```
if (p >= allocbuf && p < allocbuf + ALLOCSIZE)
```

은 포인터 계산의 몇 가지 특징을 보여 준다. 우선 포인터 값을 비교할 수도 있다는 것을 보여 준다. 만약 p와 q가 같은 배열 내의 원소를 가리키는 포인터라면 = =, !=, <, >= 등의 비교를 할 수 있다. 예를 들어,

```
p < q
```

는 p가 q보다 앞에 있는 원소라면 참이 된다. 포인터를 0과 비교하는 것은 항상 가능하다.

같은 배열의 원소를 가리키지 않는 두 포인터에 대한 비교나 연산의 결과는 아무 의미가 없다(예외적으로 배열의 끝과 바로 다음의 원소는 비교 가능하다).

두 번째 알 수 있는 것은 포인터에 어떤 정수를 더하거나 뺄 수 있다는 것이다.

```
p + n
```

은 p가 가리키는 대상체의 n번째 다음 요소를 말한다. 이때 p가 가리키는 대상체의 종류에는 관계없이 n번째 다음이므로 실제 몇 바이트 뒤가 되는지를 컴파일러가 계산하게 된다. 만약 p가 4바이트 정수라면 n번째 요소는 4n 바이트 뒤에 있게 된다.

포인터의 뺄셈도 물론 가능하다. p와 q가 같은 배열의 원소를 가리키고 있고 p<q라면 q-p+1은 p와 q 사이 원소의 개수가 된다. 이를 이용하여 strlen 함수를 다시 구성해 보면

```
/* strlen:   return length of string s */
int strlen(char *s)
{                                          문자열 길이 계산 함수
    char *p = s;

    while (*p != '\0')
        p++;
    return p - s;
}
```

과 같이 된다. 선언문에서 p는 s라는 문자열의 처음을 가리키도록 초기화된다. while 루프는 '0' 문자를 만날 때까지 반복해서 돌게 된다. p는 문자의 포인터이므로 p++는 그다음 문자를 말하는 것이 되고 p-s는 비교한 문자의 개수, 즉 문자열의 길이를 나타낸다. (문자의 개수가 int 형의 범위를 넘을 수 있다. <stdio.h>에는 ptrdiff_t라는 두 포인터의 위치 차이를 나타내는 형(type)을 정의하고 있는데 ptrdiff_t는 음의 값도 가질 수 있다. strlen의 리턴 값으로 size_t를 사용하는 방법도 있는데 size_t는 sizeof 연산자에 의해 리턴되는 부호 없는 정수형

변수이다.)

위에서는 포인터가 문자를 가리키는 예를 들었는데 문자가 아니라 float형이더라도 포인터에 대한 규칙은 그대로 적용된다. 이는 포인터가 가리키는 대상체의 크기와 맞게 동작하도록 되어 있기 때문이다. 그러므로 alloc과 float의 두 함수를 문자 대신 float형의 변수를 다루도록 고치는 것은 간단하다. 프로그램 내의 char를 float로만 바꿔 주면 된다.

포인터 계산에 대한 것을 요약하면 다음과 같다. 포인터에 대한 정수를 더하거나 뺄 수 있다. 포인터를 0과 비교할 수도 있고 같은 배열 내의 두 포인터를 비교할 수도 있다. 그러나 포인터에 포인터를 더하거나 뺄 수는 없고, 포인터에 실수를 더하거나 빼서도 안 되며 곱셈이나 나눗셈을 해서도 안 된다. 또한 포인터에 비트 연산을 해서도 안 된다. 그리고 cast 연산자 없이 어떤 형의 포인터를 다른 형의 포인터로 사용하면 안 된다(void는 예외).

5.5 문자 포인터와 함수

"I am a string"이라는 문자열은 문자들로 이루어진 배열이다. 문자열은 항상 NULL 문자, 즉 '\0'으로 끝나게 되어 있으므로 실제 저장되는 문자의 수는 우리가 보는 것보다 한 자 더 많다.

함수의 인수에 문자열이 나타나는 경우가 많은데 예를 들면 다음과 같은 것이다.

```
printf("hello, world\n");
```

이런 문장이 있으면 printf 함수는 문자 배열의 시작점을 포인터로 받는다. 문자 배열이 매개변수로 쓰이지 않는 경우도 많은데, 예를 들어

```
char *pmessage;
```

와 같이 선언되면

```
pmessage = "now is the time";
```

등과 같은 문장을 사용할 수 있다. 이 문장은 pmessage라는 포인터에 now~time 문자열의

시작 번지를 넣어 준다. C에서 문자열을 처리할 때는 이와 같이 문자열 전체를 처리하는 것이 아니라 포인터만 사용한다.

다음의 두 정의 사이에는 중요한 차이가 있다.

```
char amessage[ ] = "now is the time";  /* an array */
char *pmessage = "now is the time";    /* a pointer */
```

amessage는 배열인데, 끝에 '\0'이 있고 각각의 문자를 바꿀 수도 있지만 항상 일정한 장소에 저장된다. 반면에 pmessage는 포인트이므로 가리키는 위치를 바꿀 수 있지만 내용을 바꾸는 것은 정의되어 있지 않다(바꿀 수 없다는 말은 아니다).

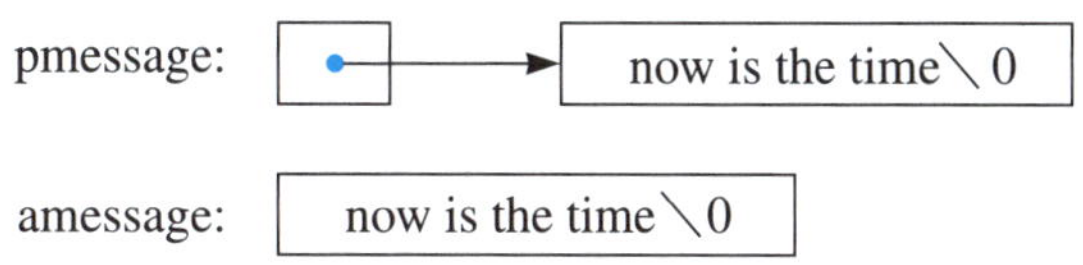

포인터와 배열에 대해 좀 더 알아보기 위해 표준 라이브러리에 있는 함수 두 개를 살펴보자. 첫 번째 함수는 문자열 t를 문자열 s로 복사하는 strcpy(s, t)이다. s=t라고 하면 되지만 이것은 문자열의 복사가 아니라 포인터를 같게 해 준다는 말이다. 배열을 이용하여 strcpy 함수를 작성하면 다음과 같다.

```
/* strcpy:  copy t to s; array subscript version */
void strcpy(char *s, char *t)
{
    int i;

    i = 0;
    while ((s[i] = t[i] != '\0')
        1++;
}
```

포인터를 이용하여 strcpy 함수를 작성하면 다음과 같이 된다.

```
/*strcpy:   copy t to s; pointer version 1 */
void strcpy(char *s, char *t)
{
    while ((*s = *t) != '\0') {
        s++;
        t++;
    }
}
```

매개변수는 그 값만 전달되므로(call by value) strcpy 내에서는 s와 t를 마음대로 사용할 수 있다. s와 t는 매개변수이므로 초깃값을 가진 포인터이며 문자의 순서를 따라 '\0'을 만날 때까지 복사가 이루어진다.

실제로 strcpy 함수는 위와 같이 되어 있지는 않으며, 전문가가 작성한 프로그램은 다음과 같이 될 것이다.

```
/* strcpy:  copy t to s; pointer version 2 */
void strcpy(char *s, char *t)
{
    while ((*s++ = *t++) != '\0')
        ;
}
```

이 프로그램에서는 s와 t를 증가시키는 부분이 루프의 비교하는 부분에 들어 있다.

*t++는 t가 증가되기 전에 가리키고 있던 문자이다. 왜냐하면 ++가 뒤에 붙어 있으면 t를 사용한 후 t가 증가되기 때문이다 s도 똑같은 동작을 한다. '\0'도 역시 하나의 문자이므로 t에서 s로 문자열이 복사될 때 '\0'도 복사된다.

위의 전문가가 작성한 프로그램도 더 간략화할 수 있는 여지를 가지고 있다. 생각해 보면 문자가 '\0'과 같은지 검사할 필요가 없음을 알 수 있다(문자가 0이면 while의 괄호 속 연산 결과가 0이 되므로 while 문이 실행되지 않는다). 그러므로 프로그램은 다음과 같이 될 수 있다.

```
/* strcpy:  copy t to s; pointer version 3 */
void strcpy(char *s, char *t)
{
    while (*s++ = *t++)
        ;
}
```

이 프로그램은 처음 볼 때 이상하게 보일지 모르지만 C에서 자주 사용되는 편리한 표현이므로 숙달하기를 권한다. <string.h> 라이브러리에 있는 strcpy 함수는 복사된 문자열을 리턴해 준다.

다음으로 공부할 프로그램은 strcmp(s, t)이다. 이 함수는 문자열 s와 t를 비교하여(사전적 순서) s가 t보다 앞의 것이냐, 같으냐, 뒤의 것이냐에 따라 +, 0의 값을 리턴한다. 리턴 값을 얻는 방법은 두 문자열의 첫 번째 문자부터 비교하여 처음으로 다른 문자가 나왔을 때 그 문자 값을 빼는 것이다. 프로그램은 다음과 같고,

```
/* strcmp:  return <0 if s<t, 0 if s==t, >0 if s>t */
int strcmp(char *s, char *t)
{
```

```
    int i;

    for (i = 0; s[i] == t[i]; i++)
        if (s[i] == '\0')
            return 0;
    return s[i] - t[i];
}
```

포인터를 사용하면 다음과 같이 된다.

```
/* strcmp:   return <0 if s<t, 0 if s==t, >0 if s>t */
int strcmp(char *s, char *t)
{
    for ( ; *s == *t; s++, t++)
        if (*s == '\0')
            return 0;
    return *s - *t;
}
```

연산자 ++와 --는 변수의 앞에도 붙일 수 있고 뒤에도 붙일 수 있기 때문에 *와 함께 사용하는 경우도 두 가지가 있다. 예를 들어,

```
*--p
```

와 같이 하면 *p를 사용하기 전에 1 증가시킨다. 다음과 같은 두 줄

```
*p++ = val;      /* push val onto stack */
val = *--p;      /* pop top of stack into val */
```

은 스택을 push하고 pop하는 데 많이 이용된다. 이는 4.3절을 참조하기 바란다.

헤더(header)인 <string.h>는 이 절에서 설명한 프로그램(함수)을 포함한 많은 문자열 처리 함수의 선언을 담고 있다.

예제 5-3 제2장에 있는 함수인 strcat(s, t) — 문자열 t를 s의 끝에 첨가하는 함수 — 를 포인터를 사용한 함수로 바꾸어 보라.

예제 5-4 문자열 t가 문자열 s의 끝에 있으면 1을, 그렇지 않으면 0을 리턴하는 함수 strend(s, t)를 작성하라.

예제 5-5 라이브러리 함수인 strncpy, strncat, strncmp 함수를 함수의 매개변수로 들어오는 문자열의 처음 n 문자에 동작하도록 바꾸어 보라. 예를 들어, strncpy(s, t, n)는 문자열 t의 최대 n 문자를 s에 복사하도록 한다. 부록 B에 프로그램의 설명이 있다.

예제 5-6 앞 장에 나왔던 배열 사용 함수들을 포인터를 사용한 것으로 고쳐라. 고칠 만한 것은 다음과 같다. getline(제1, 4장), atoi, itoa와 변형된 함수들(제2, 3, 4장), reverse(제3장), strindex와 getop(제4장)

5.6 포인터 배열 : 포인터의 포인터

포인터도 일종의 변수이기 때문에 포인터들로 이루어진 배열도 가능하다. 설명을 위해서 문자로 이루어진 행의 순서를 사전순서로 정렬하는 프로그램을 예로 들겠다. 이 프로그램은 UNIX에 있는 sort와 비슷한 것이다.

제3장에서 shell sort 함수를 설명한 적이 있다. 이 함수는 정수들로 된 배열을 재정렬하는 것이었다. 제4장에서는 이 함수를 quick sort라는 방법을 사용해서 개선한 적이 있다. 여기서도 같은 알고리즘을 사용하지만 몇 가지 다른 점이 있다. 여기서 다루는 것은 문자로 된 행인데, 행의 길이도 일정하지 않고 연산 한 번으로 이동시킨다든지 복사할 수가 없다.

이런 문제를 해결하기 위해서는 포인터들의 배열이 필요하다. 각 행은 그 행의 첫 문자를 가리키는 포인터로 대표되고, 각 행의 포인터들은 모여서 하나의 배열을 이루게 된다.

두 행을 비교하려면 두 행의 포인터를 strcmp로 보내 주면 된다. 두 행을 바꾸고자 할 때 그 두 행을 모두 이동시킬 필요 없이 포인터만 바꿔 주면, 두 행의 문자들을 바꾸는 작업을 하지 않아도 된다. 행을 정렬하는 프로그램의 전체 구조는 다음과 같다.

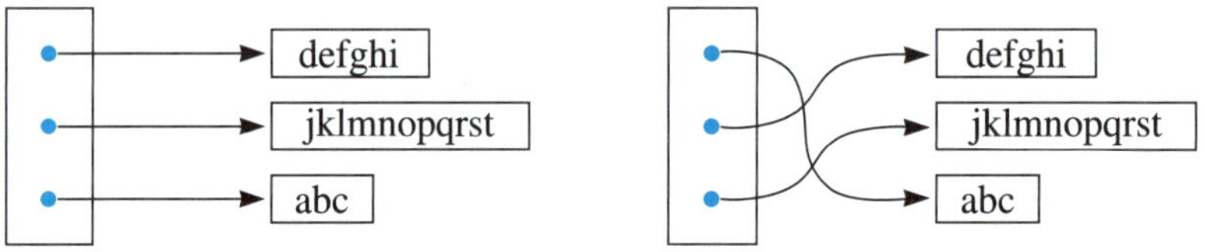

① 모든 행을 읽어 들인다.

② 정렬한다.

③ 정렬한 상태로 출력한다.

여러분도 알다시피 프로그램을 작성하는 가장 좋은 방법은 각 단계를 함수로 만들고 전체를 관리하는 주 함수를 작성하는 것이다. 우선 데이터 구조에 대해 생각하면서 입출력을 어떻게 할 것인가를 구상해 본다.

입력 루틴은 문자의 행을 읽어 들여서 어느 곳에 저장해 놓고 각 행의 포인터로 이루어진 배열을 만들어야 한다. 입력이 모두 몇 행인지도 세어야 하고 너무 많은 입력이 들어왔을 때 행의 수를 -1로 해 주는 것과 같은 표시도 해 주어야 한다.

출력 루틴은 정렬된 상태 그대로 각 행을 출력하기만 하면 된다.

```
#include <stdio.h>
#include <string.h>                문자열 정렬 프로그램

#define MAXLINES 5000              /* max #lines to be sorted */
char *lineptr[MAXLINES];           /* pointers to text lines */
```

```
int readlines(char *lineptr[ ], int nlines);
void writelines(char *lineptr[ ], int nlines);

void qsort(char *lineptr[ ], int left, int right);

/* sort input lines */
main( )
{
    int nlines;   /* number of input lines read */

    if ((nlines = readlines(lineptr, MAXLINES)) >= 0) {
        qsort(lineptr, 0, nlines-1);
        writelines(lineptr, nlines);
        return 0;
    } else {
        printf("error: input too big to sort\n");
        return 1;
    }
}
#define MAXLEN 1000   /* max length of any input line */
int getline(char *, int);
char *alloc(int);

/* readlines: read input lines */
int readlines(char *lineptr[ ], int maxlines)
{
    int len, nlines;
    char *p, line[MAXLEN];
```

```
    nlines = 0;
    while ((len = getline(line, MAXLEN)) > 0)
        if (nlines >= maxlines || (p = alloc(len)) == NULL)
            return -1;
        else {
            line[len-1] = '\0';  /* delete newline */
            strcpy (p, line);
            lineptr[nlines++] = p;
        }
    return nlines;
}

/* writelines:  write output lines */
void writelines(char *lineptr[ ], int nlines)
{
    int i;

    for (i = 0; i < nlines; i++)
        printf("%s\n", lineptr[i]);
}
```

위 프로그램에서 호출한 getline은 1.9절에 나왔던 것이다.
여기서 새로 나온 것은 lineptr를 선언하는 부분이다.

```
char *lineptr[MAXLINES]
```

와 같이 하면 lineptr는 MAXLINES 개의 요소로 이루어진 배열이 되는데, 각 요소는 char형 변수의 포인터가 된다. 즉 lineptr[i]는 문자를 가리키는 포인터이고 *lineptr[i]는 포인터가 가리키는 문자(한 행의 첫 문자)가 된다.

lineptr는 배열의 이름이므로 역시 포인터로 처리될 수 있다. 그러므로 위 프로그램의 writelines 함수는 다음과 같이 해도 된다.

```
/* writelines:  write output lines */
void writelines(char *lineptr[ ], int nlines)
{
    while (nlines-- > 0)
        printf("%s\n", *lineptr++);
}
```

처음에 *lineptr는 첫 행을 가리키고 있다. *lineptr가 하나씩 증가한다는 것은 다음 행, 그 다음 행으로 지시하는 행이 바뀐다는 뜻이다. while 루프에서 nlines를 1씩 감소시키면서 nlines가 0이 될 때까지 출력을 계속한다.

지금까지는 입출력 부분에 대해서 살펴보았다. 재정렬하는 부분은 제4장에 있던 quicksort 프로그램을 조금만 고쳐서 사용하면 된다. 선언 부분을 좀 고치고 비교하는 부분을 strcmp 함수를 사용하면 된다. 프로그램은 다음과 같다.

```
/* qsort:  sort v[left] ... v[right] into increasing order */
void qsort(char *v[ ], int left, int right)
{
    int i, last;
    void swap(char *v[ ], int i, int j);

    if (left >= right)   /* do nothing if array contains */
        return;          /* fewer than two elements */
    swap(v, left, (left + right)/2);
    last = left;
```

```
    for (i = left+1; i <= right; i++)
        if (strcmp(v[i], v[left]) < 0)
            swap(v, ++last, i);
    swap(v, left, last);
    qsort(v, left, last-1);
    qsort(v, last+1, right);
}
```

마찬가지로 swap 함수도 조금만 고치면 사용할 수 있다.

```
/* swap:  interchange v[i] and v[j] */
void swap(char *v[ ], int i, int j)
{
    char *temp;

    temp = v[i];
    v[i] = v[j];
    v[j] = temp;
}
```

배열 v의 각 요소는 문자형의 포인터이므로 temp 또는 문자형의 포인터여야 한다.

예제 5-7 readlines 프로그램을 고쳐서 alloc 함수를 사용하지 않고 main에서 사용 가능한 배열에 입력을 저장해 보라. 프로그램 수행이 얼마나 빨라지는지 보라.

5.7 다차원 배열

C는 다차원 배열(multi dimensional arrays)을 제공해 주지만 포인터의 배열보다는 많이 사용되지 않는다. 이 절에서는 다차원 배열의 몇 가지 성질에 대해 살펴보겠다.

어떤 달의 며칠이 1년의 몇 번째 날인가를 계산하고 그 역으로도 계산하는 문제를 풀어 보자. 예를 들면, 3월 1일은 그해의 60번째 날이 되고, 윤년에는 61번째 날이 될 것이다. 우선 두 개의 함수를 정의하자. day_of_year는 월별 날짜를 연별 날짜로 바꾸는 함수이고, month_day는 연별 날짜를 월별 날짜로 바꾸는 함수이다. month_day 함수는 달, 날짜, 두 값을 리턴하게 되므로 달과 날짜를 나타내는 매개변수는 포인터로 하기로 한다.

```
month_day(1988, 60, &m, &d)
```

는 m을 2로 d를 29로 해서 1988년의 60번째 날은 2월 29일임을 계산한다.

두 함수는 같은 정보로 실행되는데 그 정보는 어느 달이 며칠까지 있는지와 어느 해가 윤년인지 하는 것이다. 이 정보를 가지고 있는 배열과 두 함수는 다음과 같다.

```
static char daytab[2][13] = {        연별 날짜 계산 함수
    {0, 31, 28, 31, 30, 31, 30, 31, 31, 30, 31, 30, 31},
    {0, 31, 29, 31, 30, 31, 30, 31, 31, 30, 31, 30, 31}
};

/* day_of_year: set day of year from month & day */
int day_of_year(int year, int month, int day)
{
    int i, leap;

    leap = year%4 == 0 && year%100 != 0 || year%400 == 0;
    for (i = 1; i < month; i++)
```

```
        day += daytab[leap][i];
    return day;
}

/* month_day:  set month, day from day of year */
void month_day(int year, int yearday, int *pmonth, int *pday
{
    int i, leap;

    leap = year%4 == 0 && year%100 != 0 || year%400 == 0;
    for (i = 1; yearday > daytab[leap][i]; i++)
        yearday -= daytab[leap][i];
    *pmonth = i;
    *pday = yearday;
}
```

윤년인지 아닌지를 나타내는 논리변수 leap의 값은 1(ture) 또는 0(false)이므로 daytab이라는 배열의 첨자로 그대로 이용할 수 있다.

배열 daytab은 day_of_year와 month_day에서 공동으로 사용할 수 있게 외부형(external)으로 선언했다. 여기서는 char 형의 변수에 다른 형의 데이터를 넣는 예를 보여 주기 위해 daytab을 char로 했다.

daytab은 2차원 배열이다. C에서는 2차원 배열을 각 원소가 1차원 배열인 배열로 취급한다. 그러므로 배열 표시도 다른 언어에서처럼

```
daytab[ i, j ]    /* WRONG */
```

로 하지 않고

```
daytab[i][j]      /* [row] [col] */
```

와 같이 한다. 표시방법이 다르지만 사용자는 다른 언어와 같은 방법으로 배열을 사용하면 된다. 2차원 배열의 각 요소는 행 단위로 저장된다. 즉, 1열 원소, 2열 원소… 이런 식으로 저장된다.

배열의 초깃값을 정의할 때 초깃값을 중괄호 속에 써 준다. 2차원 배열의 경우 각 행의 초깃값을 중괄호로 묶어서 써 준다. C에서 배열의 첫 번째 요소는 0번째 원소인데 1~12월을 숫자 그대로 나타내기 위해 13 요소의 배열을 잡고 0번째 요소의 값은 0으로 해 주었다.

2차원 배열이 함수로 전달되고 그 함수 내에서 배열을 선언할 때 열의 수는 반드시 써야 한다. 2차원 배열을 매개변수로 사용할 때 각 행의 포인터가 전달되므로 행의 수는 선언할 필요가 없다. 위와 같은 경우 13개의 정수형으로 이루어진 배열의 포인터가 전달되는 것이다. 그러므로 daytab이라는 배열이 함수 f로 전달될 경우 f의 선언은

```
f(int daytab[2][13]) { ... }
```

또는

```
f(int daytab[ ][13]) { ... }
```

처럼 하면 되는데 행번호를 나타내지 않으므로

```
f(int (*daytab)[13]) { ... }
```

로 해도 좋다. 이 문장은 매개변수가 13개 정수들의 배열을 가리키는 포인터임을 알려 주는 것이다. 이때 [ ]가 *보다 우선순위가 높으므로 ( )가 필요하다. 만약

```
int *daytab[13]
```

과 같이 선언한다면 이는 13개 정수의 포인터로 이루어진 배열을 선언하는 것이 된다. 행의 숫자를 생략할 수 있음은 앞에서 설명한 바와 같고 다른 것(열의 숫자 등)은 생략하면 안 된다.

예제 5-8 day_of_year와 month_day 함수에 에러 검사하는 부분을 첨가해 보라.

5.8 포인터 배열의 초기화

몇 번째 달인지를 알려 주면 그 달의 이름(January 등)을 출력하는 함수 month_name(n)을 생각해 보자. 물론 출력은 이름을 가리키는 포인터가 될 것이다. 내부 정적 배열(internal static array)의 사용에 중점을 두고 설명을 읽기 바란다. 함수 month_name은 문자열을 원소로 가지고 있다가 이 함수가 호출될 때 적당한 원소(예 : n이 1일 때 January라는 문자열)를 가리키는 포인터를 리턴하게 된다. 앞에서 배운 초깃값을 주는 구문과 비슷한 방법으로 이 함수를 다음과 같이 작성할 수 있다.

```
/* month_name: return name of n-th month */        달의 이름 출력 함수
char *month_name(int n)
{
    static char *name[ ] = {
        "Illegal month",
        "January", "February", "March",
        "April", "May", "June",
        "July", "August", "September",
        "October", "November", "December"
    };

    return (n < 1 || n > 12) ? name[0] : name[n];
}
```

문자를 가리키는 포인터의 배열인 name의 선언은 정렬(sorting) 프로그램의 lineptr과 같은 방법으로 이루어진다. 초깃값은 문자열인데 각각의 문자열은 배열 내의 지정된 위치에 놓인다. 다시 설명하면 i번째 문자열은 기억장소 내의 어떤 위치에 놓이고 그곳의 포인터가 name[i]에 기억된다. 배열의 크기가 정해지지 않았으므로 배열의 크기는 컴파일러가 정해 준다.

5.9 포인터와 다차원 배열

C를 많이 사용해 보지 않는 사람은 2차원 배열과 포인터 배열을 혼동하기 쉽다. 다음과 같은 선언이 주어지면

```
int a[10][20];
int *b[10];
```

a[3][4]나 b[3][4]나 같은 정수 값이 된다. 그래서 두 경우가 같다고 생각할지 모르지만 사실은 차이가 있다. a는 2차원 배열이므로 200개의 정수가 한곳에 모여 저장되어 있다. 그래서 a[row] [col]의 위치는 처음으로부터 20×row+col번째가 된다. b에서는 10개의 포인터가 선언되고 초기화는 이루어지지 않는다. 초기화를 하려면 초기화를 위한 문장을 써야 한다. b의 각 포인터가 20 요소의 배열을 가리키고 있다면, 필요한 전체 메모리는 정수 200개와 10개의 포인터만큼이 된다. 즉 b의 경우 더 많은 메모리가 소요된다. b의 장점은 각 행의 길이가 달라도 된다는 것이다. 다시 말하면 b의 포인터는 요소 20개인 배열을 가리킬 수도 있고, 20개가 아닌 배열을 가리킬 수도 있다는 말이다.

지금까지 요소가 정수인 배열과 그 포인터에 대해 설명했는데 요소가 문자인 경우도 마찬가지이다. 다른 길이의 문자열들의 포인터를 사용하는 month_name이 좋은 예이다. 다음의 선언문과 그림을 잘 비교해 보기 바란다. 포인터의 배열을 사용하는 경우에는 다음과 같고,

```
char *name[ ] = { "Illegal month", "Jan", "Feb", "Mar" };
```

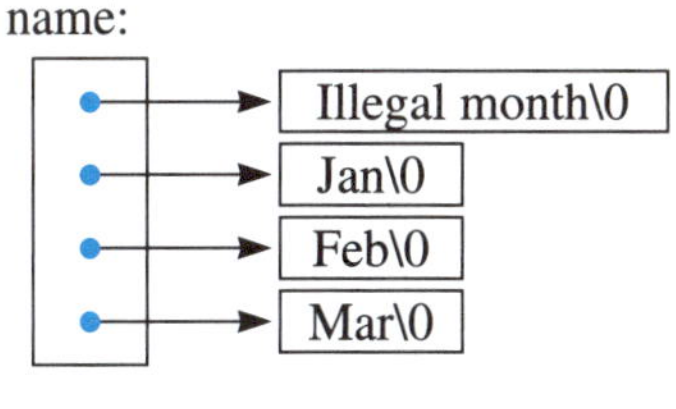

2차원 배열을 사용하는 경우에는 다음과 같다.

```
char aname[ ][15] = {"Illegal month", "Jan", "Feb", "Mar"};
```

aname:

Illegal month\0	Jan\0	Feb\0	Mar\0
0	15	30	45

예제 5-9 day_of_year와 month_day 함수를 포인터를 사용하도록 고쳐라.

5.10 명령 라인 매개변수

C를 지원하는 환경(예 : MS-DOS, UNIX 등)에서 어떤 프로그램이 실행을 시작할 때 어떤 명령 라인 매개변수(command line argument)를 프로그램에 넘겨주는 것이 가능하다. 함수 main이 실행될 때 두 개의 매개변수가 전달된다. 첫 번째 것(argc라 불림)은 그 프로그램을 실행하기 위한 매개변수의 개수이고, 두 번째 것(argv라 불림)은 매개변수들의 모임인 문자열을 가리키는 포인터이다. 이런 문자열을 다룰 때 보통 몇 중으로 되어 있는 포인터를 사용하게 된다.

간단한 예로 echo라는 프로그램을 보자. 이 프로그램은 매개변수를 그대로 출력하는 동작을 한다. 다음과 같이 echo 프로그램을 실행시키면

```
echo hello, world
```

출력은 다음과 같이 된다.

```
hello, world
```

argv[0]은 프로그램 자신의 이름이다. 그러므로 argc는 적어도 1이 된다. argc가 1이라는 말은 명령 라인 매개변수가 없다는 것을 의미한다. 위의 예에서 argc는 3이며, argv[0]은

"echo", arg[1]은 "hello", argv[2]는 "world"이다. 첫 번째 매개변수는 argv[1]이고 마지막 매개변수는 argv[argc-1]이 된다. 그리고 argv[argc]는 null 포인터가 된다.

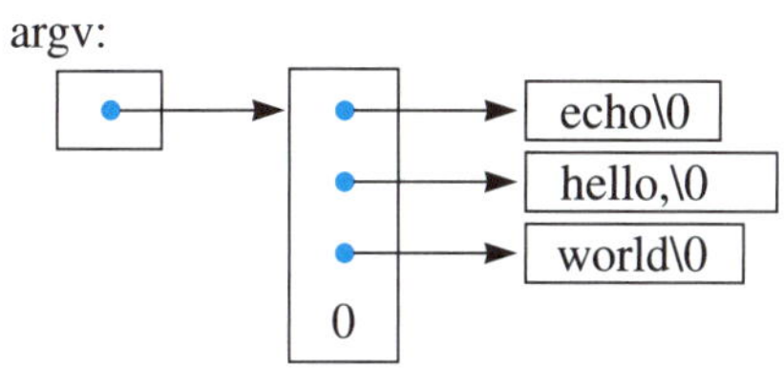

우선 문자의 포인터로 이루어진 배열을 사용해서 argv 함수를 작성해 본다.

```
#include <stdio.h>

/* echo command-line arguments; 1st version */
main{int argc, char *argv[ ])
{
    int i;

    for (i = 1; i < argc; i++)
        printf("%s%s", argv[i], (i < argc-1) ? " " : " ");
    printf("\n");
    return 0;
}
```

argv는 배열에 대한 포인터이므로 배열 첨자를 직접 사용하는 것보다 포인터를 사용하는 것이 더 좋은 방법이다. 위 프로그램을 조금 바꾸어 argc를 감소시키면서 argv를 증가시키도록 해 본다. 다음에 프로그램이 있다.

```
#include <stdio.h>

/* echo command-line arguments; 2nd version */
main(int argc, char *argv[ ])
{
    while (--argc > 0)
        printf("%s%s", *++argv, (argc > 1) ? " ": " ");
    printf("\n");
    return 0;
}
```

argv는 매개변수 문자열의 배열 중 첫 번째 것을 가리키는 포인터이므로 1 증가시키는 연산(++argv)은 포인터가 argv[1]을 가리키도록 해 준다. 그 값을 증가시킬 때마다 그다음 매개변수를 가리키게 되고 그와 동시에 argc는 감소되므로 그 값이 0일 때는 출력할 매개변수가 없다는 말이다. 위 프로그램의 printf 부분을 다음처럼 해도 좋다.

```
printf((argc > 1) ? "%s" : "%s", *++argv);
```

두 번째 예로서 4.1절에 나왔던 패턴을 찾는 프로그램을 개선한 프로그램을 보자. UNIX에 있는 프로그램인 grep를 참고하여, 패턴을 command-line의 첫 번째 매개변수로 넣어 주도록 해서 작성한 프로그램이 다음에 있다.

```
#include <stdio.h>
#include <string.h>                    문자열 내 패턴 찾기 프로그램
#define MAXLINE 1000

int getline(char *line, int max);
```

```
/* find:  print lines that match pattern from 1st arg */
main(int argc, char *argv[ ])
{
    char line [MAXLINE];
    int found = 0;

    if (argc != 2)
        printf("Usage: find pattern\n");
    else
        while (getline (ine, MAXLINE) > 0)
            if (strstr(line, argv[1]) != NULL) {
                printf("%s", line);
                found++;
            }
    return found;
}
```

표준 라이브러리 함수 strstr(s, t)는 문자열 s 내의 문자열 t와 일치하는 첫 번째 문자의 포인터를 리턴하는 함수이다. 일치하는 것이 없으면 NULL이 리턴된다. 이 함수는 <string.h>에 정의되어 있다.

위의 프로그램을 포인터를 좀 더 이용한 형태로 고쳐 보자. 그리고 선택 매개변수(DOS 명령의 스위치 같은 것)를 사용할 수 있도록 해 보자. 선택 매개변수는 두 개인데 하나는 "패턴과 일치하지 않는 라인을 출력하라"이고, 또 하나는 "행번호를 붙여라"이다.

UNIX에서 C를 사용할 경우 선택 매개변수는 -를 이용하여 나타낸다. 지금 정한 두 선택 매개변수를 각각 -x와 -n이라고 이름을 붙이자. 그러면

```
find -x -n pattern
```

은 패턴이 맞지 않는 행을 행번호와 함께 출력할 것이다. 선택 매개변수는 순서를 바꾸어 써

도 괜찮아야 한다. 프로그램의 내용은 선택 매개변수의 수와 관계없어야 하고, 또 선택 매개변수를 다음과 같이 묶어서 쓸 수 있으면 더 좋다.

```
find -nx pattern
```

프로그램은 다음과 같다.

문자열 내 패턴 찾기 프로그램

```
#include <stdio.h>
#include <string.h>
#define MAXLINE 1000

int getline(char *line, int max);

/* find: print lines that match pattern from 1st arg */
main(int argc, char *argv[ ])
{
    char line[MAXLINE];
    long lineno = 0;
    int c, except = 0, number = 0, found = 0;

    while (--argc > 0 && (*++argv)[0] == '-')
        while (c = *++argc[0])
            switch (c) {
            case 'x':
                except = 1;
                break;
            case 'n':
                number = 1;
                break;
```

```
            default:
                printf("find: illegal option %c\n", c);
                argc = 0;
                found = -1;
                break;
            }
    if (argc != 1)
        printf("Usage: find -x -n pattern\n");
    else
        while (getline(line, MAXLINE) > 0) {
            lineno++;
            if ((strstr(line, *argv) != NULL) != except) {
                if (number)
                    printf("%ld:", lineno);
                printf("%s", line);
                found++;
            }
        }
    return found;
}
```

각 선택 매개변수를 사용하기 전에 argv는 증가되고 argc는 감소되었다. while 루프의 끝에서 argc는 아직 처리되지 않은 선택 매개변수의 개수를 가지고 있고 argv는 그중 첫 번째 것을 가리키고 있어야 한다. 그러므로 while 루프를 벗어날 때 argc는 1이 되고 *argv는 패턴을 가리키고 있어야 한다. *++argv는 매개변수를 가리키는 포인터이고 (*++argv[0])은 그 매개변수의 첫 번째 문자이다. *나 ++보다 [ ]이 우선순위가 더 높기 때문에 괄호가 있어야 한다. 없으면 *++(argv[0])과 같은 말이 된다. 위 프로그램의 while 루프 속에 있는 *++argv[0]은 실제로는 argv[0](포인터)을 1 증가시키게 된다.

지금 설명하는 프로그램 정도만 잘 이해하면 포인터의 사용을 잘 알고 있다고 생각해도 무방하다. 아주 복잡하게 얽혀 있는 포인터는 몇 단계로 나누어 해석하면 된다.

예제 5-10 reverse polish(4.3절 참조) 식을 계산하는 프로그램 expr을 작성하라. 오퍼랜드는 명령문 라인에서 받아들여지고

```
expr  2  3  4  +  *
```

와 같이 하면 계산은 2×(3+4)와 같이 된다.

예제 5-11 제1장에서 나왔던 entab과 detab 프로그램을 고쳐서 tab 위치를 매개변수로 받아들이도록 하라. 매개변수를 정해 주지 않으면 컴퓨터의 기본 설정 값을 그대로 이용해야 한다.

예제 5-12 entab과 detab을 고쳐서

entab -*m* +*n*

과 같이 하면 m열부터 n열 간격으로 tab이 설정되도록 해 보라.

예제 5-13 입력의 마지막 n행만을 출력하는 프로그램 tail을 작성하라.
n의 기본 설정 값은 10으로 하고 명령은

```
tail -n
```

과 같이 한다. 필요한 최소의 메모리를 사용하도록 프로그램을 하라. 행의 저장은 5.6절에 있는 정렬 프로그램과 같은 방식이 되어야 한다.

5.11 함수의 포인터

C에서 함수는 변수가 아니지만 함수의 포인터는 정의할 수 있다. 이 포인터는 매개변수로 사용될 수도 있고 배열의 원소로 사용될 수도 있는 등 여러 가지 방법으로 조작이 가능하다. 5.6절에서 작성했던 정렬 프로그램을 고쳐서 선택 매개변수 -n이 있으면 정렬이 사전식이

아닌 숫자 크기 순으로 하는 프로그램으로 만들어 보겠다.

정렬은 대개 세 부분으로 행해진다. 첫 부분은 두 대상체를 비교하는 부분, 두 번째 부분은 두 대상체의 순서를 바로잡는 부분이며, 세 번째 부분은 전체의 순서가 바로 될 때까지 비교와 교환을 계속하는 부분이다. 우리가 작성하려고 하는 프로그램은 숫자 정렬과 사전식 정렬의 두 가지 동작이 필요하므로 비교하는 부분은 두 가지가 준비되어야 한다.

두 행을 사전식으로 비교하는 것은 앞에 나왔던 strcmp 함수를 사용하면 되고, 숫자 크기를 비교하는 것은 numcmp에 의해 행해진다. strcmp와 numcmp는 출력이 같은 형식이므로 함께 사용할 수 있다.

main 함수보다 먼저 numcmp 함수가 선언되어야 하고 qsort도 함수의 포인터를 받는 형태로 선언되어야 한다. 프로그램은 다음과 같다.

```
#include <stdio.h>
#include <string.h>                    문자열 정렬 프로그램

#define MAXLINES 5000        /* max #lines to be sorted */
char *lineptr[MAXLlNES];     /* pointers to text lines */

int readlines(char *lineptr[ ], int nlines};
void writelines(char *lineptr[ ], int nlines};

void qsort(void *lineptr[ ], int left, int right,
           int (*comp)(void *, void *));
int numcmp(char *, char *);

/* sort input lines */
main (int argc, char *argv[ ])
{
   int nlines;             /* number of input lines read */
```

```
    int numeric = 0;        /* 1 if numeric sort */

    if (argc > 1 && strcmp(argv[1], "-n") == 0)
        numeric = 1;
    if ((nlines = readlines(lineptr, MAXLINES)) >= 0) {
        qsort((void **) lineptr, 0, nlines-1,
            (int (*)(void*, void*))(numeric ? numcmp : strcmp));
        writelines(lineptr, nlines);
        return 0;
    } else {
        printf("input too big to sort\n");
        return 1;
    }
}
```

qsort를 호출할 때 strcmp와 numcmp는 함수의 주소를 가지게 된다. strcmp나 numcmp는 함수로 선언되어 있으므로 & 연산자를 사용할 필요가 없다. 배열에 & 연산자를 쓸 필요가 없는 것과 마찬가지이다.

qsort 함수는 문자뿐만 아니라 다른 어떤 형의 데이터도 처리할 수 있도록 작성되었다. qsort가 실행하기 위해 전달되어야 할 값은 포인터의 배열, 정수 두 개, 포인터 매개변수를 가진 함수 하나이다. 포인터의 매개변수들은 void*를 사용해서 일반성을 도모했다. 포인터를 void로 선언하더라도 어떤 정보의 손실이나 착오 없이 데이터를 잘 다룰 수 있다는 것을 보이기 위해 이번의 예에서 사용해 보았다.

```
/* qsort:  sort v[left] . . . v[right] into increasing order */
void qsort(void *v[ ], int left, int right,
           int (*comp)(void *, void *))
```

```
{
    int i, last;
    void swap(void *v[ ], int, int);

    if (left >= right)          /* do nothing if array contains */
        return;                 /* fewer than two elements */
    swap(v, left, (left + right)/2);
    last = left;
    for (i = left+1; i <= right; i++)
        if ((*comp)(v[i], v[left]) < 0)
            swap(v, ++last, i);
    swap(v, left, last);
    qsort(v, left, last-1, comp);
    qsort(v, last+1, right, comp);
}
```

선언문에 대해 좀 더 생각해 보자. qsort 함수의 네 번째 매개변수는

```
int (*comp)(void *, void *)
```

인데 이것은 comp가 함수의 포인터이며, 그 함수는 void* 매개변수를 가지고 리턴 값은 정수라는 것을 말한다. comp를 사용하는 부분은

```
if ((*comp)(v[i], v[left]) < 0)
```

인데 comp는 함수의 포인터이므로 *comp는 함수이며,

```
(*comp)(v[i], v[left])
```

는 함수를 호출하는 것이다. 괄호는 꼭 있어야 한다. 만약 괄호가 없다면 예를 들어

```
int *comp(void *, void *)    /* WRONG */
```

와 같은 문장은 comp가 함수인데 리턴 값이 정수의 포인터라는 뜻이 된다.

함수 strcmp는 앞에서 보았으므로 두 문자열의 숫자 크기를 비교하는 함수 numcmp를 보자. 이 함수는 atof 함수를 사용하고 있다.

```
#include <stdlib.h>

/* numcmp: compare s1 and s2 numerically */ 문자열의 숫자 크기 비교 함수
int numcmp(char *s1, char *s2)
{
    double v1, v2;

    v1 = atof(s1);
    v2 = atof(s2);
    if (v1 < v2)
        return -1;
    else if (v1 > v2)
        return 1;
    else
        return 0;
}
```

다음은 두 포인터를 바꾸는 swap 함수이다. 이 장의 앞에서 본 swap 함수와 같은 것인데 선언 부분이 void*로 바뀌었다.

```
void swap(void *v[ ], int i, int j)
```

```
{
    void *temp;

    temp = v[i];
    v[i] = v[j];
    v[j] = temp;
}
```

예제 5-14 선택 매개변수 -r를 다룰 수 있도록 sort를 수정하라. -r를 쓰면 정렬을 역순으로 하라는 것을 뜻한다. 물론 -r는 -n과 함께 동작해야 한다.

예제 5-15 정렬할 때 대문자와 소문자를 구별하지 않도록 하는 -f를 sort 프로그램에 첨가하라.

예제 5-16 문자와 숫자, 공백에 대해서만 비교를 수행하는 -d(사전식 순서)를 sort에 첨가하라. -f와 함께 동작해야 한다.

예제 5-17 한 행을 몇 개의 필드로 나누어 이 필드들에 대해 정렬이 수행되도록 하는 기능을 첨가해 보라.

5.12 복잡한 선언문

C에서는 선언문의 구조가 아주 복잡해지는 경우가 가끔 생긴다. 간단한 경우에는 별 문제가 없지만 선언이 복잡해지면 뜻하지 않는 방법으로 선언이 되는 수도 있다. 선언은 왼쪽에서 오른쪽으로 차례로 되는 것이 아니므로 괄호를 많이 사용하게 되는 경우도 있다. 다음의 두 문장

```
int *f( );        /* f: 정수형 포인터를 리턴하는 함수 */
```

```
int (*pf)( );    /* pf: 정수를 리턴하는 함수의 포인터 */
```

를 생각해 보자. *는 앞에 붙는 연산자인데 괄호보다 우선순위가 낮기 때문에 두 번째 예에서는 괄호가 꼭 필요하다.

실제 상황에서 아주 복잡하게 얽힌 선언문이 필요한 경우는 거의 없지만 이해할 필요가 있다. 선언문을 작성하는 좋은 방법 중의 하나는 6.7절에서 설명할 typedef를 사용하는 것이다. 또 한 가지 방법으로 여기서는 선언문을 말로 표현해 주는 함수와 그 역동작을 하는 함수를 소개한다.

우선 선언문을 설명으로 바꾸어 주는 함수 dcl에 대해 설명한다. 실행 예를 몇 가지 보이면 다음과 같다.

```
char **argv
    argv: pointer to pointer to char
int (*daytab[13]
    daytab: pointer to array[13] of int
int *daytab)[13]
    daytab: array[13] of pointer to int
void *comp( )
    comp: function returning pointer to void
void (*comp)( )
    comp: pointer to function returning void
char (*(*x( ))[ ])( )
    x: function returning pointer to array [ ] of
    pointer to function returning char
char (*(*x[3])( ))[5]
    x: array[3] of pointer to function returning
    pointer to array[5] of char
```

dcl은 C의 선언에 관한 문법을 그대로 적용한 프로그램이다. 부록 A와 8.5절에 문법에 대한 자세한 설명이 있다. 구조는 다음과 같다.

```
dcl:            * direct-dcl
direct-dcl:     이름
                (dcl)
                direct-dcl( )
                direct-dcl [크기]      (크기는 생략 가능)
```

위에서 보듯이 *direct-dcl*이란 선언을 할 때 사용되는 이름 등 직접적으로 선언하는 데 사용되는 단어를 말하고, *dcl*은 그 단어의 앞에 *가 붙어서 포인터임을 나타내는 것을 말한다. *direct-dcl* 뒤에 ( )나 [ ]가 붙은 것도 *direct-dcl*이 된다. 위의 설명이 무슨 말인지 잘 모르겠으면 다음의 예를 보자.

```
(*pfa[ ])( )
```

pfa는 이름이므로 *direct-dcl*이다. pfa[ ]도 *direct-dcl*이고 *pfa[ ]는 *dcl*로 인식된다. 그래서 (*pfa[ ])는 *direct-dcl*, (*pfa[ ]) ( )는 *direct-dcl*, 이런 구조를 그림으로 나타내면 다음과 같다.

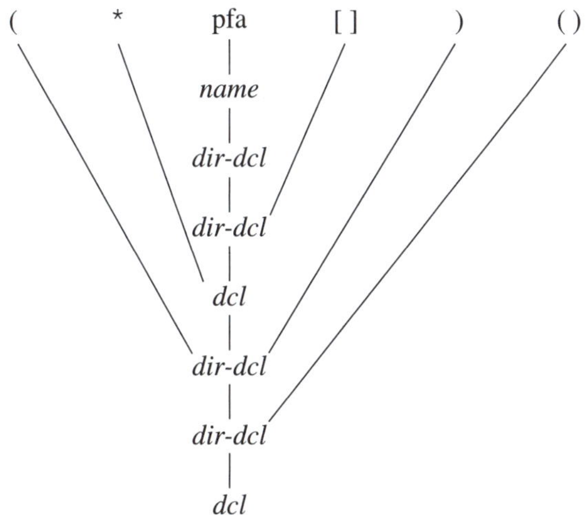

dcl 프로그램의 가장 중요한 부분은 dcl과 dirdcl이라 불리는 두 함수이다. 이 두 프로그램은 되부름에 의해 반복적으로 불리면서 선언문을 분석해 낸다.

```
/* dcl:  parse a declarator */
void dcl(void)
{
    int ns;

    for (ns = 0; gettoken( ) == '*'; )    /* count *'s */
        ns++;
    dirdcl ( );
    while (ns-- > 0)
        strcat(out, "pointer to");
}

/* dirdcl:  parse a direct declarator */
void dirdcl(void)
{
    int type;

    if (tokentype == '(') {                /* ( dcl ) */
        dcl( );
        if (tokentype != ')')
            printf("error: missing)\n");
    } else if (tokentype == NAME)    /* variable name */
        strcpy(name, token);
    else
        printf("error: expected name or (dcl)\n");
    while ((type=gettoken( )) == PARENS || type == BRACKETS)
        if (type == PARENS)
            strcat(out, "function returning");
        else {
```

```
            strcat(out, " array");
            strcat(out, token);
            strcat(out, " of");
        }
}
```

이 두 프로그램은 설명을 위해 만들어진 것이기 때문에 실제 사용하기에는 무리가 있다. 데이터의 형도 문자형과 정수형밖에 다루지 못한다. 그러므로 함수 const 등을 처리하지 못한다. 공백을 잘못 쓰면 프로그램이 오작동하는 경우도 있다. 개선은 연습으로 남기고 우선 주프로그램을 보인다.

```
#include <stdio.h>
#include <string.h>
#include <ctype.h>

#define MAXTOKEN 100

enum { NAME, PARENS, BRACKETS };

void dcl(void);
void dirdcl(void);

int gettoken(void);
int tokentype;                  /* type of last token */
char token[MAXTOKEN];           /* last token string */
char name[MAXTOKEN];            /* identifier name */
char datatype[MAXTOKEN];        /* data type = char, int, etc. */
```

```
char out[1000];                /* output string */
main( )  /* convert declaration to words */
{
    while (gettoken( ) != EOF) {   /* 1st token on line */
        strcpy(datatype, token);   /* is the datatype */
        out[0] = '\0';
        dcl( );        /* parse rest of line */
        if (tokentype != '\n')
            printf("syntax error\n");
        printf("%s: %s %s\n", name, out, datatype);
    }
    return 0;
}
```

gettoken 함수는 빈칸이나 탭은 무시하고, 입력 중에서 다음번의 토큰을 찾는 함수이다. 토큰이라 함은 이름, 숫자나 문자 한 자가 들어 있는 괄호나 대괄호 등을 말한다.

```
int gettoken(void)  /* return next token */
{
    int c, getch(void);
    void ungetch(int);
    char *p = token;

    while ((c = getch( )) == ' ' || c == '\t')
        ;
    if (c == '(') {
        if ((c = getch( )) == ')') {
```

```
            strcpy(token, "( )");
            return tokentype = PARENS;
        } else {
            ungetch(c);
            return tokentype = '(';
        }
    } else if (c == '[') {
        for (*p++ = c; (*p++ = getch( )) != ']';)
            ;
        *p = '\0';
        return tokentype = BRACKETS;
    } else if (isalpha(c)) {
        for (*p++ = c; isalnum(c = getch( )); )
            *p++ = c;
        *p = '\0';
        ungetch(c);
        return tokentype = NAME;
    } else
        return tokentype = c;
}
```

getch와 ungetch는 제4장에서 설명했던 것이다.

말로 설명된 것을 선언문으로 바꾸는 것은 어렵지 않다. 만약 "x는 함수이고 리턴 값은 문자를 리턴하는 함수들의 포인터 배열의 포인터이다"라는 말을

```
x ( ) * [ ] * ( ) char
```

라고 표현하면

```
char (*(*x( ))[ ])( )
```

라고 표현해 주는 함수 undcl을 생각한다. 말을 그대로 입력하지 않고 요약된 표현으로 된 입력을 사용하기 때문에 gettoken 함수를 사용할 수 있다. undcl은 dcl과 같은 외부변수를 사용한다. 프로그램은 다음과 같다.

```
/* undcl: convert word description to declaration */
main ( )
{
    int type;
    char temp[MAXTOKEN];

    while (gettoken( ) != EOF) {
        strcpy(out, token);
        while ((type = gettoken( )) != '\n')
            if (type == PARENS || type == BRACKETS)
                strcat(out, token);
            else if (type == '*') {
                sprintf(temp, "(*%s)", out);
                strcpy(out, temp);
            } else if (type == NAME) {
                sprintf(temp, "%s %s", token, out);
                strcpy(out, temp);
            } else
                printf("invalid input at %s\n", token);
        printf("%s\n", out);
    }
    return 0;
}
```

예제 5-18 dcl의 입력에 에러가 있으면 고칠 수 있도록 해 보라.

예제 5-19 undcl을 수정해서 결과로 나온 선언문에 필요 없는 괄호가 들어가지 않도록 하라.

예제 5-20 dcl을 보강해서 함수 매개변수나 그 외 const 등도 처리할 수 있도록 만들어라.

CHAPTER 6

구조체

구조체(structure)란 하나의 이름으로 불릴 수 있는 서로 다른 형의 변수들의 모임이다(PASCAL과 같은 언어에서는 records라고 한다). 구조체는 특히 큰 프로그램에서 여러 변수들의 모임을 하나의 독립된 양으로 취급할 수 있게 해 주므로 복잡한 자료를 다루는 것을 편하게 해 준다.

구조체의 전형적인 예는 회사의 직원 인사 정보인데, 직원들의 이름, 주소, 주민등록번호, 급여 등의 속성을 묶어서 하나의 구조체로 표시한 것을 말한다. 구조체의 내부에 또 구조체가 있을 수도 있다. 예컨대 이름은 여러 개로 구분될 수 있으며 주소와 급여도 마찬가지이다. 또 다른 예로 그래픽 분야에서 좌표 상의 점이나 사각형에서 양 끝 두 점 등이 구조체가 될 수 있다.

ANSI 표준에서 주로 바뀐 것은 구조체 지정으로서 구조체 간에 복사가 가능하고, 함수로 넘어가거나 출력으로 되돌아올 수 있다.

6.1 기본 개념

간단한 구조의 예로 정수로 이루어진 x 좌표와 y 좌표로 점의 위치를 나타낸다고 생각해 보자.

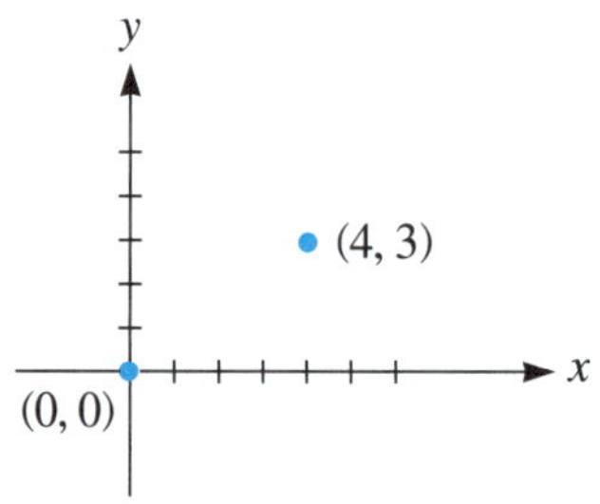

두 개의 구성원소는 다음과 같이 선언된 구조체에 들어가게 된다.

```
struct point {
    int x;
    int y;
};
```

struct 명령어는 구조체의 시작을 나타낸다. 구조체의 이름은 struct라는 명령어 뒤에 온다 (여기서는 point). 구조체의 이름을 structure tag라고도 하는데, 후에 복잡한 선언 대신에 간단히 쓰일 수 있다. 구조체에 속하는 변수들을 멤버(member)라고 부른다. 구조체의 멤버나 이름(tag)이 아닌 보통의 변수들은 항상 의미상 구별이 가능하기 때문에 멤버와 보통변수가 같은 이름이 되어도 좋다. 동일한 이름의 멤버를 다른 구조체에서도 사용할 수 있다.

struct 선언은 형을 정의하는 것이다. 멤버의 끝을 나타내는 우측 중괄호 뒤에 콤마로 분리하여 변수를 써 주면 여러 개의 변수를 함께 정의할 수 있다.

```
struct { ... } x, y, z;
```

이것은 구문적으로 x, y, z를 어떤 일정한 형의 변수로 선언하고 각각에 기억장소를 배정한다는 점에서 다음과 유사하다.

```
int x, y, z;
```

변수열이 따르지 않는 구조체 선언의 경우에는 기억장소가 배당되지 않고, 단순히 구조체의 형만을 기술한다. 그러나 만일 구조체에 이름(tag)이 붙어 있다면 그 이름은 나중에 실제 구조체의 선언에 사용될 수 있다. 예를 들면, 위의 point 선언의 경우는

```
struct point pt;
```

변수 pt를 point 형의 구조체로 선언하는 것을 뜻한다. 구조체의 경우 다음과 같이 각 요소에 대한 초깃값을 열거해서 정의함으로써 초기화할 수 있다.

```
struct point maxpt = { 320, 200 };
```

구조체형의 자동변수는 그 구조체의 선언과 같은 형의 값을 리턴하는 함수를 부르거나 지정에 의해 초기화될 수 있다.

구조체의 멤버는 다음과 같은 형태로 사용된다.

```
구조체 이름 .멤버
```

구조체 멤버의 연산자 "."는 구조체의 이름과 멤버 이름을 연결시킨다. 예를 들어, 점 pt의 좌표 값을 인쇄하기 위해 다음과 같이 쓸 수 있다.

```
printf("%d,%d", pt.x, pt.y);
```

또는 점 pt의 원점에서부터의 거리를 구하기 위해 다음과 같이 사용할 수 있다.

```
double dist, sqrt(double);
dist = sqrt((double)pt.x * pt.x + (double)pt.y * pt.y);
```

구조체의 구조체도 있을 수 있다. 하나의 사각형은 대각선으로 마주 본 두 점을 지정해 줌으로써 나타낼 수 있다.

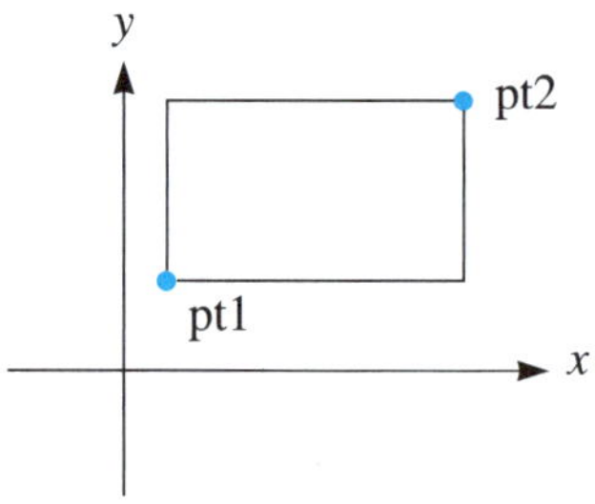


```
struct rect {
    struct point pt1;
    struct point pt2;
};
```

rect라는 구조체는 두 개의 point라는 구조체를 포함한다. 만일 screen이 다음과 같이 선언되어 있다면

```
struct rect screen;
```

screen의 pt1이라는 멤버의 x 좌표는 다음과 같이 나타낼 수 있다.

```
screen.pt1.x
```

6.2 구조체와 함수

구조체로 할 수 있는 연산은 복사하는 것, 지정(assign)하는 것, 그리고 &로 구조체의 주소를 찾아서 그 멤버 중의 하나를 사용하는 것밖에 없다. 복사와 지정이라 함은 함수로 인자(argument)를 넘기거나 함수로부터 값을 받는 것을 포함해서 하는 말이다.

점과 사각형을 다루기 위한 몇 개의 함수를 사용해 봄으로써 구조체를 연구해 보자. 여기에는 최소한 세 개의 접근방법이 있다. 독립적으로 요소를 보내거나, 하나의 구조체를 보내거나 또는 포인터로 보내는 세 가지 방법이 있다. 각각은 장단점이 있다.

첫 번째 함수 makepoint는 두 개의 정수를 받아 point라는 구조체를 리턴해 준다.

```
/* makepoint:   make a point from x and y components */
struct point makepoint(int x, int y)
{
    struct point temp;

    temp.x = x;
    temp.y = y;
    return temp;
}
```

여기서 변수 이름과 똑같은 이름의 멤버 이름(x와 .x)은 전혀 다른 변수임에 유의하라. makepoint는 어떠한 구조체를 초기화하는 데 사용하거나, 구조체의 멤버에 어떤 값을 넣는 함수로 사용할 수 있다.

```
struct rect screen;
```

```
struct point middle;
struct point makepoint(int, int);

screen.pt1 = makepoint(0, 0);
screen.pt2 = makepoint(XMAX, YMAX);
middle = makepoint((screen.pt1.x + screen.pt2.x)/2,
                   (screen.pt1.y + screen.pt2.y)/2);
```

다음으로 점에 관한 산술연산을 해 보자. 즉

```
/* addpoint:  add two points */
struct point addpoint(struct point p1, struct point p2)
{
    p1.x += p2.x;
    p1.y += p2.y;
    return p1;
}
```

여기서는 구조체를 매개변수로 받고 구조체를 리턴해 준다.

다른 예로, 어느 점이 사각형 속에 있는지 없는지를 검사하는 ptinrect라는 함수를 보자. 왼쪽과 밑변은 사각형에 포함되고 위쪽과 오른쪽 변은 사각형에 포함되지 않는다고 가정한다.

```
/* ptinrect:  return 1 if p in r, 0 if not */
int ptinrect(struct point p, struct rect r)
```

```
{
    return p.x >= r.pt1.x && p.x < r.pt2.x
        && p.y >= r.pt1.y && p.y < r.pt2.y;
}
```

이와 같이 두 번의 비교만으로 판단이 가능한 것은, 사각형을 나타내는 표준적인 방법이 왼쪽 아래 점을 pt1, 오른쪽 위 점을 pt2로 나타내는 것이기 때문이다. 다음 함수는 표준적인 (canonical) 형태로 사각형을 리턴해 준다.

```
#define min(a, b) ((a) < (b) ? (a) : (b))
#define max(a, b) ((a) > (b) ? (a) : (b))

/* canonrect:  canonicalize coordinates of rectangle */
struct rect canonrect(struct rect r)
{
    struct rect temp;

    temp.pt1.x = min(r.pt1.x, r.pt2.x);
    temp.pt1.y = min(r.pt1.y, r.pt2.y);
    temp.pt2.x = max(r.pt1.x, r.pt2.x);
    temp.pt2.y = max(r.pt1.y, r.pt2.y);
    return temp;
}
```

만일 큰 구조체가 함수로 전달된다면 그 큰 구조체를 복사하기보다는 포인터를 넘겨주는 것이 일반적으로 더 효율적이다. 구조체의 포인터는 일반적인 변수의 포인터와 같은 방법으로 사용하면 된다. 선언은 다음과 같다.

```
struct point *pp;
```

여기서 pp는 struct point 형태의 구조체의 포인터이다. 여기서 *pp는 구조체이고, (*pp).x와 (*pp).y는 멤버이다. pp를 사용하기 위해서는 다음 예와 같이 해야 한다.

```
struct point origin, *pp;


pp = &origin;
printf("origin is (%d, %d)\n", (*pp).x, (*pp).y);
```

(*pp).x에서 .의 연산자가 *보다 우선순위가 높으므로 괄호가 필요하다. *pp.x라는 표현은 *(pp.x)를 나타내는데, 여기서 x는 포인터가 아니므로 문법적으로 틀리다.

구조체의 포인터로서 단축된 표현으로 제공되는 또 다른 표현이 자주 쓰인다. 만일 p가 구조체의 포인터라면,

```
p->멤버
```

는 그 구조의 멤버를 가리킨다(연산자 ->는 음수 부호와 >의 두 문자로 있다). 따라서 위의 표현을 다르게 표현할 수 있다.

```
printf("origin is (%d,%d)\n", pp->x, pp->y);
```

.과 ->는 왼쪽에서 오른쪽으로 적용되며, 다음과 같이 주어지면

```
struct rect r, *rp = &r;
```

다음의 네 가지 표현은 모두 같은 결과를 가져온다.

```
r.pt1.x
rp->pt1.x
(r.pt1).x
(rp->pt1).x
```

구조체 연산자 .과 ->는 함수를 부르기 위한 ( ) 및 첨자를 위한 [ ]와 함께 우선순위가 가장 높다. 예를 들어,

```
struct {
    int len;
    char *str;
} *p;
```

위와 같은 선언이 있으면

```
++p->len
```

는 ++(p->len)과 같은 의미이므로 포인터 p가 아닌 len을 증가시킨다. 괄호는 결합순서를 바꿀 수 있다. 즉 (++p)->len은 len을 액세스하기 전에 p를 증가시키지만, (p++)->len은 p를 나중에 증가시킨다(이 경우 괄호는 없어도 된다).

같은 방법으로 *p->str는 str가 가리키는 것을 가져오며, *p->str++는 (*s++처럼) 가리키는 것을 가져온 후 str를 증가시킨다. (*p->str)++는 str가 가리키는 것을 증가시키지만, *p++->str는 str가 가리키는 것을 가져온 후 str를 증가시킨다.

6.3 구조체의 배열

문자열에서 C에서 사용되는 키워드(keyword) 중 어느 것이 몇 번 나왔는지 세는 프로그램을 생각해 보자. 이 프로그램에는 이름을 나타내는 문자열의 배열과 그 수를 세기 위한 정수의 배열이 필요하다. 그 한 가지 방법은 keyword와 keycount라는 두 개의 배열을 사용하는 것이다.

```
char *keyword[NKEYS];
int keycount[NKEYS];
```

여기서 두 개의 배열 대신 구조체를 사용하는 것이 가능하다. 필요한 변수는 다음과 같은

두 개이다.

```
char *word;
int count;
```

이 배열 쌍을 구조체로 선언하려면 다음과 같이 한다.

```
struct key {
    char *word;
    int count;
} keytab[NKEYS];
```

이 선언은 배열 keytab이 이런 형태의 구조체라는 것을 나타내고, 각각에 기억장소를 할당한다. 즉 keytab은 구조체의 배열이 된다. 이것은 다음과 같이 쓸 수도 있다.

```
struct key {
    char *word;
    int count;
};

struct key keytab[NKEYS];
```

keytab이라는 구조체는 멤버가 무엇인지 정해져 있으므로 이것들이 정의할 때 초깃값을 주는 것은 쉬운 일이다. 구조체에 초깃값을 주는 것은 앞의 것과 아주 비슷한데, 정의 뒤에 초깃값을 중괄호 속에 나타내면 된다.

```
struct key {
    char *word;
    int count;
} keytab[ ] = {
    "auto", 0,
    "break", 0,
    "case", 0,
```

```
        "char", 0,
        "const", 0,
        "continue", 0,
        "default", 0,
        /* ... */
        "unsigned", 0,
        "void", 0,
        "volatile", 0,
        "while", 0,
    };
```

초깃값들은 각 구조체의 멤버 쌍으로 되어 있다. 각 열마다 초깃값을 중괄호로 둘러싸는 것이 더 정확할 것이다.

```
    { "auto", 0 },
    { "break", 0 },
    { "case", 0 },
    ...
```

그러나 초깃값이 단순 변수이거나 문자열이고 값이 모두 주어진 경우에는 중괄호가 필요 없게 된다. 초깃값이 주어져 있고 [ ]가 비어 있을 때(배열의 크기가 나타나지 않을 때)는 초깃값으로 준 원소의 개수가 그 배열의 크기로 지정된다.

키워드 계산 프로그램은 keytab의 정의부터 시작된다. main 루틴에서는 한 단어씩을 읽어 들이는 getword 함수를 계속해서 호출하여 입력을 읽어 들인다. 각 단어는 제3장에서 썼던 이진탐색 함수로 keytab에 있는지를 검색한다. 키워드의 리스트는 문자 값이 증가하는 순서대로 정렬된다.

```
#include <stdio.h>
#include <ctype.h>                    키워드 검색 프로그램
#include <string.h>
```

```
#define MAXWORD 100

int getword(char *, int);
int binsearch(char *, struct key *, int);

/* count C keywords */
main( )
{
    int n;
    char word[MAXWORD];

    while (getword(word, MAXWORD) != EOF)
        if (isalpha(word[0]))
            if ((n = binsearch(word, keytab, NKEYS)) >= 0)
                keytab[n].count++;
    for (n = 0; n < NKEYS; n++)
        if (keytab[n].count > 0)
            printf("%4d %s\n",
                keytab[n].count, keytab[n].word);
    return 0;
}

/* binsearch:  find word in tab[0]...tab[n-1] */
int binsearch(char *word, struct key tab[ ], int n)
{
    int cond;
    int low, high, mid;

    low = 0;
```

```
    high = n - 1;
    while (low < = high) {
        mid = (low+high) / 2;
        if ((cond = strcmp(word, tab[mid].word)) < 0)
            high = mid - 1;
        else if (cond > 0)
            low = mid + 1;
        else
            return mid;
    }
    return -1;
}
```

getword라는 함수는 단어를 찾아서 그 단어를 첫 번째 매개변수인 배열에 복사한다. NKEYS는 keytab에 있는 키워드의 수를 나타낸다. 키워드의 수는 처음부터 리스트로 주어지기 때문에 몇 개인지 세어서 숫자로 정해도 되겠지만 리스트가 바뀔 경우를 대비해서 프로그램에서 하기로 한다.

한 가지 방법은 초깃값들의 맨 마지막에 null 포인터를 두고, keytab을 반복하다가 null 포인터가 발견되면 끝내는 방법이다. 그러나 이것은 배열의 크기가 컴파일 시에 완전히 결정되기 때문에 불필요한 일을 하는 것이 된다. 배열의 크기는 다음 식에서 나온 값의 제곱이 된다.

```
keytab의 크기 / struct key의 크기
```

C에는 컴파일 시에 어떤 대상의 크기를 계산하는 sizeof라는 연산자가 있는데 다음과 같이 사용된다.

```
sizeof 대상
sizeof(형의 이름)
```

이 수식은 지정된 대상이나 형(type)의 바이트 단위의 크기가 정수로 나타난다[엄밀하게 하면 sizeof는 헤더 <stddef.h>에서 정의된 size_t 형의 무부호화(unsigned) 정수로 나타난다]. 이때 대상은 변수나 배열, 또는 구조체가 될 수 있다. 형은 int나 double과 같은 기본형(basic type)의 이름이나 구조체가 포인터와 같은 유도된 형태(derived type)의 이름이 될 수 있다.

우리의 경우 키워드의 수는 배열의 크기를 원소의 크기로 나눈 것과 같다. 이 계산은 #define 문에서 NKEYS의 값을 정할 때 쓰인다.

```
#define NKEYS (sizeof key tab / sizeof(struct key))
```

다른 방법으로 저장된 원소의 크기로 배열의 크기를 나누는 방법이 있다.

```
#define NKEYS (sizeof keytab / sizeof keytab[0])
```

이 방법은 형(type)이 변해도 그대로 사용할 수 있다는 장점이 있다.

프리프로세서(preprocessor)는 형(type)을 분석하지 않으므로 #if 문에 sizeof를 사용할 수 없다. 하지만 #define은 프리프로세서가 값을 미리 구하지 않고 문자열을 치환하기만 하기 때문에 sizeof의 표현이 가능하다.

getword라는 함수를 보자. 우리는 필요로 하는 것 이상으로 더 범용적인 getword 함수를 작성하였다. 하지만 복잡한 것은 아니었다. getword는 입력(파일)으로부터 다음 단어를 가져오는데, 단어는 하나 이상의 문자의 모임이다. 함수의 리턴 값은 단어의 첫 문자, 파일의 끝인 EOF 또는 문자 그 자체(영문자가 아닌 경우)가 된다.

```
/* getword:  get next word or character from input */
int getword(char *word, int lim)
{
    int c, getch(void);
    void ungetch(int);
    char *w = word;
```

```
    while (isspace(c = getch( )))
        ;
    if (c != EOF)
        *w++ = c;
    if (!isalpha(c)) {
        *w = '\0';
        return c;
    }
    for ( ; --lim > 0; w++)
        if (!isalnum(*w = getch( ))) {
            ungetch(*w);
            break;
        }
    *w = '\0';
    return word[0];
}
```

getword는 제4장에서 나온 getch와 ungetch를 사용한다. 한 문장이 형성되었을 때 getword는 한 문자를 더 읽게 된다. 그 후 ungetch를 호출해서 더 읽은 문자를 다음의 호출을 위해 입력으로 되돌리게 된다. getword는 또한 공백을 건너뛰기 위해 isspace를 사용하며, 문자를 확인하기 위해 isalpha를 사용하고, 문자와 숫자를 확인하기 위해 isalnum을 사용하는데 이들 모두는 표준 헤더인 ctype.h에 들어 있다.

예제 6-1 현재의 getword는 밑줄 _나 문자열 상수, 코멘트 또는 프리프로세싱에 사용하는 제어행을 적당히 다루지 못한다. 프로그램을 개선해 보라.

6.4 구조체에 대한 포인터

구조체의 포인터와 배열에 대해 알기 위해 문자열에서 C의 키워드 중 어떤 것이 몇 번 나왔는지 세는 프로그램을 다시 작성해 보자. 여기서는 배열의 첨자 대신 포인터를 쓰기로 한다. keytab의 외부 선언은 바꿀 필요가 없고 main과 binsearch는 조금 수정해야 된다.

```
#include <stdio.h>
#include <ctype.h>
#include <string.h>                    키워드 검색 프로그램
#define MAXWORD 100

int getword(char *, int);
struct key *binsearch(char *, struct key *, int);

/* count C keywords; pointer version */
main( )
{
    char word[MAXWORD];
    struct key *p;

    while (getword(word, MAXWORD) != EOF)
        if (isalpha(word[0]))
            if ((p=binsearch(word, keytab, NKEYS)) != NULL)
                p->count++;
    for (p= keytab; p < keytab + NKEYS; p++)
        if (p->count > 0)
            pointf("%4d %s\n", p->count, p->word);
```

```
    return 0;
}

/* binsearch: find word in tab[0]...tab[n-1] */
struct key *binsearch(char *word, struct key *tab, int n)
{
    int cond;
    struct key *low = &tab[0];
    struct key *high = &tab[n];
    struct key *mid;

    while (low < high) {
        mid = low + (high-low) / 2;
        if ((cond = strcmp(word, mid->word)) < 0)
            high = mid;
        else if (cond > 0)
            low = mid + 1;
        else
            return mid;
    }
    return NULL;
}
```

여기서 몇 가지를 살펴보자.

첫째, binsearch 함수는 정수 대신에 struct key의 포인터를 리턴하도록 선언되어야 한다. 이것은 호출하는 곳(프로그램 6행)과 binsearch에서 동시에 선언되어야 한다. 만일 binsearch가 단어를 발견하면 그것의 포인터를 리턴하며, 발견하지 못하면 NULL을 리턴한다.

둘째, keytab의 요소에 대한 모든 액세스는 포인터에 의해 행해져야 한다. 이를 위해

binsearch를 바꾸어야 한다.

low와 high의 초기화는 테이블의 시작과 끝의 포인터로 한다. 중간요소의 계산이 다음과 같이 단순하지는 않다.

```
mid = (low+high) / 2    /* wrong */
```

그 이유는 두 개 포인터의 합이 문법에 맞지 않기 때문이다. 하지만 뺄셈은 된다. 따라서 high-low는 원소의 수를 나타내며, 다음과 같은 표현은 low와 high 사이의 중간에 있는 원소의 포인터를 mid에 넣는다.

```
mid = low + (high-low) / 2
```

이렇게 하면 배열 밖의 원소를 찾는 엉뚱한 동작을 방지할 수 있다. 문제는 &tab[-1]과 &tab[n]이 tab이라는 배열의 밖을 나타낸다는 것이다. 전자는 확실히 잘못된 것이고, 후자는 엉뚱한 곳을 가리킨다는 점에서 잘못되었다. 사실은 배열의 끝 다음의 첫 번째 원소(즉, &tab[n])에 관련된 포인터 연산은 제대로 동작하도록 되어 있다(일부러 썼을 경우 원하는 대로 된다). main에서는 다음과 같이 썼다.

```
for (p = keytab; p < keytab + NKEYS; p++)
```

만일 p가 구조체에 대한 포인터라면 p에 대한 어떤 산술적인 계산도 구조체의 실제 크기를 고려하도록 되어 있다. 그래서 p++은 구조체의 배열에 있어서 다음 요소를 얻는 데 알맞을 만큼 p를 증가시키게 되고, 루프는 정상적으로 동작하게 된다.

하지만 구조체의 크기가 모든 멤버 크기의 합이라고 생각하면 안 된다. 서로 다른 대상의 정렬제한 규칙으로 인해 구조체에 이름이 붙지 않는 빈칸(hole)이 생길 수 있기 때문이다. 예를 들어, char이 1바이트이고 int가 4바이트라면 구조체는

```
struct {
    char c;
    int i;
};
```

5바이트가 아닌 8바이트를 요구할지도 모른다. sizeof라는 연산자를 사용하면 실제의 크기

를 알 수 있다.

마지막으로 프로그램의 형식에 대해 생각해 보자. 만일 함수가 다음과 같이 구조체의 포인터 같은 복잡한 형식을 리턴할 때

```
struct key *binsearch(char *word, struct key *tab, int n)
```

어떤 것이 함수의 이름인지 알아보기가 어렵다. 따라서 다음과 같은 방식이 사용될 때도 있다.

```
struct key *
binsearch(char *word, struct key *tab, int n)
```

어느 것을 사용할 것인가는 개인의 취향이므로 경우에 따라 좋다고 생각되는 형식을 사용하기 바란다.

6.5 자기참조 구조체

어떠한 입력에서 발생할 수 있는 모든 단어의 발생 횟수를 셀 수 있는 좀 더 일반적인 문제를 다루기를 원한다고 가정해 보자. 단어의 목록을 미리 알 수 없기 때문에 쉽게 정렬(sorting)시켜 이분탐색(binary search)을 사용할 수가 없다. 또한 단어가 나올 때마다 그 단어가 이미 나타났던 것인지를 알기 위해 모든 단어를 뒤져 볼 수도 없다. 왜냐하면 프로그램이 너무 느려지기 때문이다(정확하게 말하면, 실행시간은 입력단어 수의 제곱의 형태로 증가한다). 그러면 임의의 단어가 올 때 그 단어를 빨리 찾을 수 있도록 하려면 자료를 어떻게 구성해야 되는가?

한 가지 방법은 새로운 단어가 들어올 때마다 적당한 위치에 그 단어가 위치하도록 함으로써 그때까지 들어온 단어들을 항상 정렬시켜 두는 것이다. 이것을 지금까지 해 왔던 방식으로 단어순서를 바꾸면 너무 시간이 걸리기 때문에 이진 트리(binary tree)라고 불리는 자료구조를 대신 사용하기로 한다.

트리는 서로 다른 각 단어마다 하나의 마디(node)를 갖는데 각 마디는 다음과 같은 정보

를 가진다.

단어에 대한 포인터	(a pointer to the text of the word)
발견된 횟수	(a count of the number of occurrence)
왼쪽 가지에 대한 포인터	(a pointer to the left child node)
오른쪽 가지에 대한 포인터	(a pointer to the right child node)

어떤 마디도 두 개 이상의 가지를 가질 수 없으며, 가지의 번호는 0과 1로 표현된다. 각 마디의 왼쪽 가지에는 그 마디보다 작은 값을 갖는 마디만 있고 오른쪽 가지에는 그 마디의 가지보다 큰 값을 갖는 마디만 오게 된다. 다음은 "now is the time for all good men to come to the aid of their party"라는 문장의 트리이다.

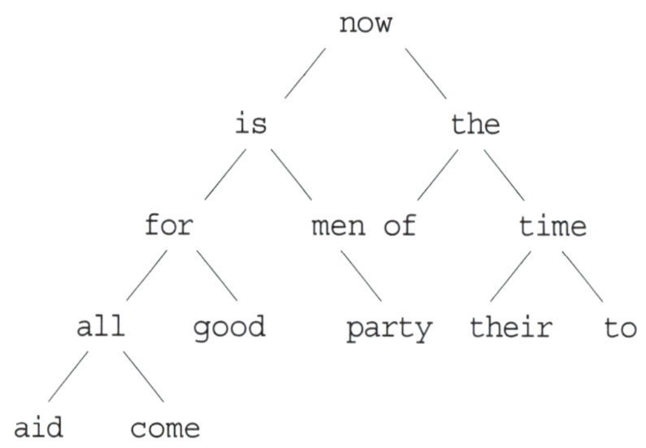

새로운 단어가 그 트리에 있나 없나를 알기 위해서는 가장 위의 마디부터 시작하여 그 마디에 저장된 것과 새로운 단어를 비교한다. 두 단어가 일치하면 그 단어는 트리에 있는 것이고, 만약 그 단어가 트리의 단어보다 작으면(ASCII 값이 작으면) 왼쪽 마디와 비교하고, 그렇지 않으면 오른쪽 마디와 비교한다. 비교된 방향으로 맞는 단어가 없으면 새로운 단어는 트리에 없는 것이고 새로운 단어를 추가하기 위한 적당한 빈 공간이 마련된다. 이러한 탐색 과정은 어떤 마디에 대해 일치하지 않으면 그 가지에 대해 똑같은 과정을 하게 되므로 순환(recursive) 과정이 된다. 각 마디를 다시 살펴보면 다음 네 개의 요소로 구성되어 있다.

```
struct tnode {          /* the tree node: */
    char *word;             /* points to the text */
```

```
    int count;              /* number of occurrences */
    struct tnode *left;     /* left child */
    struct tnode *right;    /* right child */
};
```

이렇게 마디를 순환적으로 선언하는 것이 이상하게 생각될지도 모르지만 사실상은 아주 합당한 구조이다. 구조체가 자기 자신을 포함하게 되면 틀리게 되지만, 다음과 같은 경우는 left가 마디 자체가 아니라 마디에 대한 포인터라는 것을 선언하는 것이다.

```
struct tnode *left;
```

때때로 자기참조의 구조를 가진 구조체 변수가 필요한 경우가 생긴다. 이는 두 개의 구조가 상대를 각각 참조함으로써 다음과 같은 방법으로 구현될 수 있다.

```
struct t {
    ...
    struct s *p;      /* p points to an s */
};
struct s {
    ...
    struct t *q;      /* q points to a t */
};
```

지금까지 설명했던 동작을 하는 프로그램은 다음과 같은데, 이는 이미 우리가 썼던 getword와 같은 보조 루틴들을 가지고 있다. main 루틴은 getword로 단어를 읽어 들이고, addtree로 트리에 단어를 저장시킨다.

```
#include <stdio. h>
#include <ctype.h>
#include <string.h>        단어 사용 빈도 파악 프로그램
```

```
#define  MAXWORD 100
struct tnode *addtree(struct tnode *, char *);
void treeprint(struct tnode *);
int getword(char *, int);

/* word frequency count */
main ()
{
    struct tnode *root;
    char word[MAXWORD];

    root = NULL;
    while (getword(word, MAXWORD) != EOF)
         if (isalpha(word[0]))
             root = addtree(root, word);
    treeprint(root);
    return 0;
}
```

addtree 루틴은 순환적이다. main에서 읽어 들인 한 단어는 트리의 맨 위에 놓인다. 각 단계마다 그 단어는 그 마디에 있는 단어와 비교되어서 결과에 따라 왼쪽이나 오른쪽 가지로 가서 트리를 순환적(recursive)으로 호출하게 된다.

결국 그 단어는 그 트리에 있는 어떤 단어와 일치해서 카운트를 하나 증가시키든지 또는 일치하지 않아서 null 포인터를 만나 그 마디가 트리에 첨가되어야 함을 나타내게 된다. 만일 새로운 마디가 만들어지면 addtree는 그 마디에 대한 포인터를 리턴시키고, 그 포인터를 해당되는 바로 위의 마디(parent node)에 기록한다.

```
struct tnode *talloc(void);
char *strdup(char *);

/* addtree: add a node with w, at or below p */
struct tnode *addtree(struct tnode *p, char *w)
{
    int cond;

    if ( p == NULL) {       /* a new word has arrived */
        p = talloc( );      /* make a new node */
        p->word = strdup(w);
        p->count = 1;
        p->left = p->right = NULL;
    } else if ((cond = strcmp(w, p->word)) == 0)
         p->count++;        /* repeated word */
    else if (cond < 0)      /* less than into left subtree */
         p->left = addtree(p->left, w);
    else                 /* greater than into right subtree */
         p->right = addtree(p->right, w);
    return p;
}
```

새로운 마디에 대한 기억장소는 마디를 기억할 수 있는 적당한 기억공간에 대한 포인터를 리턴시키는 talloc이라는 함수에 의해 배당된다. 조만간에 언급하게 될 strdup에 의해 새로운 단어는 숨겨진 장소로 복사된다. 카운트는 초기화되고 두 개의 아래 마디는 NULL 값을 갖게 된다. 프로그램 중 이 부분은 트리의 가장 아래에 새로운 마디가 첨가될 경우에만 실행된다. 여기서는 strdup와 talloc에서 리턴되는 값에 대한 에러 검사 부분을 생략했다. treeprint는 정렬된 순서로 트리를 출력한다. 각각의 마디에서 먼저 왼쪽 가지(그 단어보다 순위가 낮다)를 출력한 후 그 단어를 출력하고, 다음에 오른쪽 가지(그 단어보다 순위가 높다)를 출력한다. 순환 루틴이 어떻게 동작하는지 잘 이해가 안 되면, 다음에 보이는 트리를 다루는 treeprint를 실행시켜 보라.

```
/* treeprint: in-order print of tree p */
void treeprint(struct tnode *p)
{
    if (p != NULL) {
        treeprint(p->left);
        printf("%4d %s\n", p->count, p->word);
        treeprint(p->right);
    }
}
```

단어가 고루 퍼진 순서로 오지 않아서 트리가 불균형을 이루게 되면 프로그램 수행시간은 굉장히 길어질 수 있다. 최악의 경우 이 프로그램의 수행시간은 뒤섞인 단어를 정렬하는 것과 비슷하게 된다. 이러한 이진 트리의 단점을 보완한 일반적인 형태의 이진 트리가 있으나 여기서는 더 이상 설명하지 않기로 한다.

이 예제를 끝내기 전에 잠시 기억장소 배당에 관해 살펴보자. 한 프로그램에서는 기억장소를 배당하는 함수가 한 개인 것이 가장 바람직하다. 그러나 char에 대한 포인터와 struct tnode에 대한 포인터를 요구하는 것을 하나의 기억장소 배당함수가 처리할 경우 두 가지 의문이 발생한다.

첫째, 대부분의 컴퓨터에서 요구하는 특정한 형태의 정렬제한(alignment restriction) 문제를 어떻게 만족시킬 것인가? (예 : 정수는 기억장소의 짝수 주소에 저장되어야 된다는 것)

둘째, 메모리 할당 프로그램이 여러 형태의 포인터를 리턴하도록 하려면 함수를 어떻게 선언해야 하는가?

정렬문제는 기억장소를 조금 낭비해서 항상 모든 제한사항을 만족하는 포인터를 리턴하게 되면 일반적으로는 쉽게 해결할 수가 있다. 제5장의 alloc는 어느 특정한 배열에는 적당하지 못하므로 표준 라이브러리 함수 malloc를 사용하겠다. alloc를 사용하는 방법은 제8장에서 보여 줄 것이다.

malloc의 형 선언과 같은 문제는 형 검사(type-checking)를 엄밀히 하는 어떤 언어에서도 힘든 문제이다. C에서는 malloc가 void형의 포인터를 리턴하도록 선언하고 그다음에 원하는 형으로 포인터를 바꾸게 하는 것이 가장 적절한 방법이다. malloc와 그와 관계된 루틴들은 표준 헤더인 <stdlib. h>에 선언되어 있다. 따라서 talloc는 다음과 같이 쓸 수 있다.

```
#include <stdlib. h>

/* talloc: make a tnode */
struct tnode *talloc(void)
{
    return (struct tnode *) malloc(sizeof(struct tnode));
}
```

strdup은 malloc의 호출로 얻어진 장소로 인자(argument)에 의해 주어진 문자열을 단순히 복사하기만 한다.

```
char *strdup(char *s) /* make a duplicate of s */
{
    char *p;

    p = (char *) malloc(strlen(s)+1); /* +1 for '\0' */
    if (p != NULL)
        strcpy(p, s);
```

```
        return p;
}
```

malloc는 더 이상의 공간이 없으면 NULL을 리턴한다. strdup는 strdup을 호출한 함수가 에러를 처리할 수 있도록 값을 리턴한다. malloc를 부름으로써 사용된 공간은 제7장과 제8장에서 소개될 free라는 함수를 사용함으로써 재사용할 수가 있다.

예제 6-2 C 프로그램을 읽어서 처음 여섯 자가 같고 나머지가 다른 변수명을 각 그룹별로 알파벳 순서로 프린트하는 프로그램을 작성하라. 문자열이나 설명문 안에 있는 단어는 세지 않기도 한다. 명령어 라인에서 검사할 문자 수를 정해 줄 수 있도록 6을 매개변수로 할 것.

예제 6-3 문장 안에 있는 모든 단어의 리스트를 출력하고 각 단어에 대해 그 단어가 나타나는 문장번호를 출력하는 전후참조(cross-reference)를 작성하라. 단 "the"나 "and" 같은 단어는 제외할 것.

예제 6-4 입력에 있는 서로 다른 각 단어에 대해 그 단어가 나타나는 횟수가 많은 것부터 차례대로 그 단어가 나타난 횟수와 함께 출력하는 프로그램을 작성하라.

6.6 테이블 조사

이 절에서는 구조체를 좀 더 설명하기 위해 테이블 조사 패키지의 내부에 대해서 설명하겠다. 이 프로그램은 마이크로프로세서나 컴파일러의 심벌 관리 루틴에서 볼 수 있는 전형적인 것이다. 예를 들어, C의 #define 문을 보면 다음과 같은 라인을 만났을 때

```
#define IN 1
```

IN이라는 이름과 대치 값 1은 테이블에 저장된다. 그 후 다시 IN이 다음과 같이 문장 중에 나타나면 IN은 1로 대치된다.

```
state = IN;
```

이름과 대치 값을 다루는 것은 두 개의 함수에 의해 이루어진다.

install(s, t)는 s라는 이름과 대치 값 t를 테이블에 기억하는데 이때 s와 t는 문자열이다. lookup(s)는 테이블에서 s를 찾아서 그것이 발견된 장소에 대한 포인터를 리턴시키고, s가 없으면 null을 리턴시킨다.

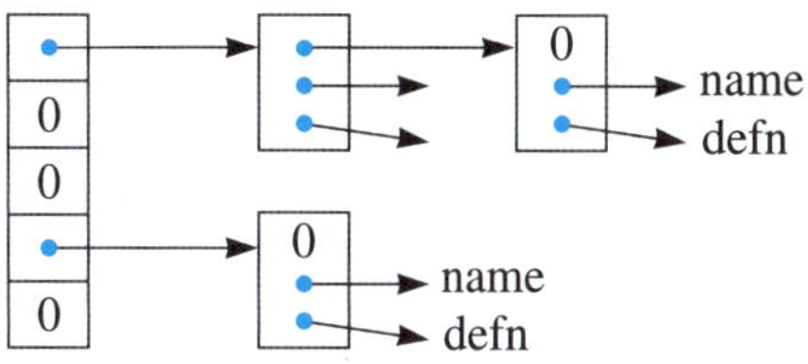

이 알고리즘을 해시검색(hash search)이라고 하는데, 들어오는 이름은 어떤 작은 양의 정수(해시 값)로 바뀌어서 이것이 포인터의 배열에 대한 지표로 사용된다(단어가 순서대로 정렬되는 것이 아니다). 각 배열의 원소는 해시 값을 갖는 이름의 블록이 시작되는 곳을 가리킨다. 만약에 그 해시 값을 갖는 이름이 없으면 NULL이 된다. 하나의 블록은 이름을 가리키는 포인터, 대체할 문장을 가리키는 포인터, 그리고 다음 블록의 위치를 가리키는 포인터가 들어 있는 구조체이다. 다음 블록에 대한 포인터가 null이면 그 체인의 끝을 나타내게 된다.

```
struct nlist {          /* table entry: */
    struct nlist *next;    /* next entry in chain */
    char *name;            /* defined name */
    char *defn;            /* replacement text */
};
```

포인터의 배열은 다음과 같다.

```
#define HASHSIZE 101

static struct nlist *hashtab[HASHSIZE]; /* pointer table */
```

lookup과 install에서 모두 쓰이는 해시함수는 이전에 모인 문자열 내의 문자 값을 어떤 규칙을 주고 더해서 그 값을 배열크기로 나눈 나머지를 취한다. 이것이 가장 좋은 알고리즘은 아니지만 매우 단순하기 때문에 많이 쓰인다.

```
/* hash: from hash value for string s */
unsigned hash(char *s)              해시값 생성함수
{
    unsigned hashval;

    for (hashval = 0; *s != '\0'; s++)
        hashval = *s + 31 * hashval;
    return hashval % HASHSIZE;
}
```

무부호 연산(unsigned arithmetic)은 해시 값이 음수가 아님을 보증한다.

해시 과정은 배열 hashtab에서 초기 지표를 정하고 문자열이 발견되면 그 문자열의 hash 값을 계산하고 hash번째 요소로 그 문자열이 들어간다. 탐색은 lookup에 의해 수행된다. lookup이 그 요소를 찾으면 그에 대한 포인터를 리턴하고, 찾지 못하면 NULL을 리턴한다.

```
/* lookup: look for s in hashtab */
struct nlist *lookup(char *s)      해시검색 함수
{
    struct nlist *np;

    for (np = hashtab[hash(s)]; np != NULL; np = np->next)
        if (strcmp(s, np->name) == 0)
            return np;    /* found */
```

```
    return NULL;           /* not found */
}
```

lookup에서 for 루프는 리스트를 따라가면서 검색하는 방법인데, 표준적인 방법이다.

```
for (ptr = head; ptr != NULL; ptr = ptr->next)
    ...
```

install은 이름이 이미 표 안에 있는지를 판정할 때 lookup을 사용한다. 만약 나타나 있으면 새로운 정의가 이미 있던 것을 대신하게 되고, 만약 그렇지 않으면 새로운 엔트리가 만들어지는 것이다. 어떤 이유에서든 새로운 엔트리를 위한 자리가 없으면 install은 NULL을 리턴하게 된다.

```
struct nlist *lookup(char *);
char *strdup(char *);

/* install:  put (name, defn) in hashtab */      해시입력 함수
struct nlist *install(char *name, char *defn)
{
    struct nlist *np;
    unsigned hashval;

    if ((np = lookup(name)) == NULL) { /* not found */
        np = (struct nlist *) malloc(sizeof(*np));
        if (np == NULL || (np->name = strdup(name)) == NULL)
            return NULL;
        hashval = hash(name);
        np->next = hashtab[hashval];
```

```
        hashtab[hashval] = np;
    } else      /* already there */
        free((void*) np->defn);    /* free previous defn */
    if ((np->defn = strdup(defn)) == NULL)
        return NULL;
    return up;
}
```

예제 6-5 lookup과 install에 의해 유지되는 테이블에서 어떤 이름과 정의를 없애는 루틴인 undef라는 함수를 작성하라.

예제 6-6 이 장의 루틴을 변형하여 C 프로그램을 사용하기에 적당한, 인자가 없는 #define 프로세서를 간단하게 구현하라. getch와 ungetch를 참조하면 도움이 될 것이다.

6.7 형 정의

C에서는 새로운 데이터형의 이름을 만드는 typedef라는 것이 있다. 예를 들어, 다음과 같이 선언하면

```
typedef int Length;
```

int와 동의어로 Length라는 이름을 만든다. Length형은 int라는 형태와 똑같이 선언이나 캐스트(cast) 등에 사용될 수 있다.

```
Length len, maxlen;
Length *lengths[ ];
```

또 다음과 같이 선언하면

```
typedef char *String;
```

String은 char *, 즉 문자 포인터와 동의어가 되어서 다음과 같은 선언에도 사용할 수 있다.

```
String p, lineptr[MAXLINES], alloc(int);
int strcmp(String, String);
p = (String) malloc(100);
```

typedef 선언문의 형태는 extern이나 static 선언문의 형태와 같다. 여기서는 이름을 강조하기 위해 첫 글자인 S를 대문자로 썼다.

좀 더 복잡한 예를 보면 typedef는 이 장의 처음에서 보았던 트리의 마디(tree node)에 사용될 수 있다.

```
typedef struct tnode *Treeptr;

typedef struct tnode {    /* the tree node: */
    char *word;             /* points to the text */
    int count;              /* number of occurrences */
    Treeptr left;           /* left child */
    Treeptr right;          /* right child */
} Treenode;
```

이렇게 하면 Treenode(구조체)와 Treeptr(구조체에 대한 포인터)라는 새로운 형의 두 개의 키워드가 만들어진다. 이렇게 한 후에는 talloc는 다음과 같이 고쳐진다.

```
Treeptr talloc(void)
{
    return (Treeptr) malloc(sizeof(Treenode));
}
```

그러나 typedef 선언이 새로운 형을 만드는 것이 아니라 이미 있는 형에 새로운 이름을 붙인 것에 지나지 않는다는 사실을 알아야 한다. 뿐만 아니라 어떤 새로운 의미도 없다. 이렇게 선언된 변수는 선언문을 사용해서 선언한 변수와 똑같은 성질을 갖는다. 결국 typedef는 컴파일러에게 주는 명령이라는 점과 C 매크로 프로세서는 할 수 없는 텍스트 교환에 사용될 수 있다는 점을 제외하고는 #define과 같다. 예를 들어,

```
typedef int (*PFI) (char *, char *);
```

이렇게 하면 PFI라는 형이 만들어지는데, PFI는 두 개의 char * 인자를 받아 int를 리턴하는 함수의 포인터이다.

```
PFI strcmp, numcmp;
```

이는 제5장의 정렬(sort) 프로그램에서 사용하였다.

순수하게 미적인 용도 외에도 typedef 선언을 사용하는 두 가지 이유가 있다. 첫 번째는 호환성 문제이다. 만약에 typedef가 기종에 따라 다른 데이터형에 사용될 경우 프로그램이 옮겨질 때 typedef만 바꾸면 되는 것이다. 즉, typedef을 각 호스트머신(host machine)에 따라 short, int, long 중 알맞은 것을 골라 쓸 수 있다는 것이다. 표준 라이브러리에서 size_t와 ptrdiff_t와 같은 형이 그 예이다. typedef를 쓰는 두 번째 목적은 프로그램을 보기 쉽게 하기 위해서이다. Treeptr이라 불리는 형은 복잡한 구조체에 대한 포인터로만 선언된 형보다 이해하기가 훨씬 쉽다.

6.8 유니온

유니온(unions)은 사용할 때마다 다른 형과 다른 크기를 가질 수 있는 변수인데, 컴파일러가 크기와 정렬제한이 맞는지를 조사한 후 사용된다. 유니온은 프로그램이 기계에 종속되지 않으면서도 한 기억장소 내에서 서로 다른 데이터를 처리할 수 있도록 한다. PASCAL의 가변 레코드(variant records)와 비슷하다.

예를 들어 컴파일러의 심벌 테이블에서 상수가 int나 float나 문자의 포인터라고 하자. 각 상수의 값은 그에 맞는 형의 변수에 기억되어야 한다. 그러나 만약 그 값이 똑같은 양의 기억장소를 차지하고 그 형에 관계없이 같은 장소에 기억될 수 있다면 테이블 관리에 편리할 것

이다. 이와 같이 변수가 어떤 임의의 형도 가질 수 있도록 하는 것이 바로 유니온의 목적이며, 그 문법은 구조체에 근거를 두고 있다.

```
union u_ tag {
    int ival;
    float fval;
    char *sval;
} u;
```

변수 u는 컴파일되는 기계에 관계없이 세 가지 형 가운데 가장 큰 것을 가질 수 있을 만큼 충분히 크기 때문에 이 프로그램은 하드웨어의 특성과 무관하게 된다. 이 세 가지 형 가운데 어느 것이라도 u에 할당되어 수식에서 사용될 수 있지만 유니온에 기억할 때의 형과 사용되는 수식 내에서의 형은 같아야 한다. 현재 유니온에 어떤 형이 기억되어 있는지를 알아내는 것은 프로그래머가 해야 한다. 만약에 그 형이 맞지 않을 경우에는 기계에 따라 그 결과가 달라진다. 문법상으로는 유니온의 멤버는 다음과 같이 표현된다.

유니온 이름.멤버

혹은 구조체와 같이 다음과 같이 쓸 수 있다.

유니온의 포인터->멤버

만약 변수 utype이 현재 기억된 u의 형을 기억하고 있다면 다음과 같은 프로그램도 가능하다.

```
if (utype == INT)
    printf("%d\n", u.ival);
else if (utype == FLOAT)
    printf("%f\n", u.fval);
else if (utype == STRING)
    printf("%s\n", u.sval);
else
    printf("bad type %d in utype\n", utype);
```

유니온은 구조체나 배열 안에 나타날 수가 있고 또한 그 반대로도 된다. 구조체 내의 유니온의 멤버(그 반대도 또한)를 액세스하는 표시법은 중첩된 구조체의 표시법과 똑같다. 예를 들어, 구조체의 배열이 다음과 같이 정의될 때

```
struct {
    char *name;
    int flags;
    int utype;
    union {
        int ival;
        float fval;
        char *sval;
    } u;
} symtab[NSYM];
```

멤버 ival은 다음과 같이 사용될 수 있다.

```
symtab[i].u.ival
```

그리고 문자열 sval은 다음과 같이 사용될 수 있다.

```
*symtab[i].u.sval
symtab[i].u.sval[0]
```

결국 유니온은 모든 멤버의 기억장소 시작 위치가 같고, 가장 큰 멤버도 표현할 수 있는 크기를 가지며, 유니온 내의 모든 형에 적절하게 정렬되는 구조체이다. 구조체와 마찬가지의 똑같은 연산이 유니온에서도 허용된다. 즉 정렬이나 전체를 하나로 복사하거나 번지를 얻거나 멤버를 액세스하는 것이 구조체와 같다. 유니온은 멤버 중 가장 처음에 나오는 멤버의 형으로 초기화되므로, 위에서 사용한 유니온은 정수 값으로 초기화된다. 제8장에서 기억장소

할당자(storage allocator)가 어떻게 변수를 기억장소에 정렬해 넣는지를 보여 줄 것이다.

6.9 비트 필드

기억장소가 부족할 때에는 여러 대상체(object)를 하나의 기계어에 채워 넣을 필요가 있다. 가장 많이 쓰이는 방법은 컴파일러의 심벌 테이블에서와 같이 각각 한 비트의 플래그를 두는 것이다. 하드웨어 장치에 대한 인터페이스 같은 외부적으로 주어진 데이터 형식은 한 단어를 여러 조각으로 분리해서 처리할 수 있는 능력을 요구한다.

컴파일러에서 심벌 테이블을 조사하는 경우를 생각해 보자. 프로그램에 있는 각 식별자(identifier, 변수나 상수의 이름 함수의 이름 등)는 그와 관련된 어떤 정보, 즉 그것이 키워드인지 아닌지 또는 외부의 정적인 것인지 아닌지 등과 연관된 어떤 정보를 갖고 있다. 그러한 정보를 코드화시키는 가장 간결한 방법은 하나의 char나 int에 1비트짜리 플래그(flag)를 쓰는 것이다.

이를 하는 일반적인 방법은 각 연관된 비트의 위치에 적당한 역할을 부여하는 것이다.

```
#define KEYWORD  01
#define EXTERNAL 02
#define STATIC   04
```

또는

```
enum { KEYWORD = 01, EXTERNAL = 02, STATIC = 04 };
```

이때 숫자는 반드시 2의 배수 또는 1이어야 한다. 이렇게 하면 제2장에서 설명한 시프트나 마스크, 보수 연산자를 가지고 비트를 조작하는 것과 어떤 비트의 값을 알아내는 것이 가능해진다.

다음과 같이 쓰면 플래그의 EXTERNAL과 STATIC 비트는 on 상태가 되고

```
flags |= EXTERNAL | STATIC;
```

이것을 다음과 같이 쓰면 off가 된다.

```
flags &= ~(EXTERNAL ¦ STATIC);
```

그리고 다음과 같이 썼을 경우에는 EXTERNAL과 STATIC 둘 다 off일 때만 참이 된다.

```
if ((flags & (EXTERNAL ¦ STATIC)) == 0)...
```

C에서는 이러한 비트 단위 논리연산자를 쓰는 방법 외에 단어의 필드를 직접 액세스하고 정의하는 방법도 제공한다. 비트 필드(bit-field)의 줄임말인 필드(field)는 워드(word)라고 부르는 기억장소 내의 인접한 비트의 집합으로 이루어진다. 필드를 정의하고 액세스하는 구문은 구조체에 근거를 두고 있다. 예를 들어, 앞에서 언급한 바 있는 심벌 테이블의 #define은 다음과 같이 세 개의 필드를 정의해서 나타낼 수 있다.

```
struct {
    unsigned int is_keyword : 1;
    unsigned int is_extern  : 1;
    unsigned int is_static  : 1;
} flags;
```

이렇게 하면 flags는 세 개의 1비트짜리 필드를 가진 변수로 정의된다. 콜론 뒤의 숫자는 필드의 크기를 비트 수로 표시한 것이다. 여기서 필드는 부호 없는 수임을 표시하기 위해 unsigned라고 정의된다.

각 필드는 구조체의 멤버와 마찬가지로 flags.is_keyword, flags.is_ extern 등으로 사용된다. 또한 필드는 다른 정수와 마찬가지로 수식에서도 쓰일 수 있는 조그만 정수이다. 따라서 위의 수식은 다음과 같이 쓰는 것이 더 자연스럽다. 비트를 on 시키기 위해서는 다음과 같이 하고,

```
flags.is_extern = flags.is_static = 1;
```

off 시키기 위해서는 다음과 같이 하며,

```
flags.is_extern = flags.is_static = 0;
```

그 비트들을 시험하기 위해서는

```
if (flags.is_extern == 0 && flags.is_static == 0)
    ...
```

위와 같이 작성하고 쓰면 된다.

필드는 int의 경계를 넘으면 안 된다. 만약 그런 일이 생긴다면(중첩된다면) 필드는 다음 int의 경계에 정돈된다.

필드는 이름이 없어도 된다. 기억장소의 시작 위치를 맞추기 위해 콜론과 크기만 있는 이름 없는 필드가 사용되기도 한다. 특수하게 크기가 0인 필드가 있는데, 이것은 다음 int의 경계와 맞추기 위해 사용된다.

필드의 사용에는 여러 가지 주의할 점이 있는데 가장 중요한 것은 왼쪽에서 오른쪽으로 지정된 기종도 있고, 오른쪽에서 왼쪽으로 지정된 기종도 있다는 점이다. 이것은 필드가 내부적으로 정의된 자료구조를 유지하는 데 매우 유용하지만, 외부적으로 정의된 자료를 분해할 때는 어느 쪽 끝이 먼저인가를 고려해야 함을 의미한다. 그러한 것에 관련된 프로그램은 다른 기종에 옮기기가 힘들다(호환성이 없다). 필드는 단지 int만으로도 정의될 수 있지만, 호환성을 유지하기 위해서 signed인지 unsigned인지를 명확히 구별할 필요가 있다. 그것들은 배열될 수 없으며, 주소도 갖지 않기 때문에 그들에 대해서 & 연산자도 적용될 수 없다.

CHAPTER 7

입력과 출력

입력과 출력 기능은 C 언어 자체에서 제공하지 않으므로 그 기능을 강조하지 않았다. 그럼에도 불구하고 실제적인 프로그램은 앞에서 소개한 것보다 더욱 복잡하게 주위 환경과 상호작용을 한다. 이 장에서는 표준 라이브러리와 입출력 시스템에 제공하기 위해 설계된 함수와 문자열 조작(string handling), 기억장치관리(storage management), 수학적 루틴(mathematical routines)과 C 프로그램을 위한 다른 여러 함수들을 기술하고자 한다. 그중에서도 입력과 출력에 대해 집중적으로 기술한다.

ANSI의 표준은 이 라이브러리 함수들을 세밀하게 정의하는데, "현존하는 어떠한 C 시스템과 서로 호환성을 가져야 된다."라고 정의하고 있다. 표준 라이브러리에 의해 제공된 함수를 사용하여 만들어진 프로그램을 변경하지 않은 상태에서도 다른 시스템에서도 똑같이 동작해야 한다는 말이다.

라이브러리 함수의 속성은 12개 이상의 헤더에서 자세히 설명하였다. 이것들은 〈stdio.h〉, 〈string.h〉, 〈ctype.h〉 등인데 벌써 여러 번 소개하였다. 여기서는 모든 라이브러리를 소개하지 않을 것이다. 왜냐하면 이 장의 목적은 C 프로그램을 작성할 때 이 헤더들을 어떻게 설명하는지를 설명하는 데 있기 때문이다. 라이브러리는 부록 B에서 자세히 설명하였다.

7.1 표준 입력과 출력

제1장에서 말한 바와 같이 표준 라이브러리의 함수를 사용하여 텍스트(text)의 입력과 출력의 간단한 동작을 실행할 수 있다. 문자 stream은 여러 개의 행으로 구성되는데, 각 행의 끝에는 행바꿈 문자가 있다. 라이브러리의 함수는 행바꿈 문자 또는 리턴키 등에 적절히 대응하는 동작을 해야 한다. 가장 간단한 입력방법은 보통의 키보드로 표준 입력의 getchar를 이용하여 한 번에 한 문자씩 읽어 들이는 것이다.

```
int getchar(void)
```

getchar는 그것이 호출될 때마다 다음의 입력 문자를 넘겨주고 파일의 끝을 만나면 EOF라는 값을 넘겨준다. EOF는 상수인데 <stido.h>에 정의되어 있다. 그 값은 −1로 정의되지만 기계에 따라 다를 수도 있으므로 −1을 직접 사용하는 것보다는 EOF를 사용하는 것이 좋다.

대부분의 환경에서는 <을 이용하여 키보드 대신에 파일을 이용할 수 있게 한다(redirection). 만약 prog라는 프로그램 내에서 getchar가 사용되었다면, infile이라는 파일로

부터 prog가 문자를 읽어 들이게 하기 위해 다음과 같이 한다.

```
prog <infile
```

prog 프로그램 내에서는 입력이 어디로부터 오는지에 대해 신경 쓰지 않아도 좋다. 그리고 "<infile"은 argv 안에 있는 명령 라인 매개변수(argument)에 포함되지 않는다. 입력 전환(redirection)은 만약 입력이 다른 프로그램으로부터 온다 해도(파이프라는 방식을 사용해서) 밖에서는 보이지 않는다. 일부 시스템에서 명령 라인(command line)

```
otherprog ¦ prog
```

은 otherprog와 prog라는 두 프로그램을 실행시키고 otherprog의 표준 출력을 prog의 표준 입력으로 되게 한다.

함수

```
int putchar(int)
```

은 출력으로 사용된다. putchar(c)는 문자 c를 표준 출력인 스크린에 보낸다. putchar는 문자를 출력하는데, 에러 발생 시에는 EOF를 리턴한다. 출력은 >file name에 의해 파일로 방향 전환이 가능하다. prog가 putchar를 사용하는 경우

```
prog >outfile
```

와 같이 해 주면 표준 출력 대신 outfile을 쓸 것이다. 만일 파이프 기능이 있다면

```
prog ¦ anotherprog
```

은 anotherprog의 표준 입력에 prog의 표준 출력을 집어넣는다. printf에 의해 생성된 출력 또한 표준 출력이 된다. putchar와 printf의 호출이 적당히 혼합되어 있는 경우, 그들의 호출 순서에 따라 출력이 나온다.

입력/출력 라이브러리 함수를 사용하는 프로그램의 시작 부분에는 다음 행이 반드시 있어야 한다.

```
#include <stdio.h>
```

이때 이름은 <와>를 사용하여 묶는데 이것은 표준 지정장소에 stdio.h 파일이 있다는 뜻이다(예 : unix systems에서는 대표적으로 / usr / include 디렉토리이다).

대부분의 프로그램은 하나의 입력 stream에서만 읽어 들이고 하나의 출력 stream으로만 출력시킨다. getch, putchar, printf만 사용해도 이런 프로그램을 작성할 수 있다. 한 프로그램의 출력을 다음 프로그램의 입력으로 연결시키기 위해 방향전환(redirection)을 사용한다면 입력 하나 출력 하나로도 많은 일을 할 수 있다. 예를 들어, 입력을 소문자로 바꾸어 주는 lower라는 프로그램을 생각해 보자.

```
#include <stdio. h>
#include <ctype. h>                        소문자 변환함수

main( )     /* lower: convert input to lower case */
{
    int c;

    while ((c = getchar( )) != EOF)
        putchar(tolower(c));
    return 0;
}
```

함수 tolower는 <ctype.h>에서 정의되어 있다. 이것은 다른 문자는 건드리지 않고 대문자를 소문자로만 바꾸어 준다.

앞에서 이미 언급했던 <stdio.h>에 있는 getchar와 putchar와 같은 "함수"와 <ctype.h>에 있는 tolower들은 "매크로(macro)"이다. 8.5절에서 이들이 어떻게 작용하는가를 보여 줄 것이다. 어떤 특정 기계에 <ctype.h> 함수가 어떤 식으로 구현되었는지 모르더라도 이들을 사용하는 프로그램은 아무 문제 없이 사용할 수 있다.

예제 7-1 대문자는 소문자로 또는 소문자는 대문자로 변환시키는 프로그램을 작성하되, argv[0]에서 찾아낸 이름을 사용하라.

7.2 형식화된 출력 : printf

출력함수 printf는 내부의 수치 값을 문자로 바꾸어 준다. 이 전의 장들에서는 간단한 방법으로 printf를 사용하였다. 여기서 설명된 사항들은 많이 쓰이는 전형적인 사례만을 언급하였다. 전반적인 설명은 부록 B를 참고하기 바란다.

```
int printf(char *format, arg1, arg2,...)
```

printf는 format이라는 문자열의 제어하에서 표준 출력 장치에 매개변수를 변환하고 형식화한 다음 출력시키고 출력된 문자의 개수를 리턴한다. 출력형식 제어 문자열(format)은 두 종류의 대상체를 포함한다. 하나는 출력될 보통 문자이고 또 다른 하나는 출력형식을 정해주는 문자인데 매개변수를 지정된 형태로 변환시켜 printf로 출력하게 한다. 변환문자의 앞에는 %를 붙인다. %와 변환문자 사이에는 다음과 같은 것이 순서대로 올 수 있다.

- 변환된 매개변수를 왼쪽에 맞추어 출력하게 하는 마이너스 부호
- 최소 너비를 지정하는 숫자. 변환된 매개변수는 적어도 이 너비로 출력된다. 만일 필요하다면 왼쪽 또는 오른쪽의 폭을 맞추기 위해 다른 것(공백 또는 0)으로 채워진다.
- 유효숫자를 나타내는 마침표(.)
- 정밀도를 나타내는 숫자. 이 숫자는 문자열을 출력하는 경우 그 최대 길이를, 실수 값인 경우는 소수점 이하 숫자 길이를, 정수 출력의 경우는 최소 숫자 길이를 나타낸다.
- 만일 정수가 short로 출력되어야 하면 h, long으로 출력시키려면 소문자 l을 쓴다.

변환문자는 표 7.1에 나타내었다. 만일 % 뒤의 문자가 변환문자가 아닌 경우는 동작이 정의되어 있지 않다.

표 7.1 기본 printf 변환

문자	변수 형태 : 출력된 형태	
d, i	int	10진수
o	int	부호 없는 8진수
x, X	int	부호 없는 16진수(앞에 0x나 0X가 없는), 10, … 15에 대해 abcdef나 ABCEDF를 사용한다.
u	int	부호 없는 10진수
c	int	단일문자
s	char *	문자열로부터 '\0'가 있을 때까지 문자가 출력되거나 정밀도에 의해 주어진 문자수만큼 문자가 출력된다.
f	double	[-]*m, dddddd* 여기서 *d*의 수는 정밀도에 의해서 주어진다(기본 설정 값은 6이다).
e, E	double	[-]*m, dddddd* e±*xx* 또는 [-]*m, ddddddE*± xx, 여기서 *d*의 수는 정밀도에 의해 주어진다(기본 설정 값 6),
g, G	double	만일 지수가 주어진 정밀도 이상이거나 -4보다 작으면 %e나 %E를 사용하고 그렇지 않다면 %f를 사용한다. 뒤에 붙는 0과 소수점은 출력되지 않는다.
p	void *	포인터(시스템에 따라 표현이 다름)
%	변환되지 않는다.	%를 출력

폭(정밀도)은 *로도 표현될 수 있는데, 그러면 출력형태는 출력될 매개변수에 의해 결정된다. 예를 들면, 문자열 s로부터 max 문자를 출력한다.

```
printf("%.*s", max, s);
```

대부분의 출력형 변환은 앞에서 설명하였지만 여기서 더 자세히 설명하기로 한다.

다음의 표는 "hello, world"(12문자)를 출력시키는 데 있어서의 여러 가지 변환효과를 나타내었다. 각각 필드의 주위에 콜론(:)을 찍어서 그들의 범위를 알 수 있게 하였다.

```
:%s:          :hello, world:
:%10s:        :hello, world:
:%.10s:       :hello, wor:
:%-10s:       :hello, world:
:%.15s:       :hello, world:
:%-15s:       :hello, world   :
```

```
:%15.10s:        :     hello, wor:
:%-15.10s:       :hello, wor     :
```

printf는 매개변수의 개수와 그들의 형태가 무엇인지를 결정하기 위해 첫 번째 매개변수를 이용한다. 만일 매개변수가 충분치 않거나 형(type)이 틀렸을 경우에는 혼란을 일으키게 되어 무의미한 결과를 얻게 된다. 다음의 두 호출 사이의 차이가 뭔지 잘 보기 바란다.

```
printf(s);            /* FAILS if s contains % */
printf("%s", s);      /* SAFE */
```

sprintf 함수는 printf가 행하는 같은 변환을 행하지만, 출력을 문자열(string)에 저장하는 것이 다른 점이다.

```
int sprintf(char *string, char *format, arg1,arg2, ...)
```

sprintf는 arg_1, arg_2 등의 매개변수를 printf와 같은 방법으로 형식화시킨다. 하지만 표준 출력 대신에 문자열에 결과를 저장한다. 문자열은 결과를 수용할 만큼의 충분한 크기여야 한다.

예제 7-2 임의의 입력을 알아볼 수 있는 형태로 출력시키는 프로그램을 작성하라. 그래픽 문자가 들어오면 8진수나 16진수로 출력시켜야 하며, 긴 행은 적당한 길이로 끊어서 출력해야 한다.

7.3 가변 길이의 매개변수 리스트

이 절에서는 printf의 최소 버전인 minprintf를 소개한다. 이 함수는 가변 길이 매개변수를 포터블(portable : 다른 컴퓨터 상에도 쉽게 이식 가능한)하게 처리할 수 있는 함수이다.

설명하고자 하는 것은 매개변수의 처리이므로 minprintf를 호출하여 사용하도록 한다.

printf에 대한 선언은 다음과 같다.

```
int printf(char *fmt , ...)
```

여기서 ...의 의미는 매개변수의 형과 개수가 변할 수 있음을 뜻하며, ...은 매개변수 리스트의 끝에만 나타낼 수 있다. minprintf는 다음과 같이 정의한다.

```
void minprintf(char *ftm, ...)
```

표준 헤더 <stdarg.h>는 매개변수 리스트를 어떤 식으로 처리하느냐가 정의된 매크로를 포함하고 있다. 이 헤더는 기종마다 다르게 만들어지지만 헤더를 사용하는 방법은 기종에 상관없이 동일하다.

va_list 형(type)은 매개변수를 차례로 가리키는 포인터 변수를 정의할 때 사용된다. minprintf에서 이 변수는 매개변수 포인터(argument pointer)의 첫 글자만을 따서 ap라 명명했다. 매크로 va_start는 첫 번째 이름 없는 매개변수를 가리키도록 ap의 초깃값을 설정한다. ap가 사용되기 전에 va_start를 한 번 호출해야 하고 매개변수 중에서 이름을 가진 것이 적어도 하나는 있어야 한다. 이름 붙여진 매개변수 중 마지막 것은 va_start를 시작하기 위해 사용된다.

va_arg를 호출하면 하나의 매개변수를 리턴하고 ap가 다음 매개변수를 가리키게 한다. va_arg는 어떤 형이 리턴될 것이며, ap가 얼마나 전진해야 될지를 결정하기 위해 형 이름을 참고한다. 마지막으로 va_end는 청소작업을 한다. 이것은 함수가 리턴되기 전에 호출되어야 한다.

이런 동작을 하는 minprintf 함수는 다음과 같다.

```
include <stdarg. h>

/* minprintf:  minimal printf with variable argument list */
void minprintf(char *fmt, ...)
{
    va_list ap;     /* points to each unnamed arg in turn */
    char *p, *sval;
    int ival;
```

```
    double dval;

    va_start(ap, fmt); /* make ap point 1st unnamed arg */
    for (p = fmt; *p; p++) {
        if (*p != '%') {
            putchar(*p);
            continue;
        }
        switch (*++p) {
        case 'd':
            ival = va_arg(ap, int);
            printf("%d", ival);
            break;
        case 'f';
            dval = va_arg(ap, double);
            printf("%f", dval);
            break;
        case 's':
            for (sval = va_arg(ap, char *); *sval; sval++)
                putchar(*sval);
            break;
        default:
            putchar(*p);
            break;
        }
    }
    va_end(ap);   /* clean up when done */
}
```

예제 7-3 printf의 다른 기능을 더 추가하여 minprintf를 재작성하라.

7.4 형식화된 입력 : scanf

함수 scanf는 printf와 사용방법이 유사한 함수인데, 출력함수가 아니고 입력함수이다.

```
int scant(char *format, ...)
```

scanf는 표준 입력으로부터 문자를 읽어 들여서 fotmat의 변환형식에 따라 그들을 해석하고 매개변수에 결과를 저장한다.

변환형식 지정 매개변수가 아닌 보통의 매개변수는 입력되는 문자가 위치해야 하는 곳을 가리키는 포인터여야 한다. scanf는 변환형식 지정 문자열을 다 사용했거나 형식에 맞지 않게 입력이 들어왔을 때 멈추게 된다. scanf는 성공리에 대응된 것들의 개수와 할당된 입력 항목의 개수를 리턴한다. 리턴 값은 항목이 몇 개나 발견되었는지를 알아내는 데 사용된다. 파일의 끝에 가면 EOF를 리턴한다. EOF는 다음 입력 문자가 변환형식 지정 문자열과 대응되지 않는 입력이 들어왔을 때 나타나는 0과는 다르다. 표준 입력 대신 문자열로부터 읽어 들이는 함수 sscanf도 있다.

```
int sscanf(chat *string, char *format, arg1, arg2, …)
```

이것은 format에 있는 형식을 따라 문자열을 조사하고 arg_1, arg_2 등에 결과 값을 저장한다. 이들 매개변수는 포인터여야 한다. 변환형식을 나타내는 문자열은 입력 결과의 해석을 위해 사용된다. 변환형식 지정 문자열은 다음 항목을 포함한다.

- 공백 또는 탭. 이는 무시된다.
- %를 제외한 보통 문자들
- %변환문자, 변환이 없음을 알리는 *, 최대 자릿수를 표시하는 숫자, short이냐 long이냐를 정해 주는 h, 1, L

표 7.2 기본 scanf 변환

문자	입력 DATA : 매개변수 TYPE
d	10진수 정수 : INT *
i	정수 : INT *. 정수는 8진수(숫자 앞에 0) 또는 16진수(앞에 0x, 0X)가 될 수도 있다.
o	8진수 정수(앞에 0이 있거나 없는) : int *
u	부호 없는 10진수 정수 : unsigned int *
x	16진수 정수(앞에 0x나 0X가 있거나 없는) : int *
c	문자 : char *. white space의 뛰어넘기는 하지 않는다. 다음의 non-white space 문자를 읽어 들이려면 %1s를 사용한다.
s	문자열 : char *, 문자열을 위한 충분한 크기의 문자 배열을 가리킨다. 문자열 끝에는 '\0'을 붙인다.
e, f, g	부호, 10진 포인터(decinal point)와 지수를 선택적으로 가질 수 있는 부동소수점수 : float *
%	문자 % : 지정은 이루어지지 않는다.

보통 결과는 대응되는 매개변수가 가리키는 변수에 저장되지만, 변환형식 * 문자에 의해 지정된다면 입력 항목은 건너뛰게 된다. 즉 지정은 이루어지지 않는다. 입력 필드는 non-white space 문자(공백, 탭 등이 아닌 문자)의 문자열로 정의되고 다음의 white space 문자까지 또는 필드 너비가 명시되었을 경우에는 필드 폭까지 필드가 된다. 행바꿈 문자는 white-space이므로 scanf는 입력을 찾기 위해 행의 경계를 뛰어넘어 읽을 것임을 의미한다[white space 문자는 공백, 탭, 행바꿈 문자(newline), 캐리지 리턴(carriage return) 수직 탭, formfeed 이다]. 변환문자는 입력 필드를 읽는 형식을 지정한다. C에서 매개변수 전달은 call by value 이므로 매개변수는 반드시 포인터여야 한다. 표 7.2에 변환문자를 나타내었다.

변환문자 d, i, o, u와 x의 앞에는 h나 l을 붙일 수 있는데, h는 short을 의미하고 l은 long을 의미한다. 마찬가지로 변환문자 e, f와 g의 앞에 매개 l을 붙여 double임을 나타낼 수 있다. 첫 번째 예로 제4장의 초보적인 계산기 프로그램을 scanf를 사용하도록 다시 작성한 것을 보인다.

```
#include    <stdio.h>

main( ) /* rudimentary calculator */
```

```
{
    double sum, v;

    sum = 0;
    while (scanf("%lf", &v) == 1)
        printf("\t%.2f\n", sum += v);
    return 0;
}
```

다음과 같은 형태의 날짜 데이터를 읽기를 원한다면

```
25 Dec 1988
```

scanf 명령문을 다음과 같이 쓴다.

```
int day, year;
char monthname[20];

scanf("%d %s %d", &day, monthname, &year);
```

&은 monthname에 사용하지 않는다. 왜냐하면 배열 이름은 그 자체가 포인터이기 때문이다. 변환형식 지정 문자열에 보통의 문자가 올 수도 있는데, 입력에서 같은 문자가 들어와야 한다. 그러므로 scanf 함수로 날짜를 mm/dd/yy 형태로 읽을 수 있다.

```
int day, month, year;

scanf("%d/%d/%d", &month, &day, &year);
```

scanf는 변환형식 지정 문자열에 있는 공백과 탭을 무시한다. 또 scanf는 white space(공백, 탭, newline 등)를 무시한다. 여러 가지 형태의 입력을 읽기 위해서는 한 번에 한 줄을 모두 읽는 것이 가장 좋다. 다음에 sscanf에 의해 분해해서 읽어 들인다. 예를 들어, 위의 두 형태 중 어떤 날짜 형태라도 읽을 수 있는 것을 원한다면 다음과 같이 쓸 수 있다.

```
while (getline(line, sizeof(line)) > 0) {
    if (sscanf(line, "%d %s %d", &day, monthname, &year) == 3)
        printf("valid: %s\n", line);    /* 25 Dec 1988 form */
    else if (sscanf(line, "%d/%d/%d", &month, &day, &year) == 3)
        printf("valid: %s\n", line);    /* mm/dd/yy form */
    else
        printf("invalid: %s\n", line);  /* invalid form */
}
```

scanf 함수로 읽은 다음 다른 입력함수를 호출하면 그 함수는 scanf가 읽은 바로 다음부터 읽게 된다.

한 번 더 강조하는데, scanf와 sscanf의 매개변수는 반드시 포인터여야 한다. 즉,

```
scanf("%d", n);
```

가 아니라

```
scanf("%d", &n);
```

로 쓰는 것이다. 이 실수는 컴파일할 때도 일반적으로 발견되지 않는다.

예제 7-4 앞 절에서의 minprintf와 비슷한 scanf의 기본적인 프로그램을 작성하라.

예제 7-5 4.3절의 계산기 프로그램을 scanf, sscanf를 사용하여 다시 작성하라.

7.5 파일 액세스

이제까지의 예는 표준 입력과 표준 출력에 의해 입출력되었는데 이들은 각 운영체제에 의해 자동 연결된 것이다. 다음 단계로 프로그램에 자동 연결되어 있지 않은 파일을 액세스하는 프로그램을 작성키로 하자. 이런 작업을 필요로 하는 프로그램으로 cat이 있다. cat은 여러 개 파일의 내용을 표준 출력으로 보낸다. 즉 몇 개 파일의 내용을 모아서 화면에 표시해 준다. 예를 들어, 명령

```
cat x.c y.c
```

은 표준 출력(즉, 화면)에 x.c 파일과 y.c의 내용을 출력한다.

문제는 x.c나 y.c 같은 파일 이름을 프로그램 내에서 어떻게 처리하느냐 하는 것이다.

규칙은 간단하다. 읽거나 쓰기 전에 파일은 라이브러리 함수 fopen에 의해 열려야 한다. fopen는 x.c나 y.c와 같은 외부명칭을 받아들여 운영체제와 적절한 유지 및 절충(상세한 것은 생각할 필요가 없음)을 행하고 다음 조치로 파일을 쓰고 읽기 위해 사용하는 포인터를 리턴한다.

이 포인터는 파일 포인터라고 불리며 파일에 관한 정보를 포함하는 구조체를 가리키는데, 이 구조체에는 버퍼(buffer)의 위치와 버퍼 내에서의 문자의 위치 또한 파일이 읽기 위한 것인지 쓰기 위한 것인지, 에러나 EOF를 만나지 않았는지 등의 정보가 들어 있다. 사용자는 세부 사항을 알 필요는 없다. 왜냐하면 <stdio.h>에 있는 표준 입출력 정의 중에는 FILE이라는 구조체 정의(structure definition)가 있기 때문이다. 파일 포인터를 위해선 단지 다음과 같은 선언만 하면 된다.

```
FILE *fp;
FILE *fopen(char *name, char *mode);
```

여기서 fp는 FILE을 가리키는 포인터이고 fopen은 FILE을 가리키는 포인터를 리턴한다. FILE은 구조체의 이름이 아니라 형의 이름이며, typedef에 의해 구현된다(어떻게 fopen이 UNIX 시스템에 이식되었는가에 대한 자세한 내용은 8.5절에 있다).

프로그램에서 fopen의 호출은

```
fp = fopen(name, mode);
```

와 같이 한다.

fopen의 첫째 매개변수는 문자열로 표현된 파일의 이름이고, 둘째 매개변수는 문자열로 표현된 모드(mode)인데, 입력("r"), 출력("w"), 첨가("a")가 있다. 몇몇 시스템에서는 text와 2진수 파일(binary file)을 구별한다. 이런 경우에 2진수라는 것을 나타내기 위해 "b"를 사용한다.

만약 출력과 첨가를 위한 파일이 열려(open) 있지 않으면 파일은 새로 만들어진다. 출력을 위해 이미 존재하는 파일을 열면 기존의 내용은 지워진다. 존재하지 않는 파일을 읽기 위해 여는 것은 에러이며, 에러에는 허가되지 않는 파일을 읽을 경우 등 여러 가지 원인이 있을 수 있다. 만약 에러가 있을 때 fopen은 NULL을 리턴한다. (이 에러는 더 정확하게 구별될 수 있다. 부록 B의 1절 끝에 있는 에러 취급 함수의 설명을 보라.)

다음으로 필요한 것은 열린 파일을 읽거나 쓰는 방법이다. 이를 위한 방법에는 여러 가지가 있는데 그중 getc와 putc가 가장 간단하다. getc는 파일로부터 다음 문자를 읽어 리턴한다. getc에서는 사용하는 파일을 알려 주는 파일 포인터가 필요하다.

```
int getc(FILE *fp)
```

getc은 fp에 의해 지정된 파일로부터의 입력을 한 번 호출에 한 문자씩 리턴한다. 파일의 끝이거나 에러가 발생하면 EOF를 리턴한다.

```
int putc(int c, FILE *fp)
```

putc는 문자 c를 fp 파일로 출력하고 출력된 문자를 리턴한다. 에러가 발생했다면 EOF를 출력한다. getchar와 putchar처럼 getc와 putc는 함수 대용의 매크로일 수도 있다.

C 프로그램이 처음 수행될 때, 운영 시스템의 환경은 세 개의 파일을 자동적으로 열고 세 개 파일을 위한 포인터를 배정한다. 이 파일들은 표준 출력, 표준 입력과 표준 에러 출력이다. 이에 대응하는 파일 포인터는 stdin, stdout, stderr로 불리고, <stdio.h>에서 선언되어 있다. 대개 stdin은 키보드에 연결되어 있고, stdout과 stderr는 스크린에 연결되어 있지만 stdin과 stdout은 7.1절에서 설명한 것처럼 파일이나 파이프(pipe)로 방향을 바꿀 수 있다.

getchar와 putchar은 다음과 같이 getc, putc, stdin과 stdout로 정의될 수도 있다.

```
#define getchar( ) getc(stdin)
#define putchar(c) putc((c), stdout)
```

파일의 정형화된 입력과 출력을 수행하기 위해 fscanf와 fprintf가 사용될 수 있다. 첫 번째 매개변수가 입력과 출력을 나타내는 파일 포인터인 것을 제외하면 scanf나 printf와 동일하다. 변환지정 문자열은 두 번째 매개변수이다.

```
int fscanf(FILE *fp, char *format, ... )
int fprintf(FILE *fp, char *format, ... )
```

위와 같은 예비적인 지식을 갖추었으므로 이제는 파일의 내용을 원하는 곳으로 보내 주는 cat 프로그램을 작성할 준비가 되었다. 편리하다고 인정되는 일반적인 방법을 사용하여 다음과 같은 프로그램을 작성했다. 만약 명령 라인(command line) 매개변수가 있다면, 이들을 파일 이름이나, 기타 지시를 위한 변수로 해석하고, 만약 명령 라인 매개변수가 없다면 표준 입력으로 처리된다.

```
#include <stdio.h>

/* cat: concatenate files, version 1 */          파일 내용 보내기 프로그램
main(int argc, char *argv[ ])
{
    FILE *fp;
    void filecopy(FILE *, FILE *);

    if (argc == 1)   /* no args; copy standard input */
        filecopy(stdin,stdout);
    else
        while (--argc > 0)
            if ((fp = fopen(*++argv, "r")) == NULL) {
                printf("cat: can't open %s\n", *argv);
                return 1;
            } else {
```

```
            filecopy(fp, stdout);
            fclose(fp);
        }
    return 0;
}


/* filecopy: copy file ifp to file ofp */
void filecopy(FILE *ifp, FILE *ofp)
{
    int c;

    while ((c = getc(ifp)) != EOF)
        putc(c, ofp);
}
```

파일 포인터인 stdin과 stdout은 FILE * 형으로 되어 있다. 그들은 변수가 아니고 상수이므로 그것에 어떤 값을 지정하는 것은 불가능하다. 다음의 함수는

```
int fclose(FILE *fp)
```

fopen의 역기능을 가진다. 이 함수는 fopen에 의해 설정된 외부형 이름(external name)과 파일 포인터 사이의 접속상태를 해제하고 파일 포인터를 다른 파일에 재사용 가능케 한다. 대부분의 운영체제가 동시에 열 수 있는 파일 수를 제한하고 있기 때문에 cat에서처럼 사용하지 않는 파일 포인터는 다른 프로그램이 사용할 수 있게 양보하는 것이 좋다. fclose를 출력파일에 작용시키는 또 다른 의미는 putc의 출력문자를 저장하는 버퍼를 없애 준다는 것이다. fclose는 프로그램이 정상적으로 끝났을 때는 각자의 열린 파일에 대해 자동적으로 호출된다. (만약 stdin과 stdout이 필요치 않으면 이것을 닫아 버릴 수도 있다. 그들은 라이브러리 함수 freopen에 의해 재지정될 수 있다.)

7.6 에러 처리 : stderr와 exit

cat 함수의 에러 처리 방법은 그다지 좋은 편이 아니다. 만약 파일 중 하나가 어떤 이유로 액세스될 수 없을 때 에러 메시지가 출력문의 끝에 나타난다. 이런 출력이 화면상에서 나타난다면 별문제가 없지만 파이프라인을 통해 다른 파일이나 프로그램에 들어가면 곤란하게 된다.

위의 문제를 해결하기 위해서 stderr로 불리는 또 하나의 stream을 stdin이나 stdout과 같은 방법으로 프로그램에서 지정한다. 표준 출력의 방향이 다시 지정되더라도 stderr의 에러문은 화면상에 나타나게 된다.

위의 것을 이용하여 cat를 표준 에러 파일에 에러 메시지를 나타내도록 해 보자.

```
#include <stdio.h>

/* cat:  concatenate files, version 2 */        파일 내용 보내기 프로그램
main(int argc, char *argv[ ])
{
    FILE *fp;
    void filecopy(FILE *, FILE *);
    char *prog = argv[0];    /* program name for errors */

    if (argc == 1)  /* no args; copy standard input */
        filecopy(stdin, stdout);
    else
        while (--argc > 0)
            if ((fp = fopen(*++argv, "r")) == NULL) {
                fprint(stderr, "%s: can't open %s\n",
                    prog, *argv);
                exit(1);
```

```
            } else {
                filecopy(fp, stdout);
                fclose(fp);
            }
    if (ferror(stdout)) {
        fprintf(stderr, "%s: error writing stdout\n", prog);
        exit(2);
    }
    exit(0);
}
```

이 프로그램은 두 가지 방법으로 에러를 알린다. 첫째, fprintf에 의해 만들어진 에러 메시지를 stderr로 보내면 에러 메시지가 사용자의 화면에 나타나게 된다. 프로그램 이름을 argv[0]로부터 포함했으므로, 이 프로그램이 다른 것과 함께 사용되더라도 에러의 근원지는 구별된다.

둘째, 표준 라이브러리 함수 exit를 사용하는 방법이다. 그런데 이것이 호출되면 프로그램의 수행이 끝나게 된다. exit의 리턴 값은 다른 프로그램에서도 사용할 수 있으므로 그 프로그램 수행의 성공 여부를 검사하는 프로그램을 작성할 수 있다. exit가 0 값을 리턴하면 모든 게 잘되고 있는 것이고, 0이 아닌 값을 리턴하면 대개 비정상적이라는 암시를 나타낸다. exit는 열린(open) 파일에 대해 fclose를 호출하여 버퍼를 지우고 파일을 닫는다(close).

main 함수에서는 return *expr*이라고 표현하는 것과 exit(*expr*)라고 표현하는 것은 똑같다. 그러나 exit는 다른 함수로부터 호출할 수 있는 유리한 점을 가지고 있다. 함수 ferror는 fp에 에러가 발생한다면 0이 아닌 값을 리턴한다.

```
int ferror(FILE *fp)
```

출력 에러는 매우 드물긴 하지만 발생할 여지가 있다(예 : 디스크가 꽉 차 있을 경우). 그렇기 때문에 프로그램에서 이 점을 잘 검사해야 한다. 함수 feof (FILE *)는 ferror의 유사형이다. 이 함수는 파일의 끝을 발견하면 0이 아닌 값을 리턴한다.

```
int feof(FILE *fp)
```

여기서 예를 든 프로그램에서는 exit의 리턴 값에 주의하지 않았지만, 고수준의 프로그램에서는 리턴 값 상태에 주의를 기해야만 한다.

7.7 행 입출력

표준 라이브러리는 이전의 장들에서 사용한 getline 함수와 유사한 fgets 입력함수를 가지고 있다.

```
char *fgets(char *line, int maxline, FILE *fp)
```

fgets는 다음 입력행('\n'을 포함한)을 파일 fp로부터 문자열(즉, 문자 배열)인 line에 읽어 들이는데, 최대 maxline-1 문자를 읽을 수 있다. 입력 완료된 라인은 '\0'에 의해 종료된다. 보통 fgets는 line을 리턴하는데, 파일의 끝이거나 에러를 만났을 시에는 NULL을 리턴한다. (getline 함수는 행의 길이를 리턴시키는데 이것이 더 쓸모 있는 값이다. 0은 파일의 끝을 의미하게 된다.)

출력함수 fputs는 '\0'을 포함하지 않는 문자열을 파일에 출력시킨다.

```
int fputs(char *line, FILE *fp)
```

에러가 발생하면 EOF를 리턴하고, 나머지 경우에는 0을 리턴한다.

라이브러리 함수 gets와 puts는 fgets나 fputs와 유사하지만 stdin과 stdout에 작용되는 것이 다른 점이다. 혼란스럽게도 gets는 마지막의 '\n'을 제거하지만, puts는 그것을 추가한다.

여기에서 fgets나 fputs와 같은 함수가 별로 특별한 점이 없다는 것을 보여 주기 위해 프로그램 리스트를 다음에 실었다.

```
/* fgets:   get at most n chars from iop */
char *fgets(char *s, int n, FILE *iop)
```

```
{
    register int c;
    register char *cs;

    cs = s;
    while (--n > 0 && (c = getc(iop)) != EOF)
        if ((*cs++ = c) == '\n')
            break;
    *cs = '\0';
    return (c == EOF && cs == s) ? NULL : s;
}

/* fputs:  put string s on file iop */
int fputs(char *s, FILE *iop)
{
    int c;

    while (c = *s++)
        putc(c, iop);
    return ferror(iop) ? EOF : 0;
}
```

특별한 이유는 없지만 ferror과 fputs의 리턴 값은 다르게 되어 있다. fgets를 사용해서 getline을 작성하는 것은 어렵지 않다.

```
/* getline:  read a line, return length */
int getline(char *line, int max)
```

```
{
    if (fgets(line, max, stdin) == NULL)
        return 0;
    else
        return strlen(line);
}
```

예제 7-6 두 파일을 비교하여 내용이 다른 첫 번째 행을 출력하게 하는 프로그램을 작성하라.

예제 7-7 제5장의 패턴 찾는 프로그램을 수정하되 입력은 이름이 정해진 파일에서 받아들이거나, 파일 이름이 매개변수로 주어지지 않으면, 표준 입력으로 받아들이도록 하라. 패턴이 일치하는 행이 발견될 때 파일 이름을 출력하게 할 수 있는가를 알아보라.

예제 7-8 여러 개의 파일을 출력시키는 프로그램을 작성하라. 각 프로그램은 새 페이지에서 시작해야 하고 프로그램 위에 파일 이름이 출력되고 프로그램마다 1부터 시작하도록 페이지 번호를 붙인다.

7.8 기타 기능의 함수

표준 라이브러리는 상당히 다양한 함수를 제공한다. 이 절에서는 그중 자주 쓰이는 것에 대해 설명하였다. 많은 다른 함수에 대한 상세한 설명은 부록 B에서 찾을 수 있다.

7.8.1 문자열 조작

<string.h>에 있는 strlen, strcpy, strcat, strcmp 등의 문자열 함수에 대해서는 이미 언급하였다. 다음 예시에서 s와 t는 char *이고, c와 n은 int이다.

`strcat(s,t)`	t를 s의 끝에 연결시킨다.
`strncat(s,t,n)`	t 중의 n개 문자를 s의 끝에 연결시킨다.
`strcmp(s,t)`	s<t, s==t나 s>t에 대해 -, 0, +로 리턴한다.
`strncmp(s,t,n)`	strcmp와 같은데 단지 처음의 n개의 문자만 비교한다.
`strcpy(s,t)`	s에 t를 복사한다.
`strncpy(s,t,n)`	t의 n개 문자를 s에 복사한다.
`strlen(s)`	s의 길이를 리턴한다.
`strchr(s,c)`	s에서 첫 번째 c의 포인터를 리턴하거나 존재하지 않으면 NULL을 리턴한다.
`strrchr(s,c)`	s에서 마지막 c의 포인터를 리턴하거나 존재하지 않으면 NULL을 리턴한다.

7.8.2 문자분류와 변환

<ctype.h>의 여러 함수는 문자를 검색하거나 변환을 수행한다. 다음에서 c는 unsigned char로 나타낼 수 있는 int이거나 EOF이다.

`isalpha(c)`	c가 알파벳이면 0 아닌 숫자, 아니면 0
`isupper(c)`	c가 대문자면 0 아닌 숫자, 아니면 0
`islower(c)`	c가 소문자면 0 아닌 숫자, 아니면 0
`isdigit(c)`	c가 숫자(digit)이면 0 아닌 숫자, 아니면 0
`isalnum(c)`	isalpha(c)이거나 isdigit(c)이면 0 아닌 숫자, 아니면 0
`isspace(c)`	c가 공백, 탭, newline, 리턴, formfeed, 수직 탭이면 0 아닌 숫자
`toupper(c)`	c는 대문자로 변환된다.
`tolower(c)`	c는 소문자로 변환된다.

7.8.3 ungetc 함수

표준 라이브러리에서는 제4장에서 제시한 ungetch보다 덜 제한된 형태로 사용되는 ungetc 함수가 있다.

```
int ungetc(int c, FILE *fp)
```

는 문자 c를 파일 fp의 뒤에 붙이고 c나 EOF(에러인 경우) 중에 하나를 리턴한다. ungetc는 scanf, getc나 getchar와 같은 입력함수의 어떤 것과도 함께 사용할 수 있다.

7.8.4 명령 실행

system(char *s) 함수는 문자열 s에 포함된 명령어 라인의 명령(UNIX 명령이나 DOS 명령 등)을 실행하고 현재의 프로그램으로 다시 되돌아온다. s의 내용으로 줄 수 있는 것은 각각의 운영 시스템에 따라 다르다. UNIX 시스템의 평범한 예로 명령문

```
system("date");
```

는 프로그램 date를 실행시킨다. 이것은 표준 출력에서 그날의 시간과 날짜를 출력한다. system은 실행된 명령으로부터 시스템 의존적인 정수상태(integer status)를 리턴한다.

UNIX 시스템에서 상태 리턴(status return)은 exit 함수가 리턴하는 값이다.

7.8.5 기억장소 관리

malloc와 calloc 함수는 메모리 블록을 동적으로 얻어 낸다.

```
void *malloc(size_t n)
```

이 함수는 사용 가능한 n 바이트를 가리키는 포인터를 리턴하는데, 찾을 수 없으면 NULL을 리턴한다.

```
void *calloc(size_t n, size_t size)
```

는 지정된 크기의 n개의 대상체(object)의 배열을 위한 충분한 공간의 포인터를 리턴하거나 조건이 만족되지 않으면 NULL을 리턴한다. 저장장소는 0으로 초기화한다.

malloc나 calloc에 의해 리턴된 포인터는 기억장소 정렬(alignment)에 맞게 되어 있지만, 다음과 같이 cast를 통해 적당한 형 변환을 해 주어야 한다.

```
int *ip;
```

```
ip = (int *) calloc(n, sizeof(int));
```

free(p)는 malloc나 calloc에 의해 얻어지는 p에 의해 가리켜지는 공간을 자유공간으로 만든다. 기억장소를 자유롭게 하는 데는 아무런 순서제한이 없지만 calloc나 malloc 함수에 의존하지 않는 기억장소를 자유공간으로 하려면 예상치 못한 에러가 발생된다.

기억장소가 자유공간이 된 후에 이 장소를 그냥 사용하려 하면 에러이다. 리스트(list)에서 기억장소를 자유롭게 하기 위해 다음과 같은 loop를 사용하면 안 된다.

```
for (p= head; p != NULL; p = p->next)     /* WRONG */
    free(p);
```

다음과 같이 하는 것이 올바른 방법이다.

```
for (p = head; p != NULL; p = q) {
    q = p->next;
    free(p);
}
```

8.7절에는 malloc와 비슷한 기억장소 할당기(storage allocator)가 소개되어 있는데, 이 함수는 순서에 관계없이 기억 장소를 자유공간으로 만들 수 있다.

7.8.6 수학함수

<math.h>에는 20가지 이상의 수학적인 함수(mathematical functions)가 있는데 여기서는 자주 사용하는 것을 소개하였다. 각자는 하나 또는 두 개의 double 매개변수를 취해서 double을 리턴한다.

`sin(x)`	x의 sine, x는 라디안
`cos(x)`	x의 cosine, x는 라디안
`atan2(y,x)`	y/x의 arctangent, 라디안
`exp(x)`	지수함수 e^x
`log(x)`	자연로그(x>0)

`log10(x)`	상용로그(x>0)
`pow(x,y)`	x^y
`sqrt(x)`	x의 제곱근(x≥0)
`fabs(x)`	x의 절댓값

7.8.7 난수 발생

rand( ) 함수는 정수형 의사난수(pseudo-random) 0에서 <stdlib.h>에서 정의한 RAND_MAX까지의 범위에서 계산한다. 0보다는 크거나 같고 1보다는 작은 랜덤 부동소수점 수를 발생시키는 방법은 다음과 같다.

```
#define frand( ) ((double) rand( ) / (RAND_MAX+1.0))
```

(만일 라이브러리가 이미 부동소수점 난수에 대한 함수를 가지고 있다면 위의 것보다 통계상 특성이 더 좋을 것일 수가 많다.)

srand(unsigned) 함수는 rand 함수에게 줄 seed를 세트한다. rand와 srand의 포터블(portable 이식이 자유로운)한 형태의 구현은 2.7절에 나타나 있다.

예제 7-9 isupper와 같은 함수는 공백을 절약하거나 시간을 절약하기 위한 형태로 구현이 가능하다. 두 가능성을 조사하라.

CHAPTER 8

UNIX 시스템과의 인터페이스

UNIX 시스템은 사용자의 프로그램에 의해 호출될 수 있는데, 이러한 호출방식은 system call이라는 방법에 의해 가능하다. 이 장에서는 system call 중에서 가장 중요한 몇 가지에 대해 C를 통해서 어떻게 호출하는가를 설명하고자 한다. 이러한 기능은 프로그램의 효율성을 높일 수 있고, 라이브러리에서 제공되지 않는 기능을 프로그램에 부여할 때에도 매우 효과가 크다. 다른 운영체제를 사용해서 C로 프로그램할 때에도, 이 장에서 설명하는 것들은 유사한 방법으로 적용이 가능하다. 물론 세부적인 방법은 운영체제마다 다를 수 있다. ANSI C 라이브러리는 대부분의 경우 UNIX상에서 만들어졌으므로 예제 프로그램을 통해 라이브러리 또한 잘 이해될 수 있다.

이 장은 입출력, 파일 시스템, 기억장소 할당의 세 가지 부분으로 나누어진다. 앞의 두 부분은 독자들이 UNIX의 외부적 특성에 대해 어느 정도 친숙하다고 가정하고 설명한다.

제7장에서는 운영체제상에서 나타나는 공통적인 I/O에 관해 설명했다. 어떤 특정 시스템상의 표준 라이브러리는 수행 컴퓨터에 의해 제공되는 기능에 준하여 작성되어야 한다. 다음의 몇 절에서는 UNIX 시스템의 입출력 호출에 대해 설명하고, 표준 라이브러리가 어떤 식으로 만들어졌는지에 대해서도 설명한다.

8.1 파일 설명자

UNIX 운영체제에서는 모든 입출력이 파일을 읽고 쓰는 것으로 행해지는데, 그 이유는 키보드와 스크린을 포함해 모든 주변장치들이 파일 시스템상의 파일처럼 취급되기 때문이다. 이러한 개념은 프로그램과 주변장치 간의 인터페이스 방법을 한 가지로 통일함으로써 단순성을 부여해 준다.

대부분의 경우, 파일을 읽고 쓰기 전에 시스템에게 반드시 "파일을 연다(opening the file)"라는 작업을 해 주어야 한다. 파일을 기록하고자 할 때에는 그것을 새로 만들어 주거나 이전의 내용을 지워야 할 필요가 있다. 시스템은 파일이 존재하는지, 사용자가 그 파일에 대한 사용권한을 갖고 있는지를 판별하여, 이상이 없을 때에는 프로그램에 파일 설명자(file descriptor)라고 하는 양의 정수 값을 보내 준다. 파일에 대한 입출력 시에는 파일 이름 대신에 파일 설명자가 식별자로서 사용된다. [파일 설명자는 표준 라이브러리에서 사용되는 파일 포인터(file pointer)와 비슷하고, MS-DOS의 파일 핸들러(file handler)와 개념이 동일하다.

열린 파일은 시스템에 의해서만 관리되고, 사용자의 프로그램에서는 단지 파일 설명자만 사용 가능하다.]

키보드와 스크린에 대한 입출력은 매우 빈번히 일어나므로 이에 대해서는 특별한 배려가 되어 있다. 어떤 프로그램이 실행되면 shell이라고 하는 명령어 해석기가 표준 입력, 표준 출력 및 표준 에러 출력을 파일 설명자 0, 1, 2로 할당해 준다. 이와 같은 표준 입출력장치 0, 1, 2는 파일을 오픈할 필요 없이 사용이 가능하다.

프로그램의 사용자는 파일의 입출력을 다음과 같이 <과 >를 사용해서 방향전환을 시킬 수 있다.

```
prog <infile >outfile
```

이런 경우에 명령어 해석기(shell)는 표준 입출력 파일 설명자 0과 1을 키보드와 모니터 대신 주어진 파일 이름으로 대치한다. 파일 설명자 2는 대개가 그대로 표준 에러 출력 장치(화면)로 향해 있으므로 에러 메시지가 화면에 계속 출력된다. 이러한 규칙은 파이프 사용 시에도 그대로 적용된다. 강조할 점은 이러한 파일 할당은 shell에 의해서만 가능하고, 프로그램 자신에 의해서는 변경이 불가능하다는 점이다. 프로그램에 표준 입출력 장치인 0, 1, 2를 사용하는 한, 입력이 어디로부터 오고 어디로 나가는지는 프로그램 자신이 알 수 없게 되어 있다.

8.2 저수준의 입출력 : 읽기와 쓰기

입력과 출력은 C 프로그램의 read와 write라는 두 개의 함수를 통해 read와 write라는 UNIX의 시스템 호출로 행해지게 된다. 두 함수 모두 첫 번째 매개변수는 파일 설명자이고, 두 번째 매개변수는 읽거나 쓰일 문자배열(character array)이며, 세 번째 변수는 전송될 바이트 수이다.

```
int n_read = read(int fd, char *buf, int n);
int n_written = write(int fd, char *buf, int n);
```

이 두 함수는 호출 때마다 전송된 바이트 수를 리턴한다. 읽기 동작 시에는 요청된 개수보다 적은 바이트 수가 리턴되어 올 때도 있다. 리턴된 값이 0일 때는 파일의 끝을 나타내며, −1일 때는 에러가 발생했음을 뜻한다. 파일에 쓸 경우에 리턴된 값은 전송된 바이트 수를 나타내며, 이 값이 요청된 값과 다를 경우에는 에러가 발생한다.

한 번의 호출로 어떤 크기의 바이트 전송도 가능하다. 전송된 바이트 수가 1인 경우가 많이 있는데, 이것은 한 번에 한 글자만을 보내는 것을 의미한다(unbuffered). 1024나 4096 같은 숫자는 한 주변장치의 실제 블록 크기와 일치시키기 위해 자주 사용되는 숫자이다. 큰 숫자를 쓸수록 시스템 호출의 횟수가 적어지므로 더욱 효과적이다.

위에 나온 지식들을 이용해서 입력된 데이터를 출력시켜 보내는 간단한 프로그램을 작성해 보자. 제1장에서 쓰인 파일 복사 프로그램과 마찬가지로 표준 입출력 장치로부터 읽어서 그대로 출력해 내는 것인데, 파일이나 주변장치로 방향전환을 시킴으로써 복사기능을 수행시킬 수 있다.

```
#include "syscalls.h"

main( ) /* copy input to output */     파일 복사 프로그램
{
    char buf[BUFSIZ];
    int n;

    while ((n = read(0, buf, BUFSIZ)) > 0)
        write(1, buf, n);
    return 0;
}
```

'syscalls.h'는 시스템 호출 등에 관계된 함수들을 모아 놓은 것인데, 'syscalls.h'는 표준 include 파일이 아닌 것에 주의하라.

BUFSIZ라는 매개변수도 syscalls.h에 정의되어 있는데, 사용 시스템의 가장 좋은 크기를 반영하여 설정된다. 파일의 크기가 BUFSIZ 값의 정수배가 아닌 경우에는 write에 의해 쓰인 바이트 수보다 적은 값이 read에 의해 리턴될 수 있다. 그다음의 read 호출은 0 값을 리턴시킨다.

getchat, putchar과 같은 고급수준 함수들이 read와 write 같은 함수로 어떻게 구성되었는지를 살펴보자. 다음에 한 번에 한 글자만을 읽어 들이는 버퍼링되지 않는(unbuffered) 함수 getchar을 예시한다.

```
#include "syscalls.h"

/* getchar: unbuffered single character input */
int getchar(void)
{
    char c;

    return (read(0, &c, 1) == 1) ? (unsigned char) c: EOF;
}
```

READ 함수는 문자 포인터를 요구하기 때문에 c는 char로 선언되어야 한다. cast 연산자 (unsigned char)에 의해 c 값은 항상 양의 값을 갖게 하여 부호연장(sign extension) 시에 생기는 문제 발생 소지를 없애 주었다.

다음에 두 번째 유형의 getchar 함수를 소개한다. 이 함수는 큰 저장장소에 입력을 받아들이고, 한 번에 한 문자씩 넘겨준다.

```
#include "syscalls.h"
```

```
/* getchar: simple buffered version */
int getchar(void)
{
    static char buf[BUFSIZ];
    static char *bufp = buf;
    static int n = 0;

    if (n == 0) {   /* buffer is empty */
        n = read(0, buf, sizeof but);
        bufp = buf;
    }
    return (--n >= 0) ? (unsigned char) *bufp++ : EOF;
}
```

만약 위의 프로그램이 <stdio.h>를 포함해서 컴파일된다면, getchar이 매크로로 정의되어 있는 경우를 대비하여 #undef getchar를 선언해 줄 필요가 있다. #undef에 대해서는 4.11절을 참조한다.

8.3 open, creat, close, unlink

표준 입출력 파일 이외의 다른 파일을 읽고 쓰기 위해서는 그 파일을 열어(open) 주어야 한다. 이를 위해서 open과 creat라는 시스템 호출함수가 있다.

open은 제7장에서 설명한 fopen과 비슷한데, fopen은 파일 포인터를 리턴시키는 데 반해 open은 파일 설명자를 리턴시킨다. open은 에러 발생 시에는 −1 값을 리턴시킨다.

```
#include <fcntl.h>
```

```
int fd;
int open(char *name, int flags, int perms);

fd = open (name, flags, perms);
```

fopen과 마찬가지로 name 매개변수는 파일 이름을 담고 있는 문자열이다. 두 번째 매개변수 flags는 파일이 어떠한 방식으로 열려야 할지를 나타내 주는 변수이다. flags는 다음과 같은 값을 가질 수 있다.

O_RDONLY	읽기 전용으로 open
O_WRONLY	쓰기 전용으로 open
O_RDWR	읽기와 쓰기용으로 open

위의 상수 값들은 System V UNIX 시스템의 <fcnt1.h> 내에 정의되어 있다. Berkeley (BSD) 버전에는 <sys/file.h>에 정의되어 있다.

이미 존재하는 파일을 읽기 위해 열려면 다음과 같이 한다.

```
fd = open(name, O_RDONLY, 0);
```

perms 매개변수는 앞으로 설명할 open의 사용을 위해 항상 0으로 놓는다.

존재하지 않는 파일을 열려고 하면 에러가 발생한다. 시스템 호출함수 creat는 새로운 파일을 생성하거나, 기존의 것을 지우고 새로 만들 때 사용한다.

```
int creat(char *name, int perms);

fd = creat(name, perms);
```

위의 프로그램에서 creat는 파일을 생성할 수 있으면 파일 설명자를 리턴시키고, 그렇지 않은 경우는 -1 값을 리턴한다. 파일이 이미 존재하고 있을 경우에는 파일의 길이를 0으로 만들어 기존의 내용을 지워 버린다. 기존에 있는 파일을 creat에 의해 열었다고 해서 에러는 아니다.

열려고 하는 파일이 없을 때 creat는 perms 매개변수에 지정된 범위 내에서 파일을 새로이 생성한다. UNIX 파일 시스템에서는 파일 하나마다 아홉 개의 접근 정보용 비트가 있는데, 이것들은 파일 소유자, 소유자 그룹, 그리고 다른 사용자들에 대한 읽기, 쓰기, 수행의 허락 여부를 각기 저장하고 있다. 예를 들어, 0755는 읽기, 쓰기, 수행을 소유자에게만 허용하고, 그룹과 다른 사람들에게는 읽기나 수행만을 허용한다.

다음의 예는 UNIX 프로그램인 cp의 간략한 버전을 보여 주는데, 이것은 파일을 한곳에서 다른 곳으로 복사하는 역할을 한다. 여기에서의 cp는 단지 한 개의 파일만 복사하므로 두 번째 매개변수로 디렉토리명을 사용할 수 없다.

파일 복사 프로그램

```
#include <stdio.h>
#include <fcntl.h>
#include "syscalls.h"
#define PERMS 0666      /* RW for owner, group, others */

void error(char *, ...);

/* cp: copy f1 to f2 */
main(int argc, char *argv[ ])
{
    int f1, f2, n;
    char buf[BUFSIZ];

    if (argc != 3)
        error("Usage: cp from to");
    if ((f1 = open(argv[1], O_RDONLY, 0)) ==-1)
        error("cp: can't open %s", argv[1]);
    if ((f2 = creat(argv[2], PERMS)) == -1)
        error("cp: can't create %s, mode %03o",
            argv[2], PREMS);
```

```
    while((n = read(f1, buf, BUFSIZ)) > 0)
        if (write(f2, buf, n) != n)
            error("cp: write error on file %s", argv[2]);
    return 0;
}
```

위의 프로그램에 의해서 파일은 0666이라는 고정된 접근 정보 비트를 가진다. 8.6절에서 설명할 stat라는 시스템 호출함수를 사용하면 읽을 때 그 파일의 모드를 조사해서 같은 모드를 복사된 파일에 부여할 수 있다.

다음의 error 함수는 printf 함수와 비슷한 형식으로 매개변수를 넘겨줄 수 있음을 보여 준다. error 함수는 printf와 유사한 다른 형식의 함수호출 사용법을 보여 준다. 표준 라이브러리 함수인 vprintf는 va_start 매크로 호출에 의해 초기화된 단일 매개변수만을 사용한다는 것을 제외하면 printf와 유사하다. 마찬가지로 vfprintf와 vsprintf는 fprint와 sprintf와 대응된다.

```
#include <stdio.h>
#include <stdarg.h>

/* error: print an error message and die */
void error(char *fmt, ...)
{
    va_list args;

    va_start(args, fmt);
    fprintf(stderr, "error: ");
    vfprintf(stderr, fmt, args);
    fprintf(stderr, "\n");
    va_end(args);
```

```
        exit(1);
    }
```

동시에 사용할 수 있는 파일의 한계는 20여 개 정도이므로 많은 파일을 동시에 다루어야 될 프로그램은 파일 설명자를 재사용할 수 있도록 고려해 주어야 한다. close 함수는 파일 설명자와 열린 파일 간의 연결을 끊어 버리고 파일 설명자를 다른 파일이 다시 사용할 수 있도록 만들어 준다. 제거해 주어야 할 버퍼가 없다는 것을 제외하면 fclose 함수와 동일하다. exit에 의한 끝냄이나, 주프로그램 내에서의 리턴은 모든 열린 파일을 닫아(close) 버린다.

unlink(char *name) 함수는 파일 이름을 파일 시스템으로부터 없애는 일을 한다. 표준 라이브러리의 remove 함수와 동일하다.

예제 8-1 제7장의 cat 프로그램을 표준 라이브러리를 사용하지 말고 read, write, open, close을 사용하여 재작성하고, 두 버전 간의 수행속도도 비교해 보라.

8.4 랜덤 액세스 : lseek

입력과 출력은 보통 순차적으로 수행된다. read와 write가 한 번 수행될 때마다, 그 전에 수행된 자리에서 바로 오른쪽으로 한 자리 이동되면서 입출력이 행해진다. 그러나 필요한 경우에는 임의의 순서로 파일을 기록하거나 읽을 수도 있다. 시스템 호출(system call) 함수 lseek를 사용하면 파일 내를 마음대로 돌아다니면서 read와 write를 수행할 수 있다.

```
long lseek(int fd, long offset, int origin);
```

는 파일 설명자가 fd인 파일의 현재 위치를 offset의 위치로 옮긴다. offset은 origin으로부터의 상대적인 위치를 나타낸다. 위의 함수 다음에 나오는 읽기와 쓰기 작업은 lseek에 의해 지정된 위치에서 행해진다. origin값이 0일 때에는 파일의 처음, 1일 때는 현재 위치, 2이면 파일 끝 부분부터 행해짐을 뜻한다. 예를 들어, 파일에 덧붙이기(append) 작업(UNIX의 >> 방향전환 명령이나 fopen에서의 "a" 사용 시) 시에 write 하기 전에

```
lseek(fd, 0L, 2);
```

를 행하여 파일의 끝을 찾아낸다. 파일의 처음으로 돌아가려면,

```
lseek(fd, 0L, 0);
```

를 사용한다. 0L은 (long)0으로 쓸 수 있음에 주의하라.

lseek를 사용하면, 속도가 느린 커다란 배열변수처럼 파일을 사용할 수 있다. 다음 예제함수는 파일 내의 임의의 장소로부터 어떤 값을 읽어 내는 것을 보여 준다. 에러 발생 시에는 -1을 리턴하고, 그 외에는 숫자를 리턴한다.

```
#include "syscall.h"

/* get:   read n bytes from position pos */
int get(int fd, long pos, char *buf, int n)
{
    if (lseek(fd, pos, 0) >= 0)     /* get to pos */
        return read(fd, buf, n);
    else
        return -1;
}
```

lseek는 새로운 위치 값을 long의 형태로 리턴해 주는데, 에러 발생 시에는 -1을 리턴한다. 표준 라이브러리의 fseek 함수는 첫 번째 매개변수가 FILE *라는 것과 에러 발생 시에도 0이 아닌 값이 리턴되는 것을 제외하면 lseek와 같다.

8.5 예제 : fopen과 getc의 구현

표준 라이브러리 함수인 fopen과 getc의 구성을 설명하면서 함수들이 어떤 방법으로 함께 사용되는지를 알아보자. 표준 라이브러리의 파일들은 파일 설명자가 아닌 파일 포인터에 의해 기술됨을 상기하자. 파일 포인터는 파일에 관한 몇 가지 정보를 갖고 있는 부분을 지시하고 있는 포인터이다. 그 부분에는 버퍼에 대한 포인터도 있고 버퍼에 남아 있는 글자의 개수를 갖고 있는 카운터도 있다. 또한 버퍼 내의 다음 글자를 가리키는 포인터, 파일 설명자, read/write 모드와 에러 상태 등을 담고 있는 플래그(flag) 등도 그 부분에 담겨 있다.

파일을 기술해 주는 자료구조체는 <stdio.h>에 담겨 있다. <stdio.h>는 표준 입출력 라이브러리를 사용하려는 소스(source) 프로그램에서 #include 문에 의해 반드시 포함되어야 한다. 다음에 <stdio.h>로부터 일부 발췌한 부분을 보여 주고 있다. 라이브러리 내의 함수에 의해서만 사용되는 변수는 밑줄에 의해 이름이 시작되는데, 이는 사용자의 프로그램에 의한 변수명과의 중복을 피하기 위해 사용되었다. 이러한 규칙은 모든 표준 라이브러리 함수에 적용된다.

```
#define NULL       0
#define EOF        (-1)
#define BUFSIZ     1024
#define OPEN_MAX   20  /* max #files open at once */

typedef struct _iobuf {
    int cnt;            /* characters left */
    char *ptr;          /* next character position */
    char *base;         /* location of buffer */
    int flag;           /* mode of file access */
    int fd;             /* file descriptor */
} FILE;
```

```
extern FILE _iob[OPEN_MAX];

#define stdin   (&_iob[0])
#define stdout  (&_iob[1])
#define stderr  (&_iob[2])

enum_flags {
    _READ   = 01,       /* file open for reading */
    _WRITE  = 02,       /* file open for writing */
    _UNBUF  = 04,       /* file is unbuffered */
    _EOF    = 010,      /* EOF has occurred on this file */
    _ERR    = 020       /* error occurred on this file */
};

int _fillbuf(FILE *);
int _flushbuf(int, FILE *);

#define feof(p)     (((p)->flag & _EOF) != 0)
#define ferror(p)   (((p)->flag & _ERR) != 0)
#define fileno(p)   ((p)->fd)

#define getc(p) (--(p)->cnt >= 0 \
              ? (unsigned char) *(p)->ptr++ : _fillbuf(p))
#define putc(x,p) (--(p)->cnt >= 0 \
              ? *(p)->ptr++ = (x): _flushbuf((x), p))

#define getchar( )   getc(stdin)
#define putchar(x)   putc((x), stdout)
```

getc 매크로는 카운터 값을 하나 감소시키고, 포인터 값을 하나 증가시키며 문자를 리턴시킨다(#define 문은 \에 의해 긴 문장을 다음 행에 처리할 수 있음을 상기하자). 카운터 값이 음수가 되면 getc는 _fillbuf 함수를 불러 버퍼를 다시 채우고, 파일 정보를 가진 구조의 내용을 다시 초기화하고 한 문자를 리턴시킨다. 문자는 unsigned 형태로 리턴되는데 이는 모든 문자가 양의 값을 가짐을 의미한다.

getc와 작동하는 방법이 비슷한 putc도 위의 list에 포함되어 있는데, 이 매크로도 버퍼가 꽉 차게 되면 _flushbuf라는 함수를 호출한다. 그리고 위의 리스트에는 에러가 있는지 EOF를 만났는지 파일의 상태는 어떤지를 나타내는 flag도 포함되어 있다.

이제 fopen이라는 함수를 작성할 수 있는 지식을 갖추었다. fopen은 대부분 파일을 열거나 적당한 위치를 찾거나 플래그 비트를 적절한 상태로 설정하기 위해 사용된다. fopen은 버퍼를 할당하지 않는데, 이 기능은 파일이 처음 읽힐 때 _fillbuf에 의해 수행된다.

```
#include <fcntl.h>
#include "syscalls.h"
#define PERMS 0666     /* RW for owner, group, others */

/* fopen: open file, return file ptr */
FILE *fopen(char *name, char *mode)
{
    int fd;
    FILE *fp;

    if (*mode != 'r' && *mode != 'w' && *mode != 'a')
        return NULL;
    for (fp= _iob; fp < _iob + OPEN_MAX; fp++)
        if ((fp->flag & (_READ | _WRITE)) == 0)
            break;          /* found free slot */
    if (fp >= _iob + OPEN_MAX)    /* no free slots */
```

```
        return NULL;

    if (*mode == 'w')
        fd = creat(name, PERMS);
    else if (*mode == 'a') {
        if ((fd =open(name, O_WRONLY, 0)) == -1)
            fd = creat(name, PERMS);
        lseek(fd, 0L, 2);
    } else
        fd = open(name, O_RDONLY, 0);
    if (fd == -1)          /* couldn't access name */
        return NULL;
    fp->fd = fd;
    fp->cnt = 0;
    fp->base = NULL;
    fp->flag = (*mode == 'r') ? _READ : _WRITE;
    return fp;
}
```

여기서 예시된 fopen은 표준의 액세스 모드(access mode)의 여러 형태에 대하여 취급하지 않았는데, 이러한 기능을 포함한다고 하더라도 프로그램이 많이 길어지지는 않는다. 위의 fopen은 UNIX에서 무의미한 "b"라는 바이너리 액세스(binary access)를 인식하지 않고, 읽기와 쓰기를 동시에 허용하는 "+"도 없음에 주의하라.

어떤 파일을 getc에 의해 처음 호출하면 카운터가 0임을 발견하게 되고, 이것은 _fillbuf를 호출하게 된다. _fillbuf가 파일이 열려 있지 않은 상태임을 발견하면 즉각 리턴시킨다. 그렇지 않은 경우에는 버퍼를 할당하려 한다.

버퍼가 한 번 만들어진 다음에는 _fillbuf는 read 함수를 호출하여 버퍼를 채우고, 카운터와 포인터를 세트하고 버퍼의 시작 부분에 있는 문자를 리턴한다. 계속해서 _fillbuf를 다시 호출하면 버퍼가 이미 할당되어 있음을 알 수 있다.

```
#include "syscalls.h"

/* _fillbuf:  allocate and fill input buffer */
int _fillbuf(FILE *fp)
{
    int bufsize;

    if ((fp->flag&(_READ|_EOF|_ERR)) != _READ)
        return EOF;
    bufsize = (fp->flag & _UNBUF) ? 1 : BUFSIZ;
    if (fp->base == NULL)       /* no buffer yet */
        if ((fp->base = (char *) malloc(bufsize)) == NULL)
            return EOF;         /* can't get buffer */
    fp->ptr = fp->base;
    fp->cnt = read(fp->fd, fp->ptr, bufsize);
    if(--fp->cnt < 0) {
        if (fp->cnt == -1)
            fp->flag |= _EOF;
        else
            fp->flag |= _ERR;
        fp->cnt = 0;
        return EOF;
    }
    return(unsigned char) *fp->ptr++;
}
```

남은 문제는 이 모든 작업이 어떻게 시작하느냐이다. 배열(array) _iob는 stdin, stdout, stderr을 위해 정의되고 초기화되어야 한다.

```
FILE _iob[OPEN_MAX] = { /* stdin, stdout, stderr: */
     { 0, (char *) 0, (char *) 0, _READ, 0 },
     { 0, (char *) 0, (char *) 0, _WRITE, 1},
     { 0, (chat *) 0, (char *) 0, _WRITE ¦ _UNBUF, 2 }
};
```

flag 부분의 초기화에서 stdin은 읽기용, stdout은 쓰기용, stderr은 버퍼링되지 않은 상태로 되는 것을 볼 수 있다.

예제 8-2 fopen과 _fillbuf를 비트 조작 없이 할 수 있는 것으로 고쳐 보라. 실행 파일의 크기와 수행속도를 비교해 보라.

예제 8-3 표준 라이브러리 함수인

```
int fseek(FILE *fp, long offset, int origin)
```

는 fp가 파일 설명자가 아니고 파일 포인터라는 점과 리턴되는 값이 위치를 나타내지 않고 상태(status)를 나타내는 int라는 점을 제외하면 lseek와 동일하다 fseek 함수를 작성하라. 이 fseek가 라이브러리 내의 다른 함수에 의한 버퍼링과 잘 조화되는지를 확인해 보라.

8.6 예제 : 디렉토리 리스팅

UNIX의 ls 명령어는 디렉토리 리스팅(listing directories)을 보여 주는 프로그램의 한 예인데, 디렉토리 내의 파일 이름과 파일 크기, 허용 정도(permissions) 등을 보여 준다. MS-DOS의 dir 명령과 유사한 기능을 한다.

UNIX의 디렉토리 또한 단순한 한 개의 파일에 지나지 않으므로 ls 명령어는 그 파일을 읽어 보여 주는 데 지나지 않는다. 그러나 파일에 관한 다른 정보, 즉 파일의 크기와 같은 정보는 시스템 호출이 필요해진다. MS-DOS와 같은 경우는 파일 이름을 추출해 내는 작업에도 시스템 호출이 필요하다. 이러한 작업 자체는 매우 시스템에 의존적이라 하더라도 정보를 제공하는 방법은 시스템에 비의존적으로 하는 것이 좋다.

여기서는 이러한 작업을 해 주는 fsize라는 프로그램을 예시하고자 한다. fsize는 ls의 일부 기능만을 수행하는 특별한 형태의 프로그램이다. 그 일부 기능이란 ls 명령 수행 시 파일명과 그 크기를 나타내 주는 기능이다. 파일 중의 하나가 디렉토리인 경우이면 fsize는 그 디렉토리에도 반복적으로(recursively) 작용한다. 명령 라인에서 매개변수(arguments)가 없을 때에는 현재의 디렉토리에 작용한다.

여기서 잠깐 UNIX의 파일 시스템 구조에 대해 살펴보자. 디렉토리(directory)는 파일의 이름과 파일의 위치를 나타내는 몇 가지 정보를 가진 하나의 파일이다. 여기서 "위치"라는 정보는 다른 또 하나의 테이블인 "inode list"라는 장소를 가리키고 있다. 한 파일에 대한 *inode* 내에서의 정보는 그 파일의 이름을 제외한 모든 내용이 어디에 있는지를 나타내는 정보를 가지고 있다. 디렉토리는 대개 두 개의 아이템을 가지고 있는데, 그것은 파일 이름과 inode의 번호이다.

안타깝게도 디렉토리의 포맷(format)과 정확한 내용은 시스템의 버전마다 모두 다르다. 그러므로 여기서는 포터블하지 않은(즉, 호환성이 결여된, 기계에 의존적인) 부분과 포터블한 부분을 둘로 나누어 작업하고자 한다. 시스템에 비의존적인 루틴의 호출과 inode 번호 호출을 위해 상위 레벨에서는 Dirent라는 구조체와 opendir, readdir, closedir라는 세 개의 루틴을 정의한다. fsize 프로그램은 이 세 루틴을 통해 디렉토리에 대한 정보를 다루게 된다. 다음으로 이러한 기능을 같은 디렉토리 구조를 갖는 버전 7과 System V UNIX에 어떻게 이식하는가를 보여 줄 것이다. 기타 다른 유형의 버전에 대한 이식은 숙제로 남는다.

Dirent라는 구조체에는 inode 번호와 이름이 저장되어 있다. 파일 이름의 최대길이는 NAME_MAX에 의해 제한되며, NAME_MAX의 값은 시스템에 따라 다르다. opendir는 DIR라는 구조를 가리키는 포인터 값을 리턴한다. DIR은 FILE과 비슷하고, readdir과 closedir에서 사용된다. 또한 이런 정보는 dirent.h라는 파일에 모여 있다.

```
#define NAME_MAX 14   /* longest filename component; */
                                /* system-dependent */

typedef struct {        /* portable directory entry: */
    long ino;                   /* inode number  /*
    char name[NAME_MAX+1];      /* name + '\0' terminator */
} Dirent;

typedef struct {        /* minimal DIR: no buffering, etc. */
    int fd;                 /* file descriptor for directory */
    Dirent d;               /* the directory entry */
} DIR;

DIR *opendir(char *dirname);
Dirent *readdir(DIR *dfd);
void closedir(DIR *dfd);
```

stat라는 시스템 호출 루틴은 파일 이름을 갖고 가서 그 파일의 inode 내에서의 정보를 리턴시킨다. 에러 발생 시에는 -1을 리턴한다.

```
char *name;
struct stat stbuf;
int stat(char *, struct stat *);

stat(name, &stbuf);
```

는 stbuf 구조체에 파일 이름에 해당하는 inode 정보를 채운다. stat에 의해 리턴되는 구조체는 <sys/stat.h>에 기술되어 있는데 대개 다음과 같다.

```
struct stat     /* inode information returned by stat */
{
    dev_t       st_dev;     /* device of inode */
    ino_t       st_ino;     /* inode number */
    short       st_mode;    /* mode bits */
    short       st_nlink;   /* number of links to file */
    short       st_uid;     /* owner's user id */
    short       st_gid;     /* owner's group id */
    dev_t       st_rdev;    /* for special files */
    off_t       st_size;    /* file size in characters */
    time_t      st_atime;   /* time last accessed */
    time_t      st_mtime;   /* time last modified */
    time_t      st_ctime;   /* time inode last changed */
};
```

이 값들에는 대부분 설명문(comment)이 붙어 있다. dev_t와 ino_t 같은 형은 <sys/types.h>에 정의되어 있다. 물론 <sys/ types.h>는 프로그램 내에 포함해야 한다.

st_mode 엔트리는 파일을 설명해 주는 플래그(flag) 값을 저장한다. 플래그의 정의 또한 <sys/stat.h>에 다음과 같이 기술되어 있다.

```
#define   S_IFMT   0160000    /* type of file: */
#define   S_IFDIR    0040000  /* directory */
#define   S_IFCHR    0020000  /* charactor special */
#define   S_IFBLK    0060000  /* block special */
#define   S_IFREG    0100000  /* regular */

/*... */
```

이제 fsize를 기술할 준비는 다 되어 있는 셈이다. stat로부터 얻은 mode 값이 파일이 디렉토리가 아님을 나타내면 파일의 크기를 바로 얻어 내어 표시할 수 있다. 그러나 파일이 디렉토리임을 나타내면 그 디렉토리를 한 번에 하나의 파일로 처리하게 된다. 또한 그 디렉토리는 부디렉토리(sub-directory)를 가질 수도 있는데, 이런 경우는 순환적 작업이 진행된다. 주(主)루틴은 명령 라인(command-line)에서 넘겨오는 매개변수를 받아 내어 이것을 fsize에 넘겨주는 역할을 한다.

```
#include <stdio.h>
#include <string.h>
#include "syscalls.h"
#include <fcntl.h>        /* flags for read and write */
#include <sys/types.h>  /* typedefs */
#include <sys/stat.h>   /* structure returned by stat */
#include "dirent.h"

void fsize(char *);

/* print file sizes */
main(int argc, char **argv)
{
    if (argc == 1)        /* default: current directory */
        fsize(".");
    else
        while (--argc > 0)
            fsize(*++argv);
    return 0;
}
```

fsize 함수는 파일의 크기를 표시해 준다. 만약 파일이 디렉토리인 경우는 dirwalk 루틴을 불러서 그 안에서의 모든 파일을 처리하게 된다. 파일이 디렉토리인 경우에 <sys/stat.h> 내에 있는 S_IFMT와 S_IFDIR이라는 플래그가 어떤 식으로 사용되는지 잘 보기 바란다. &의 우선순위(precedence)는 ==보다 낮기 때문에 괄호의 사용에 주의해야 한다.

```
int stat{chat *, struct stat *);
void dirwalk(char *, void (*fcn)(char *));

/* fsize:  print size of file "name" */
void fsize(char *name)
{
    struct stat stbuf;

    if (stat(name, &stbuf) == -1) {
        fprintf(stderr, "fsize: can't access %s\n", name);
        return;
    }
    if ((stbuf.st_mode & S_IFMT) == S_IFDIR)
        dirwalk(name, fsize);
    printf("%81d %s\n", stbuf.st_size, name);
}
```

dirwalk 함수는 디렉토리 내의 각 파일의 하나의 함수당 한 번 호출되는 함수로서 디렉토리를 열어 그 안에 있는 파일에 어떤 함수를 계속 적용해 나가고, 마지막으로 그 디렉토리를 닫고 리턴한다. fsize는 dirwalk를 디렉토리마다 호출함으로써 두 개의 함수는 순환적으로 서로를 호출한다.

```
#drfine MAX_PATH 1024

/* dirwalk:  apply fcn to all files in dir */
void dirwalk(char *dir, void (*fcn)(chat *))
{
    char name[MAX_PATH];
    Dirent *dp;
    DIR *dfd;

    if ((dfd = opendir(dir)) == NULL) {
        fprintf(stderr, "dirwalk: can't open %s\n", dir);
        return;
    }
    while ((dp = readdir(dfd)) != NULL) {
         if (strcmp(dp->name, ".") == 0
           || strcmp(dp->name, "..") == 0)
             continue;    /* skip self and parent */
          if (strlen(dir)+strlen(dp->name)+2 > sizeof(name))
             fprintf(stderr, "dirwalk: name %s/%s too long\n",
                 dir, dp->name);
         else {
             sprintf(name, "%s/%s", dir, dp->name);
             (*fcn)(name);
         }
    }
    closedir(dfd);
}
```

readdir는 호출될 때마다 그다음 파일에 대한 정보의 포인터를 리턴하거나, 남아 있는 파일이 없을 경우 NULL을 리턴한다. 모든 디렉토리는 그 자신을 위한 "."와 상위 디렉토리를 나타내는 ".."를 항상 가지고 있기 때문에 이들은 무시하고 취급한다. 그렇지 않으면 무한 루프를 돌게 될 것이다.

이 정도 레벨까지는 프로그램이 디렉토리가 어떻게 포맷되어 있는가에 무관하게 된다. 다음 스텝으로는 특정 시스템을 위한 opendir, readdir closedir의 최소 버전을 만들기로 한다. 다음의 루틴은 버전 7과 System V UNIX 시스템을 위한 것이다. 그들은 <sys/dir.h>에 다음과 같이 되어 있는 디렉토리 정보를 사용한다.

```
#ifndef DIRSIZ
#define DIRSIZ   14
#endif
struct direct     /* directory entry */
{
    ino_t d_ino;             /* inode number */
    char  d_name[DIRSIZ]; /* long name does not have '\0' */
};
```

시스템의 몇 버전은 더 긴 이름의 사용과 더욱 복잡한 디렉토리 구조를 가질 수 있게 해준다.

ino_t 형(type)은 inode 리스트의 index에 사용되는 typedef의 하나이다. 보통 사용하는 시스템에서는 unsigned short인 경우가 많으나 시스템에 따라 다를 수 있으므로 typedef가 더 좋다. "system"의 형(type)은 모두 <sys/types.h>에서 볼 수 있다.

opendir는 디렉토리를 열어(open) 그 파일이 디렉토리인가를 확인하고(다음 예제의 경우 fstat를 사용했는데, 이 fstat는 파일의 설명자에 작용한다는 것을 제외하면 stat와 비슷하다), 디렉토리 구조를 할당하고, 정보를 기록한다.

```
int fstat(int fd, struct stat *);

/* opendir:  open a directory for readdir calls */
DIR *opendir(char *dirname)
{
    int fd;
    struct stat stbuf;
    DIR *dp;

    if ((fd = open(dirname, O_RDONLY, 0)) == -1
     || fstat(fd, &stbuf) == -1
     || (stbuf.st_mode & S_IFMT) != S_IFDIR
     || (dp = (DIR *) malloc(sizeof(DIR))) == NULL)
         return NULL;
    dp->fd = fd;
    return dp;
}
```

closedir는 디렉토리 파일을 닫고, 공간을 다시 확보한다.

```
/* closedir:  close directory opened by opendir */
void closedir(DIR *dp)
{
    if (dp) {
        close(dp->fd);
        free(dp);
    }
}
```

readdir는 각 디렉토리의 엔트리를 읽기 위해 read를 사용한다. 만일 한 디렉토리가 지금 사용되지 않는다면(파일이 제거되었기 때문에) inode 번호는 0을 가지게 되는데, 이 0 값을 가진 위치는 건너뛰게 된다. 그렇지 않은 경우에는 inode 번호와 이름은 static 구조체에 입력되고 그 구조체의 포인터가 리턴된다. 매번 호출 시마다 이전 정보를 지우고 그 위에 다시 기록한다.

```
#include <sys/dir.h>      /* local directory structure */

/* readdir:  read directory entries in sequence */
Dirent *readdir(DIR *dp)
{
    struct direct dirbuf; /* local directory structure */
    static Dirent d;      /* return: portable structure */

    while (read(dp->fd, (char *) &dirbuf, sizeof(dirbuf))
                    == sizeof(dirbuf)) {
        if (dirbuf.d_ino == 0)    /* slot not in use */
            continue;
        d.ino = dirbuf.d_ino;
        strncpy(d.name, dirbuf.d_name, DIRSIZ);
        d.name[DlRSIZ] = '\0';  /* ensure termination */
        return &d;
    }
    return NULL;
}
```

fsize 프로그램은 좀 전문적이기는 하지만 두 가지 중요한 아이디어를 보여 주고 있다. 첫째, 대부분의 프로그램이 운영체제에 의해 얻을 수 있는 정보만을 사용한 프로그램이라는 사실이다(시스템 프로그램이 아니다). 이와 같은 프로그램은 표준 헤더(standard header)에서 나타난 정보만을 사용하기 때문에 프로그램 내에서 일일이 선언해 주는 대신에 표준 헤더만 포함해 주면 된다는 사실이 중요하다. 그다음으로 주목할 점은 시스템에 비의존적 프로그램을 시스템에 의존적인 부분과 접속하는 것이 가능하다는 것이다. 표준 라이브러리 내에 있는 함수들이 이의 좋은 예이다.

예제 8-4 fsize 프로그램을 발전시켜 inode에서 얻을 수 있는 다른 정보까지 표시하는 프로그램으로 다시 작성하라.

8.7 예제 : 기억장소 할당기

제5장에서 스택(stack)을 사용한 기억장소 할당기(stack allocator)의 간단한 예를 보인 바 있다. 지금 설명하고자 하는 버전은 제한이 덜 가해진 형태를 보여 줄 것이다. malloc와 free 함수의 호출은 순서에 상관없이 가능하다. malloc은 필요한 만큼의 메모리를 더 요구할 때 운영체제를 호출한다. 이 루틴들은 기계 의존적인 동작을 비교적 기계에 비의존적인 방법으로 할 수 있다는 것을 보여 주는 좋은 예가 될 것이다. 또한 구조체(structure), 유니온(union), typedef의 실제 사용 예를 보여 준다.

malloc는 메모리를 할당함에 있어 컴파일 시에 고정된 크기의 배열을 할당하지 않고 운영체제에 그때 필요한 만큼의 공간을 요구하게 된다. 프로그램 내에서의 다른 작업들이 malloc를 호출하지 않고 작업공간을 요구하는 수도 있으므로, malloc가 취급하는 공간이 연속적이 아닐 수가 많다. 그래서 빈 공간(free storage)은 빈 블록의 리스트로 보존된다. 매 블록은 그 블록의 크기와, 다음 블록을 지시하는 포인터와 빈 공간을 가지고 있다. 블록은 기억장소의 주소가 증가하는 방향으로 정렬되어 있으며, 마지막 블록은 첫 번째 블록을 지시하고 있다.

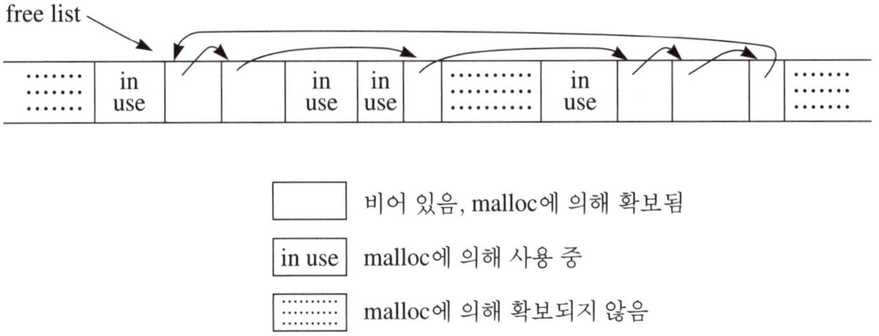

일단 호출이 발생되면 빈 공간 리스트(free list)에서 충분한 크기의 블록이 있는지 차례대로 검색된다. 이러한 알고리즘을 "first fit"이라 부른다. 반면에 요구하는 크기를 만족시킬 수 있는 최소의 장소를 찾는 알고리즘을 "best fit"이라 부른다. 블록 크기가 요구된 것과 정확히 일치하면 그 부분은 리스트에서 떨어져 나와 사용자에게 리턴된다.

블록이 너무 큰 경우에는 적당한 양으로 분리되어 일부는 사용자에게 리턴되고, 나머지 부분은 빈 공간 리스트에 남아 있게 된다. 만약 충분한 크기의 블록이 발견되지 않으면 운영체제를 통해 다른 큰 빈 공간이 빈 공간 리스트에 연결되어 사용된다.

다 사용된 공간을 다시 돌려주는 작업에서는 빈 블록이 될 위치를 빈 공간 리스트에서 찾아가는 작업이 행해지게 된다. 방금 되돌려진 빈 블록의 앞뒤가 모두 빈 블록인 경우에는 모두 합쳐져서 하나의 큰 블록이 만들어지기 때문에 기억장소가 지나치게 분리되는 것을 막아준다. 빈 블록이 붙어 있는지를 판별하는 것은 빈 공간 리스트가 기억장소의 주소가 증가되는 방향으로 정렬되어 있어서 쉽게 가능하다.

제5장에서 언급한 문제 중의 하나는 malloc에 의해 리턴된 기억장소가 사용자가 요구하는데 적합하게 정렬되어 있나 하는 것이었다. 기억장소에 저장되는 변수 등의 형(type)에는 여러 가지가 있는데, 그중 가장 제한된 형(즉, 제약조건이 많은 까다로운 형)이 어떤 특정 주소에 저장될 수 있다면 다른 모든 형들은 물론 그곳에 저장이 가능하게 된다. 가장 제한된 형은 기계에 따라 다른데 double, int, long 등이 된다.

빈 블록은 다음 블록을 지시하는 포인터와 블록의 크기 값, 빈 공간 자체를 갖고 있다. 이런 방법의 정렬을 위해서 header라는 형을 정의해 준다. 정렬의 편의를 위해 모든 블록은 header의 정수배여야 하고, header는 적절히 정렬되어야 한다. 이러한 것은 원하는 형태의 header 구조체와 가장 제한된 형의 예를 갖고 있는 union을 사용하면 가능해지는데, 다음과 같다.

```
typedef long Align; /* for alignment to long boundary */

union header {        /* block header: */
    struct {
        union header *ptr; /* next block if on free list */
        unsigned size;     /* size of this block */
    } s;
    Align x;           /* force alignment of blocks */
};

typedef union header Header;
```

Align 부분은 사용되지 않는다. 그것은 단지 각 header를 최악의 경우에 경계에서 정렬되도록 할 뿐이다.

malloc에서 요구된 문자크기는 적당한 header 크기의 단위로 반올림되는데, 그 블록이 몇 개의 단위로 되었는가는 header 내의 size 부분에 기록된다. malloc에 의해 리턴된 포인터는 빈 공간을 가리키는 것이지 header 그 자체를 가리키는 것은 아니다. 사용자는 요청된 공간을 갖고 무엇이든 할 수 있지만, 할당된 영역 밖에다 기록하는 행위는 리스트를 망칠 우려가 있다. malloc에 의해 제어되는 블록은 반드시 연속된 공간 내에 있지 않기 때문에 size 필드가 필요하게 된다. 포인터 방식에 의해서는 크기를 계산하기가 불가능하다.

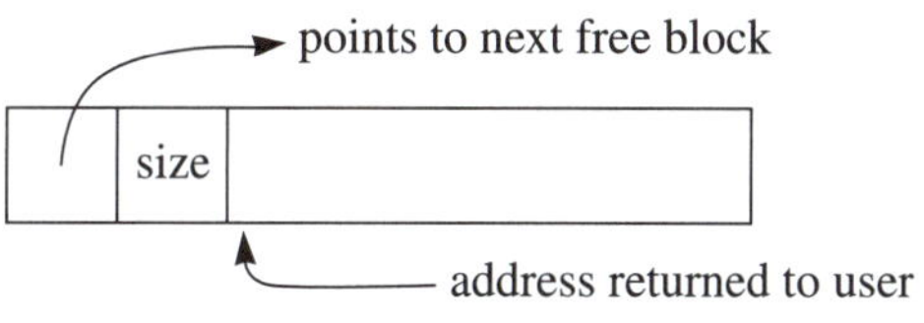

malloc에 의해 리턴된 블록

변수 base는 시작점을 설정하기 위해 사용된다. 만일 freep가 NULL이면(즉, malloc의 첫 번째 호출이면) 크기가 0인 한 개의 블록과 그 자신을 가리키는 포인터를 갖는 빈 공간 리스트 가 만들어지게 된다. 어느 경우이든 빈 공간 리스트는 탐색된다. 적절한 크기의 빈 블록의 검색은 마지막 블록이 발견된(freep) 자리부터 시작된다. 이렇게 하면 같은 공간이 중복해서 블록으로 잡히는 것을 방지할 수 있다. 너무 큰 블록이 발견될 시에는 끝을 나타내는 부분이 사용자에게 리턴된다. 이와 같은 방식으로 원래 블록의 header는 그 자신의 크기만을 조정하면 된다. 어느 경우에나 포인터는 사용자에게 header를 건너 한 단위부터 시작하는 블록 내의 빈 공간을 가리키는 값을 리턴한다.

```
static Header base;          /* empty list to get started */
static Header *freep = NULL;      /* start of free list */

/* malloc:   general-purpose storage allocator */
void *malloc(unsigned nbytes)
{
    Header *p, *prevp;
    Header *morecore(unsigned);
    unsigned nunits;

    nunits = (nbytes+sizeof(Header)-1)/sizeof(Header) + 1;
    if ((prevp = freep) == NULL) {    /* no free list yet */
        base.s.ptr = freep = prevp = &base;
        base.s.size = 0;
    }
    for (p = prevp->s.ptr; ;prevp = p, p = p->s.ptr) {
        if (p->s.size >= nunits) {    /* big enough */
            if (p->s.size == nunits)      /* exactly */
                prevp->s.ptr = p->s.ptr;
            else {               /* allocate tail end */
```

```
                p->s.size -= nunits;
                p += p->s.size;
                p->s.size = nunits;
            }
            freep = prevp;
            return (void *)(p+1);
        }
        if (p == freep)  /* wrapped around free list */
            if ((p = morecore(nunits)) == NULL)
                return NULL;    /* none left */
    }
}
```

morecore 함수는 운영체제로부터 기억장소를 얻는다. 이 함수가 작동하는 자세한 방법은 시스템마다 다르다. 시스템에게 메모리를 요구하는 것은 상당히 많은 일을 요구하는 작업이므로 malloc를 호출할 때마다 그런 작업을 할 필요는 없다. 그래서 morecore는 NALLOC 이상의 큰 크기의 메모리를 확보해 놓고 필요한 만큼 잘라서 사용한다. size 필드를 세트하고 난 뒤에 morecore는 남아 있는 메모리를 free로 해 준다.

UNIX 시스템 호출인 sbrk(n)은 기억장소의 n개의 바이트를 가리키는 포인터를 리턴한다. sbrk는 남은 공간이 없을 시에는 −1을 리턴한다(NULL을 리턴하는 것이 더 좋은 방법일 수도 있다). 원래 이 함수의 리턴 값은 포인터이므로 −1이라는 값은 char *로 cast 되어야만 다른 리턴 값과 비교할 수 있다. 그리고 cast는 함수를 다른 기계 사이에서의 포인터 표현의 차이에 대해 비교적 무디게 만들어 준다. 아직 한 가지 더 생각해야 될 것이 남아 있는데, 그것은 sbrk에 의해 리턴된 다른 블록을 가리키는 포인터는 비교가 가능하다는 가정하에서만 위와 같은 동작이 된다는 것이다. 이러한 것은 포인터 비교를 배열(array)에서만 허용하는 표준에 의해서는 보장받을 수 없는 기능이다. 즉, 여기서 보이는 malloc 버전은 "일반적인 포인터 비교가 의미가 있는" 기계들 사이에서만 포터블하다.

```
#define NALLOC  1024   /* minimum #units to request */

/* morecore:  ask system for more memory */
static Header *morecore(unsigned nu)
{
    char *cp, *sbrk(int);
    Header *up;

    if (nu < NALLOC)
        nu = NALLOC;
    cp = sbrk(nu * sizeof(Header));
    if (cp == (char *) -1)   /* no space at all */
        return NULL;
    up = (Header *) cp;
    up->s.size = nu;
    free((void *)(up+1));
    return freep;
}
```

free는 마지막 처리과정이다. 이 함수는 빈 공간 리스트에서 빈 블록을 삽입할 장소를 찾는데 탐색은 freep부터 시작한다. 빈 블록은 두 개의 블록 사이에 있거나, 리스트의 양쪽 끝 중 하나에 있기 마련이다. 어느 경우에나 재사용될 빈 블록이 인접 블록을 가지면 인접 블록과 합쳐지게 된다. 이때 포인터가 올바른 블록을 가리키도록 하고 빈 블록의 크기를 다시 조정해 주어야 한다.

```
/* free: put block ap in free list */
void free(void *ap)
```

```
{
    Header *bp, *p;

    bp = (Header *)ap -1;       /* point to block header */
    for (p = freep; !(bp > p && bp < p->s.ptr); p = p -> s.ptr)
         if (p >= p->s.ptr && (bp > p || bp < p->s.ptr))
            break;   /* freed block at start or end of arena */

    if (bp + bp->s.size == p->s.ptr) { /* join to upper nbr */
        bp->s.size += p->s.ptr->s.size;
        bp->s.ptr = p->s.ptr->s.ptr;
    } else
        bp->s.ptr = p->s.ptr;
    if (p + p->s.size == bp) {          /* join to lower nbr */
        p->s.size += bp->s.size;
        p->s.ptr = bp->s.ptr;
    } else
        p->s.ptr = bp;
    freep = p;
}
```

기억장소 할당의 내부적 작동은 기계에 따라 의존적이지만 위에 보인 프로그램은 기계 의존적인 부분을 프로그램의 매우 작은 부분으로 국한시키는 것에 대해 보여 주고 있다. typedef와 union의 사용은 정렬(alignment)문제를 처리한다(sbrk 함수가 적절한 포인터를 리턴해 준다면). cast는 포인터 변환작업을 명확하게 하는 작업을 정리하고, 잘 설계되지 못한 시스템 인터페이스(system interface)와도 조화된다. 이 절에서 설명된 것은 기억장소 할당에 대한 것이었지만 이러한 접근방법은 다른 상황에서도 비슷한 개념으로 적용할 수가 있다.

예제 8-5 표준 라이브러리 함수 calloc(n, size)는 size 크기의 기억장소 n개를 0으로 초기화하고 그 기억장소의 포인터를 리턴한다. malloc를 호출하거나 수정해서 calloc를 작성하라.

예제 8-6 malloc는 크기 요청에 대해 타당성 검토 없이 그 값을 받아들인다. 또한 free는 재사용 가능하도록 요청받은 블록이 유효한 크기의 size 필드 값을 가졌다고 가정해서 작동한다. 이 루틴을 에러 검사를 하는 기능을 부가시켜 개선해 보라.

예제 8-7 malloc와 free에 의해 유지되는 빈 공간 리스트 p번째 블록의 n개의 문자를 빈 공간으로 만들어 재사용 가능케 만들어 주는 bfree(p, n) 루틴을 작성하라. bfree를 사용함으로써 사용자는 언제라도 빈 공간 리스트에 정적 배열(static array)이나 외부 배열(external array)을 추가할 수 있게 된다.

APPENDIX A

참조 매뉴얼

A.1 서론

여기에서는 1988년 1월 11일에 제정된 문서 번호 X3J11/88-001의 “ANSI(American National Standard for Information System)의 초안 프로그래밍 언어 C”에서 지정한 C 언어에 대하여 설명한다. 이 초안은 최종 표준안이 아니므로 앞으로 몇 가지가 수정될 수 있다. 따라서 본 부록에서 최종적 언어 정의를 기술할 수는 없다. 믿을 만한 지침서가 될 수 있도록 많은 주의를 기울였지만, 이 부록은 표준안에 대한 것이 아니라 표준안으로 제안된 초안에 대한 설명이다.

대부분의 설명에 있어서 초판의 내용과 부합하는 표준안 초안의 개요를 따랐지만 세부 구성은 약간 다르게 되어 있다. 몇 가지 것에 다시 이름을 붙이고 어휘적 토큰(lexical tokens)이나 프리프로세서(preprocessor)에 대한 정의를 형식화하지 않는 것을 제외하고는 여기에서 설명하는 문법은 현재 쓰이는 초안과 같다.

본 부록에서 주석에 해당하는 내용은 이처럼 고딕체로 쓰였다. 이러한 주석의 대부분은 ANSI의 표준 C 언어가 이 책의 초판이나 여러 가지 컴파일러에서 정의된 세부사항과 다른 점을 강조하는 내용이다.

A.2 어휘적 규약

한 개의 프로그램은 파일에 저장된 한 개나 그 이상의 변환 단위로 구성되어 있다. 이 변환 단위는 몇 단계를 거쳐 변환되는데, 이것을 A.12절에서 설명하였다. 첫 번째 단계에서는 낮은 레벨의 변환이 이루어지는데, #문자로 시작되는 행이 나오는 프리프로세서를 수행하고, 매크로(macro) 정의와 확장을 수행한다. A.12절의 프리프로세서가 완료되면 프로그램은 토큰을 사용한 간단 명료한 표현으로 바뀐다.

A.2.1 토큰

토큰에는 명칭(identifier), 키워드(keyword), 상수(constant), 문자열(string literal), 연산자(operator), 분리자(separator) 등 여섯 가지 종류가 있다. 공백(blank), 탭(tab), newline, formfeed, 설명문(comment) 등을 통틀어 "white space"라 하며, 이들은 토큰을 분리하는 데 쓰이는 경우 이외에는 무시된다. 인접한 명칭, 키워드, 상수 등을 분리하기 위해서는 반드시 화이트 스페이스를 사용해야만 한다. 토큰을 파악할 때 가능한 가장 긴 문자열이 토큰으로 된다. 예를 들어, 세 자로도 토큰이 되고 네 자로도 토큰이 되는 경우 네 자가 토큰으로 인식된다.

A.2.2 설명문

두 문자 /*로 설명문(주석)이 시작되고, */로 주석문의 끝을 맺는다. 설명문은 중첩되면 안 되고 문자열의 중간에는 나올 수 없다.

A.2.3 명칭

명칭은 영문자와 숫자의 조합으로 나타낸다. 첫 문자는 반드시 영문자여야 하는데, 밑줄 _은 영문자로 취급한다. 대문자와 소문자는 구별되어 취급한다. 명칭의 길이에는 제약이 없지만 내부 명칭으로는 처음 31문자만이 유효하다. 더 많은 문자들을 유효하게 취급하는 컴파일러도 있다. 내부 명칭은 프리프로세서의 매크로(macro) 이름과 외부연결(external linkage)(A.11.2절)을 갖지 않는 모든 이름을 포함한다. 외부연결을 갖는 명칭은 더욱 제약이 따르게 되는데, 처음 여섯 문자만을 유효하게 다루는 컴파일러도 있고 대소문자를 구별하지 않는 컴파일러도 있다.

A.2.4 키워드

다른 명칭들은 키워드로 지정되어 사용되는 것으로 다른 곳에 사용될 수 없다.

```
auto      double    int       struct
break     else      long      switch
case      enum      register  typedef
char      extern    return    union
```

```
const       float     short     unsigned
continue    for       signed    void
default     goto      sizeof    volatile
do          if        static    while
```

몇몇 컴파일러에서는 fortran과 asm도 키워드로 지정해 사용하고 있다.

> const, signed, volatile은 ANSI 표준에서 새로 지정한 키워드이다. enum과 void는 초판 이후에 새로 추가된 것인데 일반적으로 사용되고 있는 것이다. entry는 이전에 지정되었으나 많이 사용되지 않아 지정되지 않았다. X3J11 위원회의 결정에 의해 noalias가 지정될 수도 있다.

A.2.5 상수

상수(constant)에는 여러 가지 종류가 있다. 각 상수는 자료 형태를 갖게 되는데 A.4.2절에서 기본 형태에 대하여 설명하였다.

```
constant
    integer-constant
    character-constant
    floating-constant
    enumeration-constant
```

A.2.5.1 정수 상수

정수 상수(integer constant)는 연속된 숫자로 구성되는데, 0(숫자 0)으로 시작되는 것은 8진법의 수를, 그렇지 않은 것은 10진법의 수를 나타낸다. 8진법의 상수는 숫자 8이나 9를 포함하지 않는다. 숫자의 앞에 0x 또는 0X(숫자 0)가 붙으면 16진법의 정수를 나타낸다. 16진법의 수는 10부터 15를 나타내는 a부터 f(또는 A부터 F)까지를 포함한다.

unsigned임을 나타내기 위해 정수 상수 뒤에 u 또는 U가 붙을 수 있다. 또한 long 형태임을 나타내기 위해 l이나 L이 붙을 수도 있다.

정수 상수의 형(type)은 그것의 형식, 값, 접미어에 의해 결정된다(형태에 대해서는 A.4절 참조). 정수 상수가 접미어가 붙지 않고 10진수인 경우에는 int가 가능하면 int로 그렇지 않으면 long int, 이것도 아니면 unsigned long int의 형으로 지정된다. 접미어가 붙지 않은 8진수나 16진수인 경우에는 int, unsigned int, long int, unsigned long int의 순서로 시도하게 된다. u나 U의 접미어가 붙은 경우에는 unsigned int, unsigned long int의 순서로 시도하게 된다.

> 값이 큰 정수 상수를 단순히 long으로만 정한 초판에 비해 정수 상수의 형태에 대하여 많이 고려되었다. U 접미어는 새로운 것이다.

A.2.5.2 문자 상수

문자 상수(character constant)는 'x'와 같이 한 개나 그 이상의 문자들이 작은따옴표 사이에 있는 것이다. 한 문자로 된 문자 상수의 값은 수행 시 그 기종의 문자 세트 내에서 그 문자의 수치 값(예 : ASCII 값)이 된다. 여러 문자로 된 문자 상수의 값은 컴파일러에 따라 다르다. 문자 상수는 작은따옴표(')나 newline을 포함하지 않는다. 이 문자나 다른 특수한 문자를 나타내기 위해 다음과 같은 이스케이프 문자(escape sequence)가 사용된다.

newline	NL (LF)	\n	backslash	\	\\
horizontal tab	HT	\t	question mark	?	\?
vertical tab	VT	\v	single quote	'	\'
backspace	BS	\b	double quote	"	\"
carriage return	CR	\r	octal number	ooo	\ooo
formfeed	FF	\f	hex number	hh	\xhh
audible alert	BEL	\a			

이스케이프(escape) \ooo은 나타내고자 하는 문자의 값을 지정하기 위해 백슬래시(backslash)와 1, 2 또는 3자리의 8진수로 구성된 것이다. \0(숫자가 뒤에 붙지 않은)는 NULL 문자가 된다. 이스케이프 \xhh는 나타내고자 하는 문자의 값을 지정하기 위해 백슬래시와 x, 그리고 16진수 숫자들로 구성된다. 숫자의 개수에는 제한이 없지만, 결과의 문자 값이 최대 문자 값을 초과하는 경우의 동작은 정의되지 않았다. 8진수나 16진수의 이스케이프 문자에 대해, 컴파일러가 char 형태를 signed 형태로 취급한다면 문자의 값은 마치 char

변수에 캐스트(cast)된 것처럼 부호가 따라 붙는다. 백슬래시 뒤에 오는 문자가 지정된 것이 아닌 경우의 동작은 정의되지 않았다.

어떤 컴파일러에는 char 형태로 나타낼 수 없는 문자 집합이 있다 이러한 확장된 문자 집합의 상수는 앞에 L을 붙여 사용하고, 광역 문자 상수(wide character constant)라고 한다. 이러한 상수는 표준 헤더인 <stddef.h>에 정의된 wchar_t의 형태를 갖게 된다. 보통의 문자 상수에서처럼 8진수나 16진수의 이스케이프도 사용될 수 있다. 지정된 값이 wchar_t 형태로 나타낼 수 있는 값을 초과하는 경우의 효과는 정의되지 않았다.

이러한 이스케이프 시퀀스(escape sequences) 중 몇 가지, 특히 16진수 문자 표현은 새로운 것이며, 확장된 문자 집합 역시 새로운 것이다. 미국과 서부 유럽에서 일반적으로 사용되는 문자 집합은 char 형태에 맞도록 코딩된다. wchar_t 형태를 추가한 주요한 목적은 아시아의 언어를 수용하는 것이다. 한글이 2바이트임을 생각하면 알 수 있을 것이다.

A.2.5.3 부동소수점 상수

부동소수점 상수(floating constant)는 정수 부분, 소수 부분, e나 E, 부호 있는 정수로 나타내는 선택적인 지수 부분, 그리고 역시 선택적인 형태를 나타내는 접미어인 f, F, l, L 중의 한 가지로 구성된다. 정수 부분과 소수 부분은 모두 연속된 숫자로 구성된다. 정수 부분과 소수 부분 중 어느 하나(둘 모두는 아님)는 생략될 수 있다. 즉, 소수점이나 e와 지수 부분 중의 어느 하나(둘 모두는 아님)는 생략될 수 있다. 형태는 접미어에 의해 결정되는데, F나 f는 float, L이나 l은 long double, 그 외의 경우에는 double 형태로 다룬다.

부동소수점 상수의 접미어는 새로운 것이다.

A.2.5.4 열거 상수

열거자(enumerator)로 선언된 명칭은 int 형태의 상수이다(A.8.4절 참조).

A.2.6 문자열

문자열 상수라고도 하는 문자열(string literals)은 "..."와 같이 따옴표 사이에 들어가는 연속된 문자들이다. 문자열은 “문자의 배열(array)” 형태를 가지고, 기억 종류(storge class)는 static 형태이며(A.4절 참조), 주어진 문자들로 초깃값이 결정된다. 똑같은 문자열 상수를 두 번 이상 썼을 때 구분하는지 하나로 사용하는지는 컴파일러에서 정하기 나름이며, 문자열을 변환시키려는 프로그램의 동작은 정의되지 않았다.

인접한 문자열들은 하나의 문자열로 연결된다. 이러한 연결 후에 문자열의 끝에 널 바이트(null byte) \0을 두어서, 문자열을 검색하는 프로그램에서 문자열의 끝을 알 수 있도록 하였다. 문자열은 뉴라인이나 따옴표를 포함해서는 안 된다. 이러한 문자들을 표현하기 위해 문자 상수의 경우와 같이 이스케이프 문자를 사용한다.

문자 상수에서처럼 확장된 문자 집합의 문자열은 L“...”과 같이 L을 앞에 붙여 쓴다. 광역 문자(wide-character) 문자열들은 “wchar_t의 배열” 형태를 갖는다. 일반적인 광역 문자열의 연결은 정의되지 않았다.

문자열이 구별되어 사용될 필요가 없다는 설명과 문자열의 변경 금지에 대한 사항은 인접 문자열의 연결과 함께 ANSI 표준에 새로이 제정된 것이다. 광역 문자 문자열도 역시 새로운 것이다.

A.3 구문 표기

이 부록에서의 구문 표기는 구문의 종류는 이탤릭체로 나타내고 단어나 문자는 타자기 글자체로 나타내었다. 선택하여 사용할 수 있는 구문 종류들은 줄을 바꾸어 열거해 놓았다. 몇몇 경우에 있어 길이가 짧은 선택 가능 구문 종류들이 많이 열거될 때에는 “중의 하나”라는 말을 붙이고 한 줄에 나타내었다. 뒤에 “*opt*”라는 첨자가 붙은 것은 생략 가능이라는 의미이다. 예를 들어

$$\{\ \textit{expression}_{opt}\ \}$$

은 중괄호 내의 수식이 생략 가능함을 나타낸다. 구문에 대해서는 A.13절에 요약해 놓았다.

이 책 초판에서의 문법과는 달리, 여기서의 문법은 수식 연산자의 우선순위와 결합성을 명시하였다.

A.4 명칭의 의미

명칭 또는 이름이라는 것은 함수, 구조체, 유니온이나 열거 구조의 이름(tag), 구조체나 유니온의 원소, 열거 상수, typedef의 이름, 대상체(object) 등 여러 가지 다양한 것들을 의미한다. 변수라고 부르는 대상체는 기억장소 내의 어떤 한 위치인데 기억 종류(storage class)와 형(type)의 두 가지 속성을 가진다. 기억 종류는 지정된 대상체와 연관된 기억장소의 유효기간을 결정하는 반면, 형은 지정된 대상체가 가지는 값의 의미를 결정한다. 이름은 범위(scope)를 갖게 되는데, 이는 프로그램에서 그 이름이 알려진 영역이며, 다른 범위 내에 있는 똑같은 이름이 같은 대상체나 함수를 가리키는지의 여부를 결정하는 '연결'이라는 속성도 갖게 된다. 범위와 연결에 대해서는 A.11절에 설명하였다.

A.4.1 기억 종류

기억 종류(storage class)에는 자동(automatic)과 정적(static)의 두 가지가 있다. 대상체의 선언과 관련되어 몇 개의 키워드가 기억 종류를 지정한다. 자동 대상체(automatic object)는 어떤 한 블록에만 국부적으로 유효하며(A.9.3절), 그 블록을 벗어나면 자동적으로 없어진다. 기억 종류에 대한 특별한 지정이 없거나 auto로 지정된 경우, 블록 내에서의 대상체 선언은 자동 대상체를 만든다. register로 선언된 대상체는 자동이며(가능한 경우에), 속도가 빠른 레지스터에 저장된다.

정적 대상체(static objectect)는 한 블록에 국부적으로 유효하거나 모든 블록에 대해 유효할 수 있으나, 어떤 경우라도 함수나 블록을 벗어나고 다시 들어오고 하여도 그 값을 유지한다. 함수가 제공되는 블록을 포함하여, 어떤 블록 내에서 정적 대상체는 static 키워드로 선언된다. 모든 블록의 외부에서 함수 선언과 같은 수준에서 선언된 대상체는 항상 정적이다. 정적 대상체는 키워드 static을 이용하여 어느 특정한 변환 단위에 국부적으로 유효하도록 만들 수 있는데, 이 경우 내부연결이 생긴다. 기억 종류를 명시하지 않거나 키워드 extern을 사용함으로써 전체 프로그램에 대해 유효하도록 할 수 있는데, 이 경우에는 외부연결이 필요하게 된다.

A.4.2 기본형

C의 대상체에는 몇 가지 기본적인 형태(basic types)가 있다. 부록 B에 설명된 표준 헤더 <limits.h>는 각 형태의 최댓값과 최솟값을 정의하고 있다. 부록 B에 주어진 숫자들은 최소 허용 크기를 나타낸다. 문자(char)로 선언된 대상체는 문자 집합 중의 어느 것이라도 기억할 수 있을 만큼의 크기를 갖는다. 한 문자 대상체에 한 문자가 기억되었다면 그 값은 그 문자의 정수 코드(integer code)와 같게 되고 음수가 아닌 값이다. 다른 양들도 문자 변수에 저장될 수 있으나, 값의 가능한 범위와 부호가 붙는지의 여부는 컴파일러에 따라 다르다.

unsigned char로 선언된 부호 없는 문자는 보통 문자들과 같은 크기의 공간을 차지하지만 항상 음수가 아닌 형태로 나타난다. signed char로 명백하게 부호가 붙은 문자로 선언된 경우도 마찬가지로 보통 문자와 같은 크기의 공간을 차지한다.

> unsigned char 형태는 이 책의 초판에는 나오지 않았지만 일반적으로 널리 사용되는 것이고, signed char는 새로운 것이다.

문자 형태 이외의 정수는 그 크기를 short int, int, long int로 선언하여 세 가지로 사용이 가능하다. 그냥 int라고만 선언한 경우 그 기계의 구조에 따라 자연스러운 크기를 가지며, 다른 크기들은 용도에 맞도록 제공된다. long int는 short int가 차지하는 기억장소 이상의 기억장소를 필요로 하는데, short int나 long int 중 하나는 int와 크기가 같게 된다. 모든 정수 형태는 unsigned로 지정된 경우가 아니라면, 부호가 있는 값을 나타낸다.

unsigned로 선언된 부호 없는 정수는 n이 그 수의 표현에 사용된 비트 수라 할 때 모듈로(Modulo) 2^n의 연산법칙을 따르도록 하여, 부호 없는 양의 연산에서 오버플로(overflow)가 생기지 않도록 한다. 음수가 아닌 정수는 부호가 있는 대상체에 저장될 때와 부호 없는 대상체에 저장될 때 같은 형태가 된다.

단정도의 부동소수(float), 배정도의 부동소수(double), 특수정도의 부동소수(long double) 등은 뒤에 열거한 것이 앞의 것보다 정밀한데, 같은 것이 있을 수도 있다.

> long double은 새로운 것이다. 초판에서는 long float과 같이 취급했는데 그 표현은 철회되었다.

열거(enumeration)는 구성 요소들이 정수 값을 갖는 특이한 형태인데, 여러 개의 정수 상수를 모아서 지정할 때 사용한다(A.8.4절). 열거는 정수처럼 취급되는데 어떤 열거 형태 대상체 상수 중 형태에 대한 표현과 다른 것이 있을 때 주의(warning)를 내보낸다.

이러한 형태의 대상체들은 숫자에 관한 것이기 때문에 산술형(arithmatic type)이라 한다. 문자 형태, 크기와 부호에 관계없이 모든 정수 상태, 그리고 열거 형태 등을 합하여 정수형(integral type)이라 한다. float, double, long double 등은 부동소수점형 또는 부동형(floating type)이라 한다.

void 형은 값의 공집합을 나타낸다. 이것은 어떠한 값도 만들어 내지 않는 함수에서 리턴되는 형태로 사용된다.

A.4.3 유도된 형

기본적인 형태 이외에 다음과 같은 방식으로 기본 형태로부터 구해진 개념적으로 무한한 종류의 유도된 형태가 있다.

- 주어진 형태의 대상체의 배열(array)
- 주어진 형태의 대상체를 리턴하는 함수(function)
- 주어진 형태의 대상체에 대한 포인터(pointer)
- 여러 가지 형태의 대상체를 연속적으로 가질 수 있는 구조체(structure)
- 다양한 형태의 여러 가지 대상체를 어느 것이라도 가질 수 있는 유니온(union)
- 일반적으로 이와 같은 대상체의 구성법은 순환적(recursively)으로 적용될 수 있다.

A.4.4 형 한정사

어떤 대상체(object)의 형태는 부가적으로 한정사(qualifier)를 가질 수 있다. 대상체를 const로 선언하는 것은 그것의 값이 바뀌지 않을 것임을 나타낸다. 대상체를 volatile로 선언하는 것은 최적화와 관련된 특별한 성질을 갖는다는 것을 나타낸다. 한정사는 대상체의 값의 범위나 산술적 성질에 영향을 미치지 않는다. 한정사에 대해서는 A.8.2절에서 설명하였다.

A.5 대상체와 좌변 값

대상체(object)란 기억장소에서 이름이 붙여진 영역이며, 좌변 값(lvalue)은 한 대상체의 참조에 쓰이는 표현인데, 치환문의 좌변에 올 수 있는 표현이라고 생각하면 된다. 좌변 값 표현의 대표적인 예는 적절한 형태와 기억 종류를 갖는 명칭(identifier)이다. C에는 좌변에 둘 수 있는 연산자가 있다. 예를 들어, E가 포인터 형태의 표현이라면 *E는 E가 가리키는 대상체를 참조하기 위한 좌변 값 표현이 된다. 좌변 값이란 지정수식(assignment expression) E1 = E2에서 왼쪽의 오퍼랜드 E1으로 사용할 수 있는 값이라는 뜻이다.

A.6 변환

몇 가지 연산자들은 오퍼랜드에 따라 그 오퍼랜드의 값을 한 형태에서 다른 형태로 변환시킨다. 이 절에서는 그러한 변환(conversions)을 행했을 때에 기대되는 결과에 대해서 설명하였다. A.6.5절에는 대부분의 일반적인 연산자들에 의해 요구되는 변환들을 정리해 놓았다.

A.6.1 정수 진급

char, short, integer 혹은 정수 비트 필드(integer-bit-field) 등은 부호가 있든 없든, 열거 형태의 대상체이든 상관없이 정수가 사용될 수 있는 곳에서 사용될 수 있다. int로 수식 내의 모든 값을 나타낼 수 있다면 그 모든 값은 정수로 변환된다. 그렇지 않은 경우에 모든 값은 unsigned int로 변환되며, 이러한 과정을 정수 진급(integral promotion)이라 한다.

A.6.2 정수 변환

어떠한 정수라도 그 정수와 일치하는 음수가 아닌 최솟값, 부호를 사용하지 않는 형태에서 나타낼 수 있는 최댓값보다 하나 큰 값의 모듈로(Modulo)를 찾음으로써 부호 없는 형태로 변환할 수 있는데, 부호 없는 경우가 비트 수가 적은 경우에는 왼쪽에서 절단(left-truncation)이 일어난 것과 같고, 비트 수가 많은 경우에는 앞에 0을 삽입한 것 또는 부호 있는 값의 부호

연장(sign-extending)과 같다.

어떤 정수가 부호 있는 형태로 변환될 때, 그대로 표현될 수 있는 경우에는 그 값이 변화되지 않고 그렇지 않은 경우에는 변환되는데, 변환되는 방법은 컴파일러에 따라 다르다.

A.6.3 정수와 부동소수

부동소수 형태의 값이 정수 형태로 변환될 때 소수 부분은 없어진다. 결과로 얻어진 값이 정수 형태로 나타낼 수 없는 경우의 동작은 정의되지 않았다. 특히 음의 부동소수 값을 부호 없는 정수 형태로 변환한 결과는 지정되지 않았다.

정수 형태의 값이 부동소수로 변환될 때, 그 값이 표현 가능한 범위 내에 있지만 정확히 표현할 수 없는 경우에는 그 결과가 표현 가능한 가장 비슷한 값이 된다. 결과가 범위 밖에 있는 경우의 동작은 정의되지 않는다.

A.6.4 부동소수형

정밀도가 떨어지는 부동소수의 값이 더 높은 정밀도의 부동소수 형태(floating types)로 변환될 때, 그 값은 변하지 않는다. 정밀도가 높은 부동소수의 값이 정밀도가 낮은 부동소수 형태로 변환되고 그 값이 표현 가능한 범위 내에 있는 경우에 그 결과는 표현 가능한 가장 비슷한 값이 된다. 결과가 범위 바깥에 있는 경우의 동작은 정의되지 않는다.

A.6.5 산술적 변환

많은 연산자들이 변환을 필요로 하고 비슷한 방식으로 결과 형태를 얻는다. 그 효과는 오퍼랜드를 결과 형태와 같은 형태로 통일하는 것이다. 이러한 양식을 일반적인 산술적 변환(usual arithmetic conversion)이라고 한다.

- 어느 한 오퍼랜드가 long double이면 다른 하나는 long double로 변환된다.
- 그렇지 않고 어느 한 오퍼랜드가 double이면 다른 하나는 double로 변환된다.
- 그렇지 않고 어느 한 오퍼랜드가 float이면 다른 하나는 float로 변환된다.
- 그렇지 않고 양쪽 오퍼랜드에 대해 정수 진급이 수행되고 어느 한 오퍼랜드가 unsigned long int이면 다른 하나는 unsigned long int로 변환된다.

- 그렇지 않고 한 오퍼랜드가 long int이고 다른 하나가 unsigned int이면 그 효과는 long int가 unsigned int의 모든 값을 표현할 수 있는지의 여부에 좌우된다. 만약 표현이 안 된다면 양쪽 모두 unsigned long int로 변환된다.
- 그렇지 않고 어느 한 오퍼랜드가 long int이면 다른 하나는 long int로 변환된다.
- 그렇지 않고 어느 한 오퍼랜드가 unsigned int이면 다른 하나는 unsigned int로 변환된다.
- 그렇지 않다면 모든 오퍼랜드는 int 형태를 갖는다.

두 가지 변화된 것이 있는데, 첫째, 부동소수 오퍼랜드에 대한 산술이 단정도로 수행되는 것이다. 초판에는 모든 부동소수 연산은 배정도로 이루어진다고 명시되어 있다. 둘째, 길이가 짧은 부호 없는 형태가 길이가 긴 부호 있는 형태와 결합되었을 때, 부호 없는 형태로 변환되지 않는다. 초판에는 부호 없는 형태가 항상 우세한 것으로 되어 있다. 새로운 규칙은 약간 더 복잡하지만, 부호 없는 대상과 부호 있는 대상을 함께 처리할 때보다 명확하게 처리할 수 있다. 하지만 부호 있는 대상과 부호 없는 대상을 비교하는 경우에는 여전히 예상하지 못한 결과가 될 수 있다.

A.6.6 포인터와 정수

정수 형태의 수식은 포인터에 가산 혹은 감산될 수 있는데 이 경우 정수 형태의 수식은 덧셈 연산자에 대해서 언급한 부분(A.7.7절)에서 설명한 것과 같이 변환된다.

동일한 배열 내의 원소를 가리키는 두 포인터에는 빼기 연산을 할 수 있다. 그 결과는 정수가 되는데 A.7.7절에서 설명한 것과 같다. 0값을 갖는 정수형 상수 표현이나 void* 형태에 지정된 표현은 캐스트(cast), 지정(assignment), 비교(comparison) 등에 의해 어떠한 형태의 포인터로도 변환된다. 이러한 과정은 함수나 대상체를 가리키는 포인터와는 다른 널 포인터를 만들어 낸다.

포인터를 포함하는 다른 변환도 허용되지만 컴파일러에 따라 구현 방법이 다르게 된다. 그것들은 명백한 형태 변환 연산자나 캐스트에 의해 명시되어야 한다(A.7.5절과 A.8.8절 참조).

포인터는 그것을 유지할 수 있을 만한 크기의 정수 형태로 변환될 수 있지만 필요한 크기는 구현 방법에 따라 다르다. 사상함수(mapping function)도 구현 방법에 따라 다르게 된다.

정수 형태의 대상체는 포인터로 변환시킬 수 있다. 포인터를 충분히 큰 정수로 변환한다면 같은 포인터로 되돌려지지만 그렇지 않은 경우에는 구현 방법에 따라 다르다.

어떤 한 형태에 대한 포인터는 다른 형태의 포인터로 변환될 수 있다. 결과로 얻어진 포인터가 기억장소 내에 적절히 정렬된 대상체를 참조하는 경우가 아닐 때에는(addressing exceptions) 에러를 유발하게 된다. 어떤 대상체를 참조하는 포인터는 같거나 덜 엄격한 기억장소 정렬이 요구되고 변화 없이 원래 형태로 되돌아갈 수 있는 대상체를 가리키는 포인터로 변환될 수 있다는 것이 보장된다. "정렬(alignment)"은 구현 방법에 따라 다른데, char 형태의 대상체가 가장 덜 엄격한 정렬 조건을 가지고 있다. A.6.8절에서 설명한 바와 같이 어떤 포인터는 void* 형태로 변화되고 변화 없이 다시 원래 상태로 돌아올 수 있다.

마지막으로, 함수를 가리키는 포인터는 다른 함수 형태를 가리키는 포인터로 변환될 수 있다. 변환된 포인터에 의해 지정된 함수를 부르는 것은 구현 방법에 따라 다르지만, 변환된 포인터가 그것의 원래 형태로 재변환될 수 있다면, 결과는 원래의 포인터를 사용한 경우와 동일하게 된다.

A.6.7 void

void 대상체의 (존재하지 않는) 값은 어떠한 방식으로도 사용될 수 없고, 어떤 void가 아닌 형태로의 내적 · 외적 변환도 적용될 수 없다. void 표현은 존재하지 않는 값을 나타내기 때문에 void 표현은 수식문(A.9.2절)이나 콤마 연산자(comma operator, A.7.18절)의 왼쪽 오퍼랜드와 같이 값이 요구되지 않는 곳에서만 사용될 수 있다. 어떠한 수식은 캐스트에 의해 void 형태로 변환될 수 있다. 예를 들어, void 지정은 수식문으로 사용되는 함수 호출의 값을 없애 준다.

void는 이 책의 초판에 나오지 않았지만, 그 이후에 널리 사용되었다.

A.6.8 void에 대한 포인터

어떠한 포인터라도 정보의 손실 없이 void* 형태로 변환될 수 있다. 만일 결과가 원래의 형태로 다시 변환된다면, 원래의 포인터가 복구된다. A.6.6절에서 설명한 외부 캐스트를 필요로 하는 포인터 대 포인터 변환과는 달리, 포인터는 void* 형태로 지정될 수 있으면, 비교될 수도 있다.

void* 포인터에 대한 이러한 해석은 새로운 것인데 이전에는 char* 포인터가 일반적인 포인터의 역할을 수행하였다. ANSI 표준은 void* 포인터와 다른 포인터를 혼합해서 사용하는 방법을 많이 보강했다(cast가 필요하다).

A.7 수식

이 절에서는 높은 우선순위를 갖는 연산자로부터 우선순위가 낮아지는 순서로 수식에 사용되는 연산자를 설명하였다. 각 소절에서 설명된 연산자들은 같은 우선순위를 갖는다. 연산자의 결합 법칙에 대해서는 그 연산자에 대해 언급된 소절마다 명기하였다. 문법은 수식 연산자의 우선순위와 결합 법칙을 명시해 주는데, A.13절에 이러한 문법에 대해 요약해 놓았다.

연산자의 우선순위와 결합 법칙은 완전하게 명시되었지만, 수식 내에서 계산하는 순서는 정의되어 있지 않다. 즉, 어떤 연산자를 정의할 때 오퍼랜드의 계산 순서를 확실히 정해 주지 않는 경우에는 컴파일러가 임의의 순서대로 오퍼랜드를 계산하게 된다. 그러나 각 연산자는 그것이 나타내는 수식을 분석하는 방식과 같은 방식으로(문법대로) 연산자의 오퍼랜드에 의해 생성되는 값을 결합한다.

수학적으로 교환법칙과 결합법칙이 성립되는 식이라면 어떤 순서로 계산해도 상관없어야 하지만 실제로는 문제가 될 수도 있다. 문제는 주로 정밀도가 한계에 다다른 경우나 오버플로의 경우에 발생한다.

오버플로 처리방법, 나눗셈 점검법 그리고 수식 계산에서의 다른 예외들을 취급하는 방법은 프로그램 언어에 의해 정의되지는 않는다. 대부분의 C 컴파일러는 부호 있는 정수 수식 계산과 지정에서의 오버플로를 무시하지만 그렇지 않은 컴파일러도 있을 수 있다. 0으로 나누는 것과 모든 부동소수 계산에서의 예외사항의 처리는 기종에 따라 다르고, 대개는 표준 형태가 아닌 라이브러리 함수에 의해 조정된다.

A.7.1 포인터 생성

수식이나 부분 수식의 형태가 "T형의 배열"인 경우라면, 수식의 값은 배열에서 첫 번째 대상체를 가리키는 포인터가 되고 수식의 형태는 "T형에 대한 포인터"로 바뀐다. 이러한 변환은 수식이 단일 연산자나 ++, --, sizeof의 오퍼랜드거나 지정 연산자나, 연산자의 왼쪽 오퍼랜드인 경우에는 일어나지 않는다. 비슷하게, 수식이 연산자의 오퍼랜드로 사용되는 경우를 제외하고, 수식이 "T형을 리턴하는 함수"의 형태일 때는 "T형을 리턴하는 함수에 대한 포인터"의 형태로 변환된다. 위에 설명한 변환에 해당되는 수식은 좌변 값(lvalue)이 될 수 없다.

A.7.2 기본 수식

기본 수식(primary expression)은 명칭(identifier), 상수(constant), 문자열(string), 괄호 속에 있는 수식 등이다.

```
primary-expression:
    identifier
    constant
    string
    ( expression )
```

명칭은 다음에 설명하는 바와 같이 올바로 선언된 경우에 기본 수식이 된다. 명칭의 형태는 선언에 의해 지정된다. 명칭은 어느 한 대상체를 참조하고(A.5절), 형태가 산술식, 구조, 유니온, 포인터인 경우에 좌변 값이 될 수 있다. 상수도 기본 수식이다. 상수의 형태는 A.2.5절에서 설명된 것과 같다. 문자열도 기본 수식인데, 그 형태는 근본적으로 "char의 배열(광역 문자 문자열의 경우에는 "wchar_t의 배열")"이지만, A.7.1절에서 설명한 것과 같이 "char(wchar_t)에 대한 포인터"로 변경되고, 그 결과 문자열의 첫 문자에 대한 포인터가 된다. 괄호로 묶인 수식은 그 형태와 값이 괄호가 없는 경우와 같은 기본 수식이다. 좌변에도 괄호가 올 수 있다.

A.7.3 접미 수식

접미 수식(postfix expression)이란 다음의 예와 같이 뒤에 배열을 나타내는 대괄호, 함수를 나타내는 괄호 등이 붙어 있는 수식을 말한다. 접미 수식의 연산자들은 왼쪽에서 오른쪽으로 결합된다.

```
postfix-expression:
        primary-expression
        postfix-expression [ expression ]
        postfix-expression ( argument-expression-list_opt )
        postfix-expression . identifier
        postfix-expression -> identifier
        postfix-expression ++
        postfix-expression --

argument-expression-list:
        assignment-expression
        argument-expression-list, assignment-expression
```

A.7.3.1 배열 참조

뒤에 대괄호(square bracket) 내의 수식이 오는 접미 수식은 첨자가 붙은 배열 참조(array reference)를 나타내는 접미 수식이다. 두 개의 수식 중 하나는 "T형에 대한 포인터"의 형태여야만 하고, 다른 하나는 정수 형태를 가져야만 하는데, 첨자 수식(subscript expression)의 형태는 T형이다. 수식 E1[E2]은 (정의에 의해) * ((E1)+(E2))와 같다. A.8.6.2절에 보충 설명이 되어 있다.

A.7.3.2 함수 호출

함수 호출(function calls)은 함수 지정자(function designator)라고 불리는 기본 수식으로, 그 뒤에 괄호가 따라오게 되는데 괄호 안에는 아무것도 없거나, 함수의 매개변수를 구성하는 지정 수식(assignment expression)이 쉼표로 분리되어 열거된다(A.7.17절 참조). 선언되어 있지 않은 매개변수는 int로 취급된다. 즉, 다음과 같이 선언된 것으로 취급된다.

```
extern int identifier( );
```

함수 호출 시 사용 가능한 접미수식은 "T를 리턴하는 함수에 대한 포인터"의 형태이다.

> 초판에서는 형태가 "함수"로 제한되었고 외부적 * 연산자는 포인터를 통해 함수를 호출하는 경우에만 필요하였다. ANSI 표준은 함수와 포인터에 의해 지정된 함수의 호출에 대해 같은 문법을 적용함으로써 현존하는 몇몇 컴파일러의 관례를 따랐다.

매개변수(argument)란 말은 함수 호출에 의해 넘겨지는 수식을 말하는 것이고, 파라미터(parmeter)는 함수 정의에 의해 받아들여지거나 함수 선언에서 기술된 입력 대상체(혹은 그것의 명칭)를 말하는 것이다. "실매개변수(actual argument) 파라미터"와 "형식 매개변수(formal argument) 파라미터"는 때때로 같은 의미로 사용된다.

함수를 호출할 때에 각 변수들은 복제되고, 모든 변수 전달은 그 값에 의해 이루어진다(call by value). 함수는 그 파라미터 대상체의 값을 변경시킬 수 있으나, 그것은 복제된 변수 수식이므로 이러한 변경은 매개변수의 값에 영향을 미치지 않는다. 그러나 포인터를 전달해 줌으로써, 함수로 하여금 포인터가 가리키는 대상체의 값을 변경시킬 수 있도록 할 수 있다.

함수가 선언되는 데에는 두 가지 방식이 있다. 새로운 방식에서는 파라미터의 형태가 명시되는데 그것은 함수 형태의 부분이 되며, 이러한 선언은 함수 원형(function prototype)이라고도 한다. 예전의 방식에서는 파라미터의 형태가 지정되지 않았다. 함수 선언에 대해서는 A.8.6.3절과 A.10.1절에 설명되었다.

함수가 예전의 방식(ANSI 이전)으로 선언되었다면 자동적으로 다음과 같은 매개변수 진급(argument promotion)이 모든 매개변수에 대해 적용된다. 정수형 변수에 대해서는 A.6.1절에서 설명된 정수 진급(integral promotion)이 수행되고, 각 float 변수들은 double로 변환된다. 변수의 개수가 함수 정의에서의 변수 개수와 일치하지 않는 경우와 진급 후의 매개변수의 형태가 그에 해당하는 파라미터의 형태와 일치하지 않는 경우에는 함수 호출의 효과가 정의되지 않는다. 형(type)의 일치를 판단하는 방법은 예전 방식과 새 방식이 다르다. 예전 방식인 경우에는 형(type)의 비교가 함수 호출에 주어진 매개변수와 파라미터의 진급된 형태에 대해 이루어지는 반면, 새로운 방식일 경우에는 매개변수의 진급된 형태는 파라미터형과 같아야만 한다.

함수 선언이 새로운 방식으로 됐다면 매개변수는 함수 선언에서 정해진 파라미터의 형태로 변환된다. 매개변수의 개수는 선언에서의 파라미터 리스트가 생략부호(, ...)로 끝나지 않는 경우에는 기술된 매개변수의 개수와 반드시 같아야 한다. 이러한 경우에 매개변수의 개수는 파라미터 개수와 같거나 더 많아야 하는데, 대응되는 피라미터가 없는 뒤에 나오는 매개변수들은 앞에서 설명한 자동적인 매개변수 진급이 이루어지게 된다. 예전의 방식인 경우에는 함수 원형에서 주어진 각 파라미터의 형태가 정의에서 대응하는 파라미터의 형태와 일치해야만 하는데, 정의 후에 파라미터의 형태는 변수 진급이 이루어지게 된다.

이러한 규칙은 예전의 방식과 새로운 방식을 모두 만족시켜야 하므로 복잡하다. 두 가지 방식의 혼용은 피하는 것이 좋다.

매개변수의 취급 순서는 지정되지 않았는데 컴파일러에 따라 달라진다. 그러나 매개변수와 함수 자체는 함수에 들어가기 전에 모든 부수적인 효과까지 포함해서 완전히 계산된다. 모든 함수에 대해 순환적 호출(recursive call)이 허용된다.

A.7.3.3 구조체 참조

기본 수식 뒤에 점(dot)이 오고, 그 뒤에 명칭이 오는 것은 접미 수식이다. 첫 번째 오퍼랜드 수식은 구조체나 유니온이어야 하고 점 뒤에 오는 명칭은 구조나 유니온의 멤버를 지칭해야 한다. 이 수식의 값은 구조체나 유니온의 지칭된 멤버의 값이 되고, 형태는 그 멤버의 형태가 된다. 점 앞의 수식이 좌변 값이고, 점 뒤의 수식의 형태가 배열 형태가 아닌 경우에는 좌변 값이 된다.

기본 수식 뒤에 화살표(->)가 오고 그 뒤에 명칭이 오는 것은 접미 수식이다. 첫 번째 오퍼랜드 수식은 구조체나 유니온에 대한 포인터여야 하고, 점 뒤에 오는 명칭은 구조체나 유니온의 멤버를 지칭하는 것이어야 한다. 결과는 포인터 수식이 가리키는 구조체나 유니온의 지칭된 멤버를 참조하는 것이 되고, 형태는 그 멤버의 형태가 된다. 멤버의 형태가 배열 형태가 아닌 경우에 결과는 좌변 값이 된다. 그러므로 수식 E1->MOS는 (* E1) .MOS와 같다. 구조체와 유니온은 A.8.3절에 설명되었다.

이 책의 초판에서는 이러한 수식에서의 멤버 이름이 접미 수식에서 언급된 구조체나 유니온에 속해야 한다는 것이 이미 규칙으로 되어 있었다. 그러나 이 규칙이 강력하게 지켜지지 않아 현재의 컴파일러나 ANSI는 이 규칙을 강력히 시행되도록 하고 있다.

A.7.3.4 접미 증가

기본 수식 뒤에 ++나 --연산자가 오는 것은 접미 수식이다. 수식의 값은 오퍼랜드의 값이 된다. 값이 정해진 후에 오퍼랜드는 1만큼 증가(++)되거나 감소(--)된다. 오퍼랜드는 좌변 값이어야 하는데 오퍼랜드와 연산의 좀 더 자세한 제약에 대해서는 덧셈 연산자(A.7.7절)와 지정 연산자(assignment, A.7.17절)에 설명되었다. 결과는 좌변 값이 되지 않는다.

A.7.4 단원 연산자

단원 연산자(unary operator)를 가진 수식은 오른쪽에서 왼쪽으로 결합된다.

```
unary-expression:
      postfix-expression
      ++ unary-expression
      --  unary-expression
      unary-operator cast-expression
      sizeof unary-expression
      sizeof ( type-name )

unary-operator: one of
    &  *  +  -  ~  !
```

A.7.4.1 접두 증가 연산

수식 앞에 ++나 -- 연산자가 오는 것은 단원 수식(unary expression)이다. 오퍼랜드의 값은 1만큼 증가(++)하거나 감소(--)하게 되고, 수식의 값은 증가(감소) 후의 값이 된다. 오퍼랜드는 좌변 값이어야 하는데 오퍼랜드와 연산의 제약사항에 대해서는 덧셈 연산자(A.7.7절)와 지정 연산자(A.7.17절)에 설명되었다. 수식의 결과는 좌변 값이 아니다.

A.7.4.2 주소 연산자

단원 연산자 &는 그것의 오퍼랜드의 주소를 취한다. 오퍼랜드는 비트 필드(bit-field)나 register로 선언된 대상체를 참조하지 않는 좌변 값이어야 하고 함수 형태여야 한다. 결과는 좌변 값에 의해 참조되는 대상체나 함수에 대한 포인터가 된다. 오퍼랜드의 형태가 'T'라면, 결과의 형태는 "T형에 대한 포인터"가 된다.

A.7.4.3 간접 연산자

단원 연산자 *는 간접 연산자(indirection operator)인데, 오퍼랜드가 가리키는 대상체나 함수를 리턴한다. 오퍼랜드가 산술 대상체(object of arithmetic), 구조, 유니온, 포인터 형태인 경우에 수식은 좌변 값이 된다. 수식의 형태가 "T형에 대한 포인터"인 경우에 결과의 형태는 T가 된다.

A.7.4.4 단원 플러스 연산자

단원 연산자 +의 오퍼랜드는 산술이나 포인터 형태를 가져야 하고, 결과는 오퍼랜드의 값이 된다. 정수형의 오퍼랜드는 정수 진급(integral promotion)이 이루어진다. 결과의 형태는 진급된 오퍼랜드의 형태이다.

단원 연산자 +는 ANSI 표준에서 새로이 채택한 것인데, 단원 연산자 −와의 대칭성을 위해 추가되었다.

A.7.4.5 단원 마이너스 연산자

단원 연산자 −의 오퍼랜드는 산술 형태여야 하고, 결과는 오퍼랜드와 반대 부호가 된다. 정수형의 오퍼랜드에 대해서는 정수 진급이 이루어진다. 부호 없는 양의 음수 값은 진급된 형태에서의 최댓값에서 진급된 값을 빼고 1을 더해 계산되는데, 음의 0은 0이 된다. 결과의 형태는 진급된 오퍼랜드의 형태가 된다.

A.7.4.6 1의 보수 연산자

~연산자의 오퍼랜드는 정수 형태여야 하고, 결과는 오퍼랜드의 1의 보수가 된다. 정수 진급이 행해지고, 오퍼랜드가 부호 없는 형태일 경우에는 진급된 최댓값에서 그 값을 빼서 결과가 계산된다. 오퍼랜드가 부호 있는 경우라면 진급된 오퍼랜드를 그에 대응하는 부호 없는 형태로 변환하고 ~를 적용하여 다시 부호 있는 형태로 변환하여 결과가 계산된다. 결과의 형태는 진급된 오퍼랜드의 형태가 된다.

A.7.4.7 논리적 부정 연산자

! 연산자의 오퍼랜드는 산술 형태나 포인터여야 하고, 그 결과는 오퍼랜드의 값이 0일 때 1이 되고 그렇지 않은 경우에는 0이 된다. 결과의 형태는 int이다.

A.7.4.8 sizeof 연산자

sizeof 연산자는 오퍼랜드 형태의 대상체를 저장하는 데 필요한 바이트 수를 나타낸다. 오퍼랜드는 계산되지 않은 수식이나 형태 이름이 된다. char에 sizeof가 적용되면 결과는 1이 되고, 배열에 적용되었을 때에는 배열의 총바이트 수가 결과가 된다. 구조체나 유니온에 적용되었을 때에는 그 대상체를 배열로 만들었을 경우의 총바이트 수(중간의 빈 공간 포함)가 결과로 된다. n개의 원소를 갖는 배열의 크기는 한 원소 크기의 n배이다. sizeof 연산자는 함수 형태나 불완전한 형태의 오퍼랜드 또는 비트 필드에는 적용되지 않는다.

결과는 부호 없는 정수 상수가 되고, 구현 방법에 따라 다른 형이 되는 경우가 생길 수도 있다. 표준 헤더 <stddef.h>(부록 B 참조)에서 이 형태를 size_t로 정의하였다.

A.7.5 캐스트

형태 이름이 들어 있는 괄호가 앞에 오는 단원 수식은 값을 지정된 형태로 변환시킨다.

```
cast-expression:
    unary-expression
    ( type-name ) cast-expression
```

이러한 구조를 캐스트(cast)라 하고, 형태의 이름은 A.8.8절에 기술되었다. 변환의 효과는 A.6절에서 설명하였다. 캐스트가 있는 수식은 좌변 값이 아니다. 즉 캐스트 연산자는 좌변에 올 수 없다.

A.7.6 곱셈 연산자

곱셈 연산자(Multiplicative operator) *, /, % 등은 왼쪽에서 오른쪽으로 결합한다.

```
multiplicative-expression:
    cast-expression
```

multiplicative-expression * *cast-expression*

multiplicative-expression / *cast-expression*

multiplicative-expression % *cast-expression*

오퍼랜드는 산술 형태여야 하는데, %의 오퍼랜드는 정수 형태여야 한다. 오퍼랜드에 대해서는 산술적 변환이 이루어지고, 결과의 형태를 예측하게 된다.

* 연산자는 곱셈을 나타낸다.

% 연산자는 첫 번째 오퍼랜드를 두 번째 오퍼랜드로 나누었을 때의 몫과 나머지를 나타내는데, 두 번째 오퍼랜드가 0인 경우에 결과는 정의되지 않았다. 두 번째 오퍼랜드가 0이 아닌 경우에 (a/b)*b+a%b가 a와 같다는 것은 항상 참이다. 두 오퍼랜드가 모두 음수가 아니라면 나머지도 음수가 아니고 나누는 수보다 작게 되는데, 둘 중에 음수가 있으면 나머지의 절댓값이 나누는 수의 절댓값보다 작다는 것만이 보장된다.

A.7.7 덧셈 연산자

덧셈 연산자(additive operator) +와 -는 왼쪽에서 오른쪽으로 결합된다. 오퍼랜드가 산술 형태라면 산술적 변환이 이루어진다. 연산자에 따라 다른 형이 가능할 수도 있다.

additive-expression:

multiplicative-expression

additive-expression + *multiplicative-expression*

additive-expression - *multiplicative-expression*

+연산자의 결과는 오퍼랜드의 합이 된다. 배열 내의 한 대상체에 대한 포인터와 어떤 정수 형태의 값은 더해질 수 있다. 정수 형태의 값은 포인터가 가리키는 대상체의 크기와 곱해서 주소 오프셋(address offset)으로 변환된다. 합은 원래의 포인터와 같은 형태의 포인터이며 같은 배열 내에서 원래의 대상체로부터 일정 거리 떨어져 있는 다른 대상체를 가리키게 된다. 그러므로 p가 배열 내의 대상체에 대한 포인터라면, p+1은 배열 내의 바로 다음 대상체에 대한 포인터가 된다. 배열의 한쪽 끝 바로 다음 위치를 제외하고 합의 포인터가 배열의 한계 바깥을 가리키는 경우의 결과는 정의되지 않는다.

배열의 끝을 넘어서는 포인터에 대한 금지조항은 새로운 것이다. 이것은 배열의 원소에 대해 루프를 도는 일반적인 관계를 정당화하는 것이다

- 연산자의 결과는 오퍼랜드의 차가 된다. 어떤 정수 형태의 값이라도 포인터에서 뺄 수 있으며, 덧셈과 같은 변환과 조건이 적용된다.

같은 형태의 대상체에 대한 두 개 포인터 간의 뺄셈의 경우에 그 결과는 참조되는 대상체 사이의 거리를 나타내는 부호 있는 정수가 되는데, 인접한 대상체에 대한 포인터 간의 차이는 1이 된다. 결과의 형태는 구현 방법에 따라 다르므로 표준 헤더 <stddef.h>에 ptrdiff_t로 정의되어 있다. 포인터가 같은 배열 내의 대상을 가리키지 않는 경우에 값은 정의되지 않지만, p가 배열의 마지막 원소를 가리킨다면 (p+1)−p는 값이 1이다.

A.7.8 시프트 연산자

시프트 연산자(shift operator) <<와 >>는 왼쪽에서 오른쪽으로 결합한다. 두 연산자 모두 오퍼랜드는 정수 형태여야 하고 정수 진급이 수행된다. 결과의 형태는 진급되는 왼쪽 오퍼랜드의 형태가 된다. 오른쪽 오퍼랜드가 음수이거나 왼쪽 오퍼랜드가 나타내는 비트 수와 같거나 큰 경우에 결과는 정의되지 않는다.

```
shift-expression:
        additive-expression
        shift-expression << additive-expression
        shift-expression >> additive- expression
```

E1<<E2의 값은 E1을 E2 비트만큼 왼쪽으로 시프트한(shifted) 값인데, 오버플로가 없는 경우에 이것은 2^{E2}로 곱한 것과 같다. E1>>E2의 값은 오른쪽으로 시프트된 것이다. 오른쪽 시프트는 E1이 부호 없는 형태이거나 음수가 아닌 값인 경우에는 2^{E2}로 나누는 것과 같고, 그렇지 않은 경우는 구현 방법에 따라, 즉 컴파일러에 따라 다르다.

A.7.9 관계 연산자

관계 연산자(relational operator)는 왼쪽에서 오른쪽으로 결합되지만, 결합 법칙을 이용하는

것은 좋은 방법이 아니다. a<b<c는 (a<b)<c로 해석되고 a<b는 0이나 1로 계산된다.

```
relational-expression:
        shift-expression
        relational-expression < shift-expression
        relational-expression > shift-expression
        relational-expression <= shift-expression
        relational-expression >= shift-expression
```

연산자 <, >, <=, >= 등은 모두 지정된 관계가 거짓이면 0, 참이면 1을 결과로 나타낸다. 결과의 형태는 int이다. 산술적 오퍼랜드에 대해서는 산술적 변환이 이루어진다. 같은 형태의 대상체에 대한 포인터들은 비교될 수 있는데, 그 결과는 참조되는 대상체의 주소 공간(address space) 내에서의 상대적인 위치에 좌우된다. 포인터 비교는 같은 대상체의 부분에 대해서만 정의되고, 두 개의 포인터가 같은 대상체를 가리킨다면 두 포인터는 같은 것으로 되고, 포인터가 같은 구조체의 원소들이라면 나중에 선언된 대상체에 대한 포인터가 높은 것으로 비교된다. 만일, 포인터가 같은 유니온의 원소들이라면 두 포인터는 같은 것으로 되고, 배열의 원소에 대한 포인터들이라면 포인터의 비교는 대응하는 첨자의 비교와 같다. p가 배열의 마지막 원소를 가리킨다면 p+1이 배열 바깥을 가리킨다고 하더라도 p+1이 p보다 큰 것으로 된다. 이외의 경우에 포인터 비교는 정의되지 않는다.

이러한 규칙들은 구조체나 유니온의 다른 원소에 대한 포인터의 비교를 허용함으로써 이 책의 초판에 기술된 제약을 약간 완화하였다.

A.7.10 동등 연산자

```
equality-expression:
        relational-expression
        equality-expression == relational-expression
        equality-expression != relational-expression
```

==(같다)와 !=(같지 않다) 연산자는 관계 연산자에 비해 우선순위가 낮다는 것을 제외하고는 관계 연산자와 유사하다(그러므로 a<b == c<d는 a<b와 c<d가 둘 다 참이거나 둘 다 거짓일 때에만 1이 된다).

동등 연산자(equality operator)는 관계 연산자와 같은 규칙을 따르지만, 포인터와 0 값을 갖는 상수 정수 수식, 또는 포인터와 void에 대한 포인터를 비교할 수도 있다(A.6.6절 참조).

A.7.11 비트 단위 AND 연산자

```
AND-expression:
        equality-expression
        AND-expression & equality-expression
```

산술적 변환이 이루어지고, 그 결과는 오퍼랜드들에 대한 비트 단위의 AND 함수가 된다. 정수 형태의 오퍼랜드에만 적용된다.

A.7.12 비트 단위 exclusive OR 연산자

```
exclusive-OR-expression:
        AND-expression
        exclusive-OR-expression ^ AND-expression
```

산술적 변환이 이루어지고, 그 결과는 오퍼랜드에 대한 비트 단위의 exclusive OR 함수가 된다. 정수 형태의 오퍼랜드에만 적용된다.

A.7.13 비트 단위 inclusive OR 연산자

```
inclusive-OR-expression:
        exclusive-OR-expression
        inclusive-OR-expression | exclusive-OR-expression
```

산술적 변환이 이루어지고, 그 결과는 오퍼랜드에 대한 비트 단위의 inclusive OR 함수가 된다. 정수 형태의 오퍼랜드에만 적용된다.

A.7.14 논리적 AND 연산자

logical-AND-expression:
inclusive-OR-expression
logical-AND-expression && *inclusive-OR-expression*

&& 연산자는 왼쪽에서 오른쪽으로 결합된다. 두 오퍼랜드가 모두 0이 아닐 때에 결과가 1이 되고, 그렇지 않은 경우에 결과는 0이 된다. &와 달리, &&는 왼쪽에서 오른쪽으로 값을 구해 나가다가 값이 0인 오퍼랜드를 만나면 수식의 값을 0으로 한다. 그렇지 않은 경우에는 오른쪽 오퍼랜드가 계산되고 그 값이 0이면 수식의 값은 0이 된다. 끝까지 0인 오퍼랜드가 없으면 1이 된다.

오퍼랜드들은 같은 형태일 필요는 없지만 각 오퍼랜드는 산술 형태이거나 포인터가 되어야 한다. 결과의 형태는 int이다.

A.7.15 논리적 OR 연산자

logical-OR-expression:
logical-AND-expression
logical-OR-expression ¦¦ *logical-AND-expression*

¦¦ 연산자는 왼쪽에서 오른쪽으로 결합된다. 두 오퍼랜드 중 하나가 0이 아니면 결과가 1이 되고, 그렇지 않은 경우에는 결과가 0이 된다. ¦와 달리 ¦¦는 왼쪽에서 오른쪽으로 값을 구해 나가다가 값이 1인 오퍼랜드를 만나면 수식의 값을 1로 한다. 끝까지 1인 오퍼랜드가 없으면 수식의 값은 0이 된다. 결과의 형태는 int이다.

A.7.16 조건 연산자

conditional-expression:

```
        logical-OR-expression
        logical-OR-expression ? expression : conditional-expression
```

첫 번째 수식을 계산하고, 그 값이 0이 아니라면 결과는 두 번째 수식의 값이 되고, 0인 경우에는 세 번째 수식의 값이 된다. 두 번째 오퍼랜드와 세 번째 오퍼랜드 중 한 개만이 계산된다. 두 번째와 세 번째 오퍼랜드가 산술식이라면, 두 오퍼랜드가 같은 형태가 되도록 산술적 변환이 행해지고 결과도 그 형태가 된다. 두 오퍼랜드가 모두 void이거나 같은 구조나 유니온 혹은 같은 형태의 대상체에 대한 포인터인 경우에 결과는 같은 형태로 된다. 한 오퍼랜드는 포인터이고 다른 하나는 상수 0이라면 0이 포인터 형태로 변환되고, 결과도 포인터 형태가 된다. 한 오퍼랜드가 void에 대한 포인터이고 다른 하나는 또 다른 형의 포인터라면 다른 형의 포인터가 void에 대한 포인터로 변환되고, 결과도 같은 형태로 된다.

포인터에 대한 형태 비교에서, 포인터의 형태 한정사(type-qualifier, A.8.2절 참조)는 중요하지 않지만, 결과 형태는 조건 연산자의 두 오퍼랜드로부터 한정사를 물려받는다.

A.7.17 지정 수식

지정 수식(assignment expression)에는 여러 가지가 있는데 모두 오른쪽에서 왼쪽으로 결합된다.

```
assignment-expression:
        conditional-expression
        unary-expression assignment-operator assignment-expression


assignment-operaotor: one of
        =    *=    /=    %=    +=    -=    <<=    >>=    &=    ^=    |=
```

이들 모두는 왼쪽 오퍼랜드로 좌변 값을 필요로 하고, 좌변 값은 변경 가능해야 한다. 좌변 값은 배열이어서는 안 되고 불완전한 형태나 함수여서도 안 된다. 또한 그 형태는 const로 지정되지 않아야 하고, 그것이 구조체나 유니온인 경우에는 const로 지정된 원소나 부분 원소를 가져서는 안 된다. 지정 수식의 형태는 왼쪽 오퍼랜드의 형태로 되고 그 값은 지정이 행해진 후에 왼쪽 오퍼랜드에 저장된 값이 된다.

=를 사용하는 지정 수식의 경우 우변의 수식이 계산되고 그 결과 값이 좌변의 값이 된다.

좌변과 우변의 두 오퍼랜드는 다음 중 한 가지 조건을 만족해야 한다.

- 두 오퍼랜드는 모두 산술 형태이고, 이런 경우 오른쪽 오퍼랜드는 지정에 의해 왼쪽 오퍼랜드의 형태로 변환된다.
- 두 오퍼랜드가 모두 같은 형태의 구조체나 유니온이다.
- 한 오퍼랜드는 포인터이고, 다른 하나는 void에 대한 포인터이다.
- 왼쪽 오퍼랜드는 포인터이고, 오른쪽 오퍼랜드는 0 값을 갖는 상수 수식이다.
- 오른쪽 오퍼랜드에 const나 volatile이 있는 경우를 제외하고는 두 오퍼랜드가 모두 형태가 같은 함수나 대상체에 대한 포인터이다.
- E1 *op* = E2 형태의 수식은 E1이 한 번만 계산된다는 것을 제외하고는 E1 = E1 *op* (E2)와 같다.

위의 제약에 따르면, 우변은 어떤 형태의 대상체를 가리키는 포인터, 좌변은 그 형태가 const로 지정된 대상체를 가리키는 포인터인 경우 문법에 맞지 않게 된다. 이 규칙과 cast에 대한 규칙을 엄밀히 살펴보면, 라이브러리 함수를 구현하는 데 어려움이 있고 규칙을 완화할 필요가 있음을 알 수 있다.

A.7.18 콤마 연산자

```
expression:
        assignment-expression
        expression, assignment-expression
```

콤마에 의해 분리된 한 쌍의 수식은 왼쪽에서 오른쪽으로 그 값을 구하고, 왼쪽 수식의 결과 값은 무시된다. 결과의 형태와 값은 오른쪽 오퍼랜드의 형태와 값을 따른다. 왼쪽 오퍼랜드의 계산에서 생기는 모든 부수적인 효과는, 오른쪽 오퍼랜드의 계산 시작 전에 완료된다. 함수에 대한 독립변수는 리스트(A.7.3.2절)나 초깃값 지정자(initializer)의 리스트(A.8.7절)에서와 같이, 문맥상으로 콤마가 특별한 의미를 가지는 경우 콤마 사이에 다시 콤마를 사용하려면 괄호를 사용해야 한다. 예를 들면,

```
f(a, (t=3, t+2), c)
```

는 세 개의 변수를 가지며, 그중 두 번째는 그 값이 5가 된다.

A.7.19 상수 수식

문법적으로 상수 수식(constant expression)은 수식의 일부인데, 상수에 사용할 수 있는 연산자만 사용된 수식이다.

constant-expression:
  conditional-expression

상수 수식은 case 문, 배열의 크기, 비트 필드의 길이, 열거 상수(enumeration constant)의 값, 초깃값 지정자에서 프리프로세서의 수식 등 여러 가지 경우에 필요하다. 상수 수식은 sizeof의 오퍼랜드인 경우를 제외하고는 지정, 증가나 감소 연산자, 함수 호출, 콤마 연산자 등을 포함할 수 없다. 상수 수식이 정수형이어야 할 필요가 있을 때는 오퍼랜드들이 정수, 열거, 문자로 구성되어야 하는데, 부동소수 상수를 사용하려면 cast를 해야 한다. 배열, 간접법(indirection), address-of 구조의 원소 등은 이러한 곳에 사용될 수 없다(그러나 sizeof에 대해서는 어떤 오퍼랜드라도 허용된다).

초깃값을 지정하는 상수 수식에 대해서는 더 많은 것이 허용되는데, 오퍼랜드는 어떤 형태의 상수라도 허용되고 단일 & 연산자를 extern이나 static 대상체에 적용할 수 있고, 배열 첨자의 경우 & 연산자를 사용하지는 않았지만 내부적으로는 사용한 것과 같다. 초깃값은 상수로 주어지거나 사전에 이미 선언된 extern이나 static 대상체의 주소에 상수를 더하거나 뺀 값으로 계산된다.

#if 뒤의 정수형 상수 수식는 sizeof 표현 열거 상수 캐스트 등은 허용되지 않는다. 이에 대해서는 A.12.5절에 설명되었다.

A.8 선언

선언(declaration)은 각 명칭이 어떤 형태의 대상체를 가리키는 것인지 정해 주기 위해 사용되며, 그 명칭과 관련된 기억장소를 확보하지는 않는다. 기억장소를 확보하는 선언은 정의

(definition)라고 한다. 선언은 다음과 같은 형태를 갖는다.

declaration:
    declaration-specifiers init-declarator-list$_{opt}$;

초기 선언자 리스트(init-declarator-list) 내의 선언자는 선언되고 있는 명칭을 포함한다. 선언 지정자(declaration-specifier)는 형태와 기억 형태 지정자(storage-class-specifier)의 열거로 구성된다.

declaration-specifiers:
    storage-class-specifier declaration-specifiers$_{opt}$
    type-specifier declaration-specifiers$_{opt}$
    type-qualifier declaration-specifiers$_{opt}$

init-declarator list:
    init-declarator
    init-declarator-list, init-declarator

init-declarator:
    declarator
    declarator = initializer

선언자는 뒤에 설명되는데(A.8.5절), 그것은 선언되는 이름을 포함해야 한다. 선언은 적어도 한 개의 선언자를 갖거나 구조체 이름(tag), 유니온 이름, 열거의 원소 등을 선언하는 형태 지정자가 있어야 한다. 아무것도 없이 빈 선언은 허용되지 않는다.

A.8.1 기억 형태 지정자

기억 형태 지정자(storage class specifier)에는 다음과 같은 것들이 있다.

storage-class-specifier:
    auto

```
register
static
extern
typedef
```

기억 형태의 의미는 A.4절에 설명되었다. auto와 register 지정자는 선언된 대상체를 자동 기억 형태(자동변수)로 지정하고, 함수 내에서만 사용된다. 이러한 선언은 정의(definition)의 역할도 하고 기억장소도 확보한다. register 선언은 auto 선언과 같지만 선언된 대상체가 자주 사용될 것임을 알려 준다. 단지 몇 개의 대상체만이 실제적으로 레지스터에 위치하게 되고 어떤 특정한 형태만이 가능한데, 이러한 제한은 컴파일러에 따라 다르다. 그러나 대상체가 register로 선언되었다면 단원 연산자 &는 명시적이나 암시적으로나 그 대상체에 적용될 수 없다.

register로 선언된 대상체의 주소를 계산하는 것이 금지된 규칙은 새로운 것이다.

register로 선언되었지만 auto로 간주되는 대상체가 있을 때, static 지정자는 그 대상체를 정적 기억 형태로 지정하는데 그러면 그 대상체는 함수의 외부에서도 사용할 수 있다. 함수 내에서 이 지정자는 기억장소가 할당되도록 하고 정의로서의 역할을 한다. 함수 외부에서 사용하는 효과에 대해서는 A.11.2절에서 설명하였다.

typedef 지정자는 기억장소를 확보하지 않고 기억 형태를 지정해 주기만 하는데, 이것에 대해서는 A.8.9절에서 설명하였다.

하나의 선언에서는 하나의 기억 형태 지정자만이 주어진다. 기억 형태 지정자가 주어지지 않으면 다음과 같은 규칙들이 적용된다. 함수 내에서 선언된 대상체는 auto로 간주되고, 함수 내에서 선언된 함수는 extern으로 간주되는 반면에 함수 외부에서 선언된 대상체나 함수는 외부 링키지와 함께 static으로 간주된다. 이러한 사항에 대해서는 A.10절과 A.11절에서 설명되었다.

A.8.2 형태 지정자

형태 지정자(type specifier)는 다음과 같다.

```
type-specifier:
    void
    char
    short
    int
    long
    float
    double
    signed
    unsigned
    struct-or-union-specifier
    enum-specifier
    typedef-name
```

long이나 short 중 하나를 int의 앞에 붙일 수 있는데, long이나 short을 사용할 경우 int라는 말은 사용하지 않아도 된다. long은 double과 함께 지정될 수도 있다. signed나 unsigned 중 하나만이 int, short나 long이 붙은 int, chat 등과 함께 지정될 수 있다. signed나 unsigned는 홀로 사용될 수 있는데 그 경우에는 int라는 말이 뒤에 붙어 있는 것으로 간주된다. signed 지정자는 char 대상체에 부호를 붙일 필요가 있을 때 유효하게 사용된다. 다른 정수 형태에 대해서도 허용은 되지만 아무 의미가 없다.

이상의 경우가 아닌 경우에는 단지 한 개의 형태 지정자만이 선언에 주어진다. 선언에 형태 지정자가 없는 경우에는 int로 간주한다.

선언되는 대상체의 특별한 성질을 나타내기 위해 형태는 한정될 수 있다.

```
type-qualifier:
    const
    volatile
```

형태 한정사(type qualifiers)는 어떤 형태 지정자와도 함께 사용될 수 있다. const 형태(상수)는 초깃값이 지정될 수 있지만, 그 이후에는 다른 값으로 변하지 않는다. 변할 수 있는(volatile) 대상체(변수)의 의미는 구현 방법에 따라 다르다.

const와 volatile 특성은 ANSI 표준에서 새로이 채택한 것이다. const의 목적은 대상체가 ROM에 위치할 수 있다는 것을 알리고 최적화의 가능성을 증대시키기 위해서이다. volatile의 목적은 그것을 사용하지 않는 경우에 컴파일러가 최적화시키는 것을 억제하는 것이다. 예를 들어, 기억장치 사상(memory-mapped) 입출력 방식의 기계에서 컴파일러가 포인터를 통한 확실히 중복된 참조를 제거하는 것을 막기 위해 레지스터(device register)에 대한 포인터를 volatile에 대한 포인터로 선언할 수 있다. 외부적으로 const 대상체를 변화하려는 시도를 검사해야 하는 경우를 제외하고 컴파일러는 이러한 한정어들을 무시할 수 있다.
세 번째 한정어 noalias는 현재 표준화 위원회에서 심사 중에 있다.

A.8.3 구조체와 유니온 선언

구조체는 여러 가지 형태의 이름 붙여진 멤버들의 집합으로 구성된 대상체이고, 유니온은 여러 형태의 원소로 사용될 수 있는 대상체이다. 구조체와 유니온 지정자는 같은 형태를 갖는다.

struct-or-union-specifier:
    struct-or-union identifier$_{opt}$ { *struct-declaration-list* }
    struct-or-union identifier

struct-or-union:
    struct
    union

구조체 선언 리스트(structure-declaration-list)는 구조체나 유니온의 멤버에 대한 선언을 하기 위한 문장들로 다음과 같이 구성된다.

struct-declaration-list:
    struct-declaration
    struct-declaration-list struct-declaration

struct-declaration:
    specifier-qualifier-list struct-declarator-list;

specifier-qualifier-list:

type-specifier specifier-qualifier-list$_{opt}$

type-qualifier specifier-qualifier-list$_{opt}$

struct-declarator-list:

struct-declarator

struct-declarator-list, *struct-declarator*

보통의 경우 구조체 선언자는 구조체나 유니온의 멤버에 대한 선언자이다. 구조체의 멤버는 지정된 수의 비트로 구성될 수 있다. 이런 멤버를 비트 필드라고 하는데 크기를 정해 주려면 : 뒤에 크기를 써 주면 된다.

struct-declarator:

declarator

declarator$_{opt}$: *constant-expression*

다음과 같은 형식의 형태 지정자

struct-or-union identifier { *struct-declaration-list* }

은 리스트에 의해 지정된 구조체나 유니온의 이름(tag)을 선언하는 데 사용된다. 여기서 선언된 이름(tag)은 다음과 같이 형 정의에 사용된다.

struct-or-union identifier

구조체나 유니온의 선언 리스트가 없는 상태에서 이름을 사용하면 "불완전한 형태"가 지정된다. 불완전한 구조체나 유니온 형태의 대상체는, 예를 들어 포인터를 지정하거나 typedef를 구성하기 위한 선언(정의가 아니라)과 같이 기억장소를 사용하지 않는 곳에서 사용할 수 있지만 그렇지 않은 곳에서는 사용할 수 없다. 선언의 다음에 선언 리스트를 포함하는 지정자가 나오면 "완전한 형태"가 된다. 리스트를 가지고 있는 선언자라고 하더라도, 리스트 내에서 선언되는 구조체나 유니온 형태가 불완전하게 되고 지정자를 끝내는 }에서만 완전하게 된다.

구조체는 불완전한 형태의 멤버를 포함할 수 없다. 그러므로 그 자체를 포함하는 구조체나 유니온을 선언하는 것은 불가능하다. 그러나 구조체나 유니온 형태에 이름을 주면, 이름을 사용하여 자기 자신을 참조하는 구조를 정의할 수 있다. 불완전한 형태에 대한 포인터를 선언할 수 있기 때문에, 구조체나 유니온은 자기 자신을 요구하는 포인터를 포함할 수 있다.

다음과 같은 형식의 선언에는 매우 특수한 규칙이 적용된다.

struct-or-union identifier ;

위의 형식은 구조체나 유니온을 선언하지만 선언 리스트와 선언자가 없다. 명칭(identifier)이 다른 영역에서 이미 선언된 구조체나 유니온의 이름이라고 할지라도(A.11.1절), 이러한 선언은 명칭을 현재의 영역에서 새롭고 불완전한 형태의 구조체나 유니온의 이름으로 만든다.

이러한 숨겨진 규칙은 ANSI에서 새로 채택한 것이다. 이것은 이미 다른 외부 영역에서 선언된 이름을 이미 다른 내부 영역에서 선언된 상호 순환적인 구조체를 다루기 위한 의도로 채택하였다.

리스트는 있지만 이름이 없는 구조체나 유니온은 독특한 형태를 생성한다. 그것은 그 자신이 한 부분이 되는 선언에서만 직접적으로 참조될 수 있다.

멤버의 이름을 일반적인 변수와 혼동해서는 안 된다. 같은 구조체나 유니온 내에서 한 멤버의 이름이 두 번 나와서는 안 되지만 다른 구조나 유니온에서는 같은 멤버의 이름이 사용될 수 있다.

이 책의 초판에서는 구조체와 유니온 멤버의 이름이 그들 부모의 이름과 결합해서는 안 되었다. 그러나 이러한 결합은 ANSI 표준 이전에 컴파일러에 일반적으로 사용되었다.

구조체나 유니온에 있는 멤버 중 비트 필드에 속하지 않는 멤버는 어떤 형이든지 될 수 있다. 비트 필드에 속하는 멤버(따로 선언해 줄 필요 없는)는 int, unsigned int 또는 signed int 형이 되는데, 이 세 가지는 저장될 때 동일한 형태(동일한 비트 수)로 변환된다. 단 int형이 부호 있는 정수로 취급되느냐 하는 것은 기종에 따라 달라진다. 구조체에서 인접한 멤버들은 적당한 크기(기종에 따라 다르다)로 묶여서 저장된다. 비트 필드가 연달아 있는 경우 배치가 기억장소의 경계와 맞지 않는다면 비트 필드가 몇 개로 나누어질 수도 있고 더 길게 만들어서 그다음 필드의 첫 위치를 조정할 수도 있다.

ANSI 기준에 의하면 필드에 관한 많은 것이 이 기종에 맞게 정해지도록 하고 있으므로 자세한 것은 그 기종 또는 사용 OS 등을 참조해야 한다. 구조체는 저장장소를 최소화하도록 할 수 있고, 저장장소를 좀 많이 사용하더라도 알아보기 쉽게 할 수도 있다.

한 구조체의 멤버들은 그들이 선언되는 순서대로 주소가 부여된다. 구조체의 비트 필드가 아닌 멤버들은 그들의 형태에 따라 주소 경계에 맞추어 정렬된다. 그러므로 구조체 내에 이름이 없는 빈 부분(hole)이 있을 수 있다. 한 구조체에 대한 포인터가 그것의 첫 번째, 멤버에 대한 포인터의 형태로 캐스트되면 그 결과는 첫 번째 멤버를 참조하는 것이 된다.

유니온은 모든 멤버가 오프셋 0에서 시작되고 그 크기가 그것의 어떤 멤버라도 포함할 수 있는 구조체로 생각할 수 있다. 유니온에는 한 번에 멤버 중 하나만이 저장될 수 있다. 유니온에 대한 포인터가 한 멤버에 대한 포인터의 형태로 캐스트되면 결과는 그 형의 멤버를 참조하게 된다.

구조체 선언의 간단한 예는 다음과 같다.

```
struct tnode {
    char tword[20];
    int count;
    struct tnode *left;
    struct tnode *right;
};
```

위의 구조체는 20개의 문자로 된 배열, 정수, 같은 구조에 대한 두 개의 포인터를 포함한다. 이러한 것이 선언됐으면 다음과 같은 선언에서

```
struct tnode s, *sp;
```

s는 주어진 종류의 구조체로, sp는 주어진 종류의 구조체에 대한 포인터로 선언한다. 이러한 선언에 의해 수식

```
sp->count
```

는 sp가 가리키는 구조체의 count 필드를 참조한다.

```
s.left
```

는 구조체 s의 멤버 중 left를 가리키는 포인터를 참조하고,

```
s.right->tword[0]
```

는 s의 멤버 중 right의 tword 멤버 중 첫 번째 문자를 참조한다.

일반적으로 유니온의 값이 어떤 멤버를 사용하여 지정되지 않는 경우에 유니온의 그 멤버는 검사될 수 없다. 한 유니온에 여러 개의 구조체가 있고 그 구조체의 멤버 중에 공통된 것이 있다면, 포함된 구조체의 공통된 부분은 참조하는 것이 허용된다. 예를 들어, 다음과 같은 것은 적법하다.

```
union {
    struct {
        int type;
    } n;
    struct {
        int type;
        int intnode;
    } ni;
    struct {
        int type;
        float floatnode;
    } nf;
} u;
...
u.nf.type = FLOAT;
u.nf.floatnode = 3.14;
```

```
    ...
    if (u.n.type == FLOAT)
        ... sin(u.nf.floatnode) ...
```

A.8.4 열거

열거(enumeration)는 열거자(enumerator)라고 불리는 상수들의 집합에서 값을 취하는 독특한 형태이다. 열거 지정자(enumeration specifier)의 형식은 구조체와 유니온의 지정자 형식과 같다.

enum-specifier:
    enum *identifier*$_{opt}$ { *enumerator-list* }
    enum *identifier*

enumerator-list:
    enumerator
    enumerator-list, *enumerator*

enumerator:
    identifier
    identifier = *constant-expression*

열거자 리스트에서의 명칭은 int 형태의 상수가 되는데 상수가 사용될 수 있는 곳이면 어느 곳에서도 사용될 수 있다. 열거자 리스트에 =가 없으면, 그 대응하는 상수의 값은 0에서 시작하여 선언이 왼쪽에서 오른쪽으로 읽혀 감에 따라 1씩 증가한다. =가 있는 열거자는 연관된 명칭에 지정된 값을 부여하고, 다음의 명칭들은 지정된 값에서부터 1씩 증가하면서 계속 진행해 나간다.

같은 영역에서의 열거자 이름은 서로 구별되어야 하고 일반적인 변수 이름과도 구별되어야 하지만, 그 값은 같아도 된다.

열거 지정자에서 명칭의 역할은 구조체 지정자에서 구조 이름(tag)의 역할과 유사하다. 이름과 리스트가 있을 때와 없을 때의 열거 지정자에 대한 규칙은 불완전한 열거 형태라는 형태가 존재하지 않는다는 것을 제외하고는 구조체와 유니온에서의 규칙과 같다. 리스트가 없는 열거 지정자의 이름은 같은 영역 내의 리스트가 있는 지정자를 참조해야 한다.

열거는 초판 이후에 나온 새로운 것이지만, 수년간 프로그램 언어의 한 부분이 되어 왔다.

A.8.5 선언자

선언자(declarator)에 대한 문법은 다음과 같다.

declarator:
  pointer$_{opt}$ *direct-declarator*

direct-declarator:
  identifier
  (*declarator*)
  direct-declarator [*constant-expression*$_{opt}$]
  direct-declarator (*parameter-type-list*)
  direct-declarator (*identifier-list*$_{opt}$)

pointer:
  **type-qualifier-list*$_{opt}$
  **type-qualifier-list*$_{opt}$ *pointer*

type-qualifier-list:
  type-qualifier
  type-qualifier-list type-qualifier

선언자의 구조는 함수, 배열 표현 등의 구조와 유사하고, 결합하는 방식은 동일하다.

A.8.6 선언의 의미

선언이란 어떤 대상의 형(type)과 기억장소에 기억하는 방법을 정해 주는 것을 말한다. 각 선언자는 오직 하나의 명칭에 대한 선언을 한다. 형(type) 선언에 대해 더 설명하도록 한다.

어떤 명칭(identifier)을 어떤 형(type)으로 선언하면 그 명칭은 선언자에서 선언된 형태를 갖게 된다. 선언은 "T D"와 같은 형태를 취하는데, 여기서 T는 형(type), D는 선언자를 의미한다.

"T D" 형태로 된 선언에서 D가

```
( D1 )
```

같은 형태를 취하면 여기에 사용된 괄호는 아무런 의미가 없다. 즉 T(D1)은 T D와 같은 의미이다. 그러나 복잡한 D(선언자)를 취할 경우 괄호가 중요한 역할을 한다. 그럼 포인터, 배열, 함수 선언에 대해 하나씩 살펴보자.

A.8.6.1 포인터 선언자

"T D" 형태의 선언에서 D 부분이 다음과 같은 형태, 즉

* *type-qualifier-list*$_{opt}$ D1

를 가지고 있을 경우 * 표시는 대상체를 가리키고 있는 포인터를 의미한다. 예를 들어, 다음과 같은 선언을 보자.

```
int *ap[ ];
```

여기서 ap[ ]는 D1의 역할을 하고, 선언 "int ap[ ]"는 ap 변수를 "정수형 배열"로 정해 준다. 예제와 같은 "int *ap[ ]"는 ap 변수를 "정수형 배열의 포인터"로 선언해 주게 된다.

다른 예를 하나 더 보면

```
int i, *pi, *const cpi = &i;
const int ci = 3, *pci;
```

위의 선언은 정수형 변수 i와 정수형 변수 pi의 포인터를 선언해 주고 있다. 또한 상수 포인터 cpi의 값을 변화시킬 수 없도록 선언해 주고 있다.

이것은 cpi 변수의 값은 변할 수 있으나 cpi 변수의 위치는 변할 수 없다는 의미이다. ci 변수는 상수이므로 변화시킬 수 없다(위의 예처럼 초기화시킬 수는 있다). pci 변수의 형은 "상수형 정수에 대한 포인터"이고 pci 변수의 위치는 변화시킬 수 있어도(기억장소 내의 pci 변수의 위치) 그 값은 변화시킬 수 없다.

A.8.6.2 배열 선언자

"T D" 형태의 선언에서 D가 다음과 같은 형태를 가지면

```
D1 [constant-expression_opt]
```

배열에 대한 선언을 의미한다. 여기서 constant-expression이 배열의 크기를 정해 주는 부분으로 존재한다면 반드시 정수형을 가져야 하고 값은 0보다 커야 한다. 만일 constant-expression 부분이 정해지지 않으면 그 배열은 완전한 형을 갖지 못한다.

배열은 연산형, 포인터, 구조체 유니온, 또는 다른 배열(다중 배열일 경우)들을 원소로 가질 수 있다. 배열의 형은 확실히 정해져야 하고, 불완전한 형을 가지면 안 된다. 이것은 다중 배열일 경우 첫 번째 배열의 크기만이 생략될 수 있다는 것을 의미한다. 불완전한 형을 갖는 배열은 다른 완전한 형을 가진 선언이나 초기화에 의해 완전해질 수 있다.

```
float fa[17], *afp[17];
```

위의 예는 float 형을 갖는 배열(fa[17])과 float 형을 갖는 배열의 포인터(*afp[17])를 선언한다. 또한

```
static int x3d[3][5][7];
```

위의 예는 3×5×7의 랭크(rank)를 갖는 3차원 배열을 선언한다. x3d, x3d[i], x3d[i][j], x3d[i][j][k] 같은 표현이 가능하다.

배열의 첨자 연산은 다음과 같이 정의된다.

E1[E2]는 *(E1+E2)와 같은 의미이다. 따라서 배열의 이름과 첨자는 교환법칙이 성립하게 된다. +와 배열에 대한 변환 규칙에 의해, 만일 E1이 배열이고 E2가 정수라면 E1[E2]는 E1의 E2번째 요소를 의미한다.

예제에서 x3d[i][j][k]는 *(x3d[i][j]+k)와 동일한 의미를 갖는다. 또한 배열은 행(row) 단

위로 저장된다는 사실을 유념하라. 즉 가장 오른쪽에 있는 첨자부터 변화된다. 언어마다 배열의 저장순서가 다른 것도 있으므로 정확히 알아야 혼동을 피할 수 있다.

A.8.6.3 함수 선언자

"T D" 형태의 선언자 중 D 부분이 다음과 같은 형태

D1(*parameter-type-list*)

를 가지면 함수 선언을 하는 것이다. 여기서 매개변수(parameter)의 문법은 다음과 같다.

parameter-type-list:
  parameter-list
  parameter-list , ...

parameter-list:
  parameter-declaration
  parameter-list , *parameter-declaration*

parameter-declaration:
  declaration-specifiers declarator
  declaration-specifiers abstract-declarator$_{opt}$

위에서 매개변수 리스트(parameter list)는 매개변수의 형을 지정하고 있다. 특별한 경우로 매개변수를 가지지 않고 void 키워드만을 가진 선언이 있을 수 있다. 만일 매개변수형 리스트가 ", ... "로 끝나면 함수가 더 많은 매개변수를 가질 수 있음을 의미한다(A.7.3.2절 참조).

A.10.1절에서 설명할 매개변수 변환 규칙에 따라 배열과 함수 내의 매개변수와 첨자들의 형이 포인터로 변환된다. 매개변수의 형을 지정할 수 있는 지정자는 register 지정자뿐이다.

옛날 형태의 함수 선언은 T D 형태에서 D 부분이

D1(*identifier-list*$_{opt}$)

형태를 가졌다. 만일 매개변수가 있으면 다음과 같은 형을 가진다.

```
identifier-list:
        identifier
        identifier-list, identifier
```

옛날 형태 선언에서는 함수 정의의 첫 부분에서 선언자가 사용되지 않았으면 identifier list를 쓸 수 없게 되어 있다. 선언으로는 매개변수형에 대한 정보를 얻을 수 없다. 예를 들어,

```
int f( ), *fpi( ) , (*pfi) ( );
```

위의 선언은 정수 값을 리턴시키는 함수 f, 정수의 포인터를 리턴시키는 함수 fpi, 정수 값을 리턴하는 함수 pfi의 포인터를 선언하고 있다. 매개변수형에 대해서는 정의할 수가 없다.

다음과 같은 새로운 형태의 선언에서

```
int strcpy(char *dest, const char *source), rand(void);
```

strcpy는 두 개의 매개변수를 가지고 정수 값을 리턴하는 함수이다. 첫 번째는 문자 포인터이고, 두 번째는 상수문자의 포인터이다. 두 번째 함수 rand는 매개변수를 가지지 않고 정수 값을 리턴시키는 함수이다.

> 새로운 선언이 구 형태의 함수 선언과 크게 다른 점은 매개변수의 형을 지정해 줄 수 있다는 것이다. 이것은 에러나 원하지 않는 결과가 나타나는 것을 방지할 수 있다는 큰 장점이 된다. C++ 언어에서는 더욱 다양한 함수 선언기능을 제공하고 있다.

A.8.7 초깃값 지정

선언자는 선언된 명칭에 대해 초깃값을 지정해 줄 수 있다. 초깃값 지정자는 = 기호 앞에 오고, 그 뒤는 수식이나 중괄호로 싸인 값으로 구성된다. 즉 다음과 같다.

```
initializer:
        assignment-expression
        { initializer-list }
```

```
        { initializer-list , }
    initializer-list:
        initializer
        initializer-list, initializer
```

정적 변수(static)나 배열에 대한 초깃값 지정자 내의 모든 수식은 반드시 상수 수식이거나 앞에서 선언된 변수의 어드레스로 이루어진 수식이어야 한다. 자동변수(auto)나 레지스터 변수(register)는 상수와, 앞에서 선언된 변수와 함수를 포함한 어떠한 수식에 의해서라도 그 초깃값이 주어질 수 있다. 초깃값이 주어지지 않는 정적 변수와 외부변수는 처음 시작할 때 0이 주어지며, 자동변수와 레지스터 변수는 임의의 값(garbage)이 주어지므로 반드시 초기화가 필요하게 된다.

포인터나 산술형 대상체의 경우는 한 개의 수식으로 초기화되는데, 중괄호로 묶일 수도 있다. 대상체의 초깃값은 그 수식으로부터 주어지며, 지정문에서와 같은 변환이 이루어진다.

선언된 변수가 구조체나 배열이면 초깃값 지정자는 중괄호 내의 콤마로 분리된 값들로 직접 주어지게 된다. 구조체나 배열의 내부에 구조체나 배열이 있는 경우 위의 과정이 순환적으로 이루어진다. 집합체 내의 원소의 수보다 초깃값 지정자의 수가 적으면, 초기화되지 않은 나머지 원소들은 0으로 채워진다.

이 책의 초판에서는 유니온에 대해서 초깃값 지정을 할 수 없다고 했는데, 새로 개정된 ANSI 표준은 유니온의 초기화를 가능하도록 하였다.

중괄호는 다음 규칙에 따라 생략될 수 있다. 만일 초깃값 지정자가 왼쪽 중괄호로 시작하면, 그 뒤에 오는 콤마로 분리된 초깃값 지정자의 리스트는 원소에게 초깃값을 지정해 주며, 원소의 수보다 초깃값 지정자들의 수가 많으면 에러가 발생하게 된다. 그러나 초깃값 지정자가 왼쪽 중괄호로 시작하지 않는다면, 집합체의 원소 수에 해당하는 만큼만 그 초깃값 리스트로부터 채택될 것이며, 나머지 초깃값들은 무시되거나 구조체나 배열의 내부에 있는 구조체나 배열의 초깃값으로 사용된다.

char 배열의 끝을 생략하면 문자열로 초깃값을 지정할 수 있다. 이 경우 문자열의 계속되는 문자들은 배열의 원소들의 초깃값으로 사용된다. 예를 들어,

```
int x[ ] = { 1, 3, 5 };
```

는 x를 세 개의 원소를 가진 일차원 배열로 선언하고 초깃값을 지정한다. 왜냐하면 배열의 크기가 지정되어 있지 않고 세 개의 초깃값 지정자만 있기 때문이다.

```
float y[4][3] = {
    { 1, 3, 5 },
    { 2, 4, 6 },
    { 3, 5, 7 },
};
```

는 완전히 괄호로 싸인 초깃값 지정이다. 1, 3, 5는 배열 y[0]의 첫 번째 행, 즉 y[0][0], y[0][1], y[0][2]의 초깃값을 지정한다. 마찬가지로 다음 두 줄은 y[1]과 y[2]의 초깃값을 지정해 준다. y[3]에 대한 초깃값, 지정자가 없으므로 0으로 채워지게 된다. 다음과 같이 해도 똑같은 효과를 낸다.

```
float y[4][3] = {
    1, 3, 5, 2, 4, 6, 3, 5, 7
};
```

y에 대한 초깃값 지정자는 왼쪽 중괄호로 시작했으나, y[0]에 대한 것은 그렇지 않으므로 리스트 중 세 개가 사용된다. 마찬가지로 나머지도 세 개씩 차례로 y[1]과 y[2]의 초깃값을 지정한다. 또

```
float y[4][3] = {
    { 1 }, { 2 }, { 3 }, { 4 }
};
```

는 y의 첫째 열에 초깃값을 지정하고 나머지는 0으로 한다. 마지막으로

```
char msg[ ]= "Syntax error on line %s\n";
```

은 그 원소들의 초깃값이 문자열에 의해 주어진 문자 배열의 예이다.

A.8.8 형의 이름

캐스트를 사용하여 형 변환을 명확히 기술할 경우 또는 함수에서 매개변수의 형(type)을 선언할 경우 데이터형에 이름을 붙여 줄 필요가 있다. 이름을 붙여 놓으면 그 이름만으로 대상체를 정의할 수 있게 된다.

type-name:
  specifier-qualifier-list abstract-declarator$_{opt}$

abstract-declarator:
  pointer
  pointer$_{opt}$ *direct-abstract-declarator*

direct-abstract-declarator:
  (*abstract-declarator*)
  direct-abstract-declarator$_{opt}$ [*constant-expression*$_{opt}$]
  direct-abstract-declarator$_{opt}$ (*parameter-type-list*$_{opt}$)

abstract-declarator에 있는 선언문에서 이름을 붙여서 선언해 주면 그 이름은 정의에 사용할 수 있다. 정의된 대상체는 앞에서 선언만 했던 형과 같은 형이 된다.

```
int
int *
int *[3]
int (*)[ ]
int *( )
int (*[ ])(void)
```

은 각각 "정수", "정수에 대한 포인터", "정수에 대한 세 개의 포인터의 배열", "지정되지 않은 정수에 대한 포인터의 배열", "정수에 대한 포인터를 리턴시키는 매개변수가 지정되지 않은 함수", "정수를 리턴시키는 매개변수가 없는 함수에 대한 포인터의 배열"을 의미한다.

A.8.9 typedef

typedef를 사용하는 기억 방식(storage class)은 기억장소를 직접 정의하지 않는 대신 형(type)에 이름을 붙이는 선언자 역할을 수행한다.

```
typedef-name:
    identifier
```

typedef 선언은 A.8.6절에서 설명한 선언에 형을 지정하는 역할을 한다. 따라서 형(type)에 이름을 붙이는 형 지정 키워드(type specifier keyword)와 문법적으로 동일하다.

예를 들어,

```
typedef long Blockno, *Blockptr;
typedef struct { double r, theta; } Complex;
```

뒤에 오는 다음 문장들은

```
Blockno b;
extern Blockptr bp;
Complex z, *zp;
```

모두 옳다. b는 long이고, bp는 "long에 대한 포인터"이다. 그리고 z는 구조체이며 zp는 그 구조체에 대한 포인터이다.

typedef는 완전히 새로운 형을 만들어 내는 것이 아니라, 단지 다른 방법으로 저장될 수 있는 형을 선언하는 역할을 한다. 예제에서 b는 long형과 똑같다고 생각하면 된다.

typedef는 프로그램 중에서 재지정될 수도 있다. 그러나 반드시 지정자(specifier)를 기술해 주어야 하고, 지정자 없이 사용하면 아무런 의미가 없다. 예를 들어

```
extern Blockno;
```

은 Blockno를 재지정할 수 없고

```
extern int Blockno;
```

은 Blockno를 재지정한다.

A.8.10 등가형

두 형 정의 리스트가 동일한 형 정의자를 포함하고 있으면 서로 동일하다. long 정의는 long int의 의미를 함축하고 있다. 서로 다른 이름(tag)을 가진 구조체, 유니온과 연산은 서로 구별된다. 그리고 이름이 없는 유니온이나 구조체, 연산은 서로 동일한 형으로 인식되지 않는다. 형 정의 리스트의 내용이 똑같은 두 형은 서로 동일하다는 것도 유념하기 바란다. 특히 배열 크기나 함수의 매개변수들은 매우 중요하므로 형에 특히 유의해야 한다.

A.9 문장

특별한 경우를 제외하고 문장은 쓰인 순서대로 수행된다. 몇 개의 그룹으로 표현하면 다음과 같다.

```
statement:
        labeled-statement
        expression-statement
        compound-statement
        selection-statement
        iteration-statement
        jump-statement
```

A.9.1 레이블이 있는 문장

문장 앞에는 레이블(labal)이 붙을 수 있다. 즉,

```
labeled-statement:
        identifier : statement
        case constant-expression : statement
        default : statement
```

레이블의 유일한 용도는 goto 문의 목표 역할을 하는 것이다. 즉 goto 문에서 점프할 실제 위치를 나타내는 역할을 한다. 자세한 사용법은 A.11.1절을 참조하라.

case와 default도 레이블인데 switch 문과 함께 사용된다. 레이블 그 자체로는 프로그램의 순서에 아무런 영향을 미치지 않는다.

A.9.2 수식문

대부분의 문장은 수식문(expression statement)이며 다음과 같은 형태이다.

expression-statement:
        $expression_{opt}$;

또한 대부분의 수식문은 지정문(assignment)이거나 함수 호출이다. 다음 문장이 수행되기 전에 수식문의 모든 동작은 끝나게 된다.

수식문이 없는 문장을 널(null) 문장이라고 한다. 이런 널 문장은 레이블이나 반복되는 문장을 위한 공간을 확보하기 위하여 자주 사용된다.

A.9.3 복합문

하나의 문장이 쓰일 곳에 여러 개의 문장이 사용될 수 있도록 하기 위하여 만든 것이 복합문(compound statement)이며 블록(block)이라고도 불린다. 함수 정의 구조는 일종의 복합문이다.

compound-statement:
        { $declaration\text{-}list_{opt}$ $statement\text{-}list_{opt}$ }

declaration-list:
        declaration
        declaration-list declaration

statement-list:
        statement
        statement-list statement

만일 선언 리스트 중의 어느 한 명칭이 그에 앞서 선언된 것이라면, 앞의 선언은 블록 내에서는 의미가 없으며 블록이 끝난 후에 다시 효력을 발생하게 된다.

자동변수나 레지스터 변수의 초깃값 지정은 그 블록에 들어갈 때마다 매번 이루어지게 된다. 그러나 goto 명령 등으로 블록만으로 점프하여 들어갈 경우는 초깃값 지정이 일어나지 않는다. 정적 변수일 경우는 그 프로그램 실행 시에 단 한 번만 이루어진다.

A.9.4 선택문

선택문(selection statement)은 여러 갈래의 제어 흐름에서 한 가지를 고르는 기능을 한다.

```
selection-statement:
        if ( expression ) statement
        if ( expression ) statement else statement
        switch ( expression ) statement
```

위의 두 가지 형태 if 문에서 수식이나 포인터형으로 구성된 수식(expression) 부분이 먼저 계산된다. 계산된 값이 0이 아니면 처음 문장이 수행된다. 두 번째 문장에서 수식이 0일 경우에는 else 다음의 문장을 수행한다. 일반적으로 else는 else를 가지지 않은 마지막 if 문과 연관되어 있다고 생각하면 된다. switch 문은 프로그램의 수행순서가 수식의 값에 따라 여러 문장 중에 하나로 넘어가도록 한다.

수식은 반드시 정수형이어야 한다는 점에 주의해야 한다. switch 문에 의해 제어되는 문장은 일반적으로 복합문이다. 복합문 내의 모든 문장에는 하나 또는 여러 개의 case라는 접두어가 붙게 된다(A.9.1절 참조). switch 문의 수식은 반드시 정수형이어야 하며, 같은 switch 문 내에 같은 값을 가진 두 개의 case 문이 있어서는 안 된다. switch 문이 수행될 때 그 수식의 값을 구해서 각 case 문의 상수와 비교한다. 만일 case 상수 중의 하나가 수식의 값과 일치하면 그 case 뒤의 문장으로 제어 흐름이 넘어가게 된다. 반면 그 수식의 값과 일치하는 case 상수가 없다면, default 문이 있을 경우에는 default 문 뒤의 문장을 수행하며, default가 없는 경우에는 switch 문 내의 어떤 문장도 수행되지 않는다. switch 문은 중첩될 수도 있다.

A.9.5 반복문

반복문(iteration statement)은 루프를 지정한다.

```
iteration-statement:
        while ( expression ) statement
        do statement while ( expression ) ;
        for ( expression_opt ; expression_opt ; expression_opt ) statement
```

while과 do 문에서 수식의 값이 0이 아닌 채로 남아 있는 동안 주어진 문장이 계속 반복하여 수행된다. 수식은 연산형(arithmetic) 또는 포인터형이라야 한다. while 문에서는 수식 값의 검사가 매번 문장이 수행되기 직전에 행해지며, do 문일 경우는 문장이 수행된 직후에 수식 값을 검사한다.

for 문일 경우는 첫 번째 수식은 루프에 대한 초깃값 지정을 하며, 두 번째 수식은 0이 되면 루프를 벗어나도록 하기 위한 검사를 수행하며, 포인터형이나 연산형으로 구성되어야 한다. 세 번째 수식은 매번 반복 시마다 값을 증가시키는 역할을 한다. 따라서 형에는 아무런 제약이 없다. 만일 continue 문이 없다면 아래 문장은

```
for ( expression1 ; expression2 ; expression3 ) statement
```

다음과 같다.

```
expression1 ;
while ( expression2 ) {
    statement
    expression3 ;
}
```

세 개의 수식 중 전부 또는 일부가 생략될 수도 있으며, 두 번째 수식이 생략되면 while(1)과 같은 의미가 된다.

A.9.6 점프문

점프문(jump statement)은 프로그램의 흐름을 무조건적으로 바꿀 수 있다.

```
Jump-statement:
    goto identifier ;
    continue ;
```

```
break ;
return expression_opt ;
```

goto 문에서 인식자(identifier)는 레이블이어야 하며, 프로그램 중에 어디엔가는 반드시 그 레이블이 붙은 문장이 있어야 한다. goto 문을 사용하면 레이블이 붙어 있는 문장으로 제어 흐름이 넘어가게 된다.

continue 문은 반복문과 함께 나타나며 다음과 같은 형식을 가진다.

```
while ( ... ) {        do {                     for ( ... ) {
   ...                    ...                      ...
contin: ;              contin: ;                contin: ;
}                      } while ( ... );         }
```

continue는 goto contin과 같은 역할을 한다. break 문은 반복문 또는 switch 문에서 사용하여 루프로부터 벗어나야 하는 기능을 수행한다.

함수는 return 문을 통해 그것을 호출한 부분으로 되돌아가며 return 뒤의 수식의 값이 리턴된다. 필요하면 수식은 지정문에서와 같이 임의의 형으로 변환될 수도 있다. 함수의 끝까지 아무런 동작 없이 리턴에 이르면 임의의 값을 리턴시키게 된다.

A.10 외부 정의

C 컴파일러가 제공하는 입력 부분을 translation unit이라고 부른다. 그것은 외부 정의(external declarations)의 모임으로 이루어져 있다. 즉,

```
translation-unit:
    external-declaration
    translation-unit external-declaration
external-declaration:
    function-definition
    declaration
```

외부 정의의 유효 범위는 선언의 효력이 그 블록의 끝까지 지속되는 것처럼 그것이 선언된 파일의 끝까지 지속된다. 함수 자체는 일반적인 선언과 같은 레벨이 아니라 외부 정의의 레벨에서 쓰여야 한다는 것만 제외하면 외부 정의 구문은 일반적인 선언의 구문과 동일하다.

A.10.1 함수 정의

함수 정의(function definition)는 다음과 같은 형태를 갖는다.

function-definition:
  declaration-specifiers$_{opt}$ *declarator declaration-list*$_{opt}$
  compound-statement

선언 지정자(declaration specifier) 중에서 허용되는 기억방식 지정자(storage-class specifier)는 extern이나 static뿐이다. A.11.2절을 참조하기 바란다. 함수는 배열이나 함수 값뿐만 아니라 연산형, 구조체, 유니온, 포인터, void도 리턴시킬 수 있다. 함수 선언에서 선언자는 다음과 같은 구조를 가진다.

direct-declarator (*parameter-type-list*)
direct-declarator (*identifier-list*$_{opt}$)

여기서 direct-declarator는 identifier 형이어야 한다. 조심할 것은 typedef 명령으로 함수의 형을 정의하면 안 된다는 것이다.

첫 번째 형태는 새로이 정해진 함수 정의 구문으로서, 매개변수와 그 매개변수의 형이 parameter-type-list에 선언된다. 이런 경우 함수 선언 뒤에 선언 리스트를 붙이지 않는다. parameter-type-list의 각 선언자들은 인식자를 포함해야 한다. 만일 parameter-type-list가 "， ..."으로 끝난다면 매개변수(parameter)보다 첨자(argument)가 많은 함수를 의미한다. 부록 B에 있는 <stdarg.h>라는 표준 헤더 파일 안에 있는 va-arg 매크로는 이런 특별 첨자들을 위한 것이다.

두 번째 형태는 옛날부터 사용되어 온 함수 정의 구문으로서 identifier list에는 매개변수들의 이름이 있고, declaration list에는 매개변수들의 형이 지정되어 있다. 매개변수들에 대한 선언이 없다면 그 매개변수들은 정수형으로 간주된다. 매개변수 리스트 내에 있는 명칭만이 선언 리스트 내에 선언될 수 있으며, 초기화는 이루어지지 않는다. 또한 기억법 중에서 지정될 수 있는 것은 register뿐이다.

첫 번째 형태를 사용한 완전한 함수 정의의 예는 다음과 같다.

```
int max(int a, int b, int c)
{
    int m;
    m = (a > b) ? a : b ;
    return (m > c) ? m : c ;
}
```

여기서 int는 형 지정자이다. max(int a, int b, int c)는 함수 선언자이며, { 와 }의 사이는 함수를 위한 코드가 있는 부분이다.

위의 예와 동일한 두 번째 형태의 정의는 다음과 같다.

```
int max(a, b, c)
int a, b, c;
{
    /* ... */
}
```

int max(a, b, c)는 선언자이며 int a, b, c는 매개변수를 위한 선언 리스트이다.

A.10.2 외부 선언

외부 선언(external declaration)은 대상체(object)의 성질, 함수, 명칭을 정의한다. 여기서 외부(external)라 함은 함수의 외부를 가리키는 말로서 extern 명령어와는 다른 의미이다. 형(type)과 연결(linkage)만 일치한다면 동일한 파일 내에 있는 같은 명칭에 대하여 여러 개의 외부 선언이 존재할 수도 있다.

A.8.10절에서 설명한 규칙에 의해 하나의 대상체나 함수에 대한 서로 다른 두 개의 선언은 서로 같은 형을 가지게 된다. 만일 하나의 선언이 구조체, 유니온 또는 연산형에서 불완전한 구조를 가지고 있고, 다른 하나의 선언이 같은 이름(tag)을 가진 완전한 구조로 되어 있다면 두 선언의 형은 동일하게 간주된다. 또한 하나의 형이 불완전한 배열 형태이고(A.8.6.2

절), 다른 형이 완전한 배열 형태일 경우 두 형의 명칭이 동일하다면 서로 같다고 간주된다. 마지막으로, 하나의 형이 옛날에 사용되던 함수이고 다른 하나는 동일한 구조의 동일한 매개 변수를 가진 새로 정의된 형태의 함수라면 두 형은 동일하다고 간주된다.

함수나 대상체에 대한 처음의 정의가 static으로 되어 있으면 내부연결(internal linkage)이 설정되고, 그렇지 않으면 외부연결(external linkage)이 설정된다. 연결은 A.11.2절에 자세히 설명되어 있다.

대상체에 대한 외부 선언이 초기 지정자(initializer)를 가지고 있다면 그 선언은 정의가 된다. 외부 대상체에 대한 초기 지정자를 가지고 있지 않고 extern 지정자도 없을 경우, 그 선언은 임시 정의(tentative definition)가 된다. 만일 대상체에 대한 정의가 같은 파일에 있을 경우 임시 정의는 필요 없는 구문이 되며 아무런 기능도 수행하지 않는다. 그러나 정의가 없을 경우에 임시 정의는 단문 정의(single definition)로 바뀌게 된다.

각각의 대상체는 정확한 하나의 정의를 가져야 한다. 내부연결을 가진 대상체에는 이 규칙이 각각의 파일에 독립적으로 적용되는 반면, 외부연결을 가진 대상체에서는 이 규칙이 전체 프로그램에 모두 적용된다.

A.11 범위와 연결

프로그램은 모든 부분이 동시에 컴파일될 필요는 없다. 소스 프로그램은 여러 개의 파일로 분리될 수 있고, 각각 컴파일되어 라이브러리와 함께 로드될 수 있다. 프로그램 내의 함수 사이의 데이터 교환은 외부 데이터(external data)나 호출(call)을 통해 이루어진다. 그러므로 두 가지의 범위(scope)를 고려해야 한다. 첫째, 명칭의 어휘적 범위라고 불리는 것으로 프로그램 내에서 그 명칭이 사용되는 동안 정의되지 않은 명칭이란 반응이 나타나지 않는 부분을 말한다. 둘째, 외부연결을 가진 함수 등에 대한 범위로 각각 독립적으로 컴파일된 부분을 연결할 수 있는 범위이다.

A.11.1 어휘적 범위

명칭은 프로그램 수행 중 서로 간섭을 받지 않는 변수 이름이다. 동일한 명칭을 가진 변수라도 각각 사용되는 범위가 다르다면 혼동 없이 사용될 수 있다. 대상체(object), 함수, 형 정의(typedef), enum 상수, 레이블, 구조체 이름, 유니온과 구조체의 멤버들이 이에 속한다. 외부 정의에서 선언된 명칭들의 어휘적 범위는 그 정의로부터 그들이 나타나 있는 소스 파일의 끝까지 계속된다.

함수 정의에서의 매개변수의 범위는 함수 블록의 처음에서 블록의 끝까지이며, 함수 선언에서 매개변수의 범위는 선언자의 끝까지이다. 블록의 헤더에서 선언된 명칭의 범위는 그 선언자의 끝 부분에서 시작하여 블록의 끝까지이고, 레이블의 범위는 그것이 정의된 함수 내에서만 유용하다. 형 정의에 나타나 있는 구조체, 유니온, 열거 이름(enumeration tag), 연산 상수의 범위는 그것이 포함된 파일의 끝 부분까지이다.

블록 외부에서 정의된 명칭은 그 블록이 수행될 동안 아무런 동작이나 변화를 받지 않고 있다가 블록이 끝나면 다시 효력을 발생한다.

A.11.2 연결

하나의 파일에서 컴파일된 경우 명칭의 범위는 위에서 설명한 어휘적 범위와 동일하다. 그러나 여러 개의 파일로 나누어져 각각 컴파일된 경우는 각 명칭 사이를 연결시켜 주어야만 전체적으로 프로그램이 올바로 동작하게 된다. 어떤 함수가 extern이라고 선언된 명칭에 대해 참조한다면 프로그램을 구성하고 있는 파일이나 라이브러리의 어느 곳엔가는 반드시 그 명칭에 대한 외부 정의가 있어야 한다. 주어진 프로그램 내에서 동일한 명칭을 참조하는 모든 함수들은 동일한 대상체를 참조하게 된다. 그러므로 그 정의 내에 기술된 형과 크기가 그 자료를 참조하는 각 함수에서 정의된 것과 일치해야만 한다.

외부 정의 내에 extern이란 명령어가 나타나는 것은 선언된 명칭의 기억장소가 다른 파일 내에 있다는 것을 의미하는 것이다. 그러므로 여러 개의 파일로 구성된 프로그램 내에서는 extern이라는 지정이 없는 명칭이 그 파일 중의 오직 하나에만 나타나 있어야 된다(여기에서만 초깃값 지정이 가능하다). 그 명칭을 사용하고자 하는 다른 파일 내에서는 반드시 그 명칭 앞에 extern이라는 지정을 해 주어야 한다. 프로그램 상단에서 static이라고 선언된 명칭들은 다른 파일에서 참조할 수가 없는 것이다. 함수도 static으로 선언될 수 있다.

A.12 프리프로세싱

프리프로세서(preprocessor)는 매크로 치환, 조건부 컴파일, 파일 포함 등의 기능을 수행한다. #로 시작되는 행은 이 프리프로세서와 관련이 있다. #로 시작되는 행의 구문(syntex)은 언어의 문법과는 관계가 없다. 그들은 어떤 곳에서도 위치할 수 있으며, 범위(scope)에 관계없이 프로그램 전체에 걸쳐 영향을 미친다. 각 행의 경계는 매우 중요하며, 행은 개별적으로 분석된다(A.12.2절을 참조하라). 프리프로세서는 #include의 토큰(token)으로 문자열을 사용하는데, 그 문자열은 다른 곳에서 중복적으로 사용되어서는 안 된다. 그리고 스페이스나 수평 탭 문자는 토큰으로 사용될 수 없다. 프리프로세서는 다음과 같은 일련의 작업을 수행한다.

1. A.12.1절에서 설명할 세 개의 연속된 그래픽 문자는 다른 문자로 치환될 수 있다. OS가 필요로 할 경우 newline 문자가 소스 파일의 각 라인에 삽입될 수도 있다.
2. 행의 끝을 나타내는 \ 문자를 생략하여 라인들을 연결시킨다(A.12.2절).
3. 프로그램은 공백문자에 의해 여러 개의 토큰으로 분리된다. 설명문(주석)은 하나의 스페이스로 대치되며, 매크로가 확장된다.
4. escape 문자와 문자열이 치환되며, 인접된 문자열이 연결된다.
5. 그 결과들이 번역된 다음, 다른 프로그램 또는 라이브러리와 링크된다. 이때 필요한 프로그램과 데이터가 포함되며, 외부 함수와 함수 정의가 연결된다.

A.12.1 세 개의 연속된 그래프 문자열

C 소스 프로그램의 문자들은 7비트의 ASCII 문자들로 이루어지는데 그것은 ISO646-1983 코드를 확장한 것이다. 프로그램의 모든 문자들이 원래의 형태로 표현되기 위해서는 연속적으로 나타나는 세 개의 그래픽 문자열(trigraph sequence)이 한 문자로 치환되어야 한다. 이 치환 동작은 연산이 일어나기 전에 수행된다.

```
??=  #        ??(  [        ??<  {
??/  \        ??)  ]        ??>  }
??'  ^        ??!  |        ??-  ~
```

다른 치환은 일어나지 않는다. 세 개의 연속 문자열은 ANSI 표준에서 새로이 지정되었다.

A.12.2 행 연결

행의 끝을 나타내는 \ 문자를 생략하고 새로운 행을 나타내는 문자를 추가함으로써 얻어진다.

A.12.3 매크로 정의와 확장

```
# define identifier token-sequence
```

위와 같은 형태의 제어 라인은 프로그램 내의 모든 지시자(identifier)를 token-sequence로 치환하는 역할을 한다. 예를 들어, 프로그램에 #define abc def라는 행이 있으면 그 프로그램 내에 있는 모든 abc라는 문자열을 def로 바꾸어 준다. token-sequence 양쪽의 스페이스는 무시된다. 같은 명칭(identifier)으로 다른 token-sequence를 지정하면 에러가 발생한다.

```
# define identifier(identifier-list) token-sequence
```

위와 같은 형태는 identifier-list에 주어진 매개변수의 매크로 정의이다. 첫 번째 경우와 마찬가지로 token- sequence의 앞뒤의 스페이스는 무시된다.

```
# undef identifier
```

위와 같은 경우는 명칭의 정의를 해제하는 것인데 정의되지 않은 명칭을 해제해도 에러는 발생하지 않는다. 두 번째의 경우에 있어 매크로 명칭(identifier)은 ( ) 안의 콤마로 구별되며, 첨자의 수는 정의된 파라미터의 수와 일치하여야 한다.

앞의 두 번째 예는 함수 형태의 정의를 보여 준다. 괄호 속에는 매개변수가 있는데, 매개변수 사이에는 콤마가 있어야 하고 매개변수는 뒤의 token-sequence에 나오는 것과 같아야 한다. 따옴표나 괄호 속에 있는 콤마는 매개변수를 구분하기 위한 콤마로 인식되지 않는다.

두 개의 특별한 연산자가 이 과정에 영향을 주게 된다. 하나는 토큰열 내의 매개변수 앞에 #을 붙인 경우, 따옴표 "가 매개변수 앞뒤에 오게 된다. 즉 매개변수 명칭이 따옴표 속으로 들어가게 된다. 매개변수 안에 있는 문장 상수나 문자열 내에 " 또는 \가 있으면 그 앞에 \

문자를 삽입하게 된다. 둘째는 토큰열이 ## 연산자를 포함하고 있을 경우, ## 양쪽의 공백을 없애고 앞뒤의 문자열을 붙여서 하나로 만든다. 이 작용은 부적절하게 토큰이 사용되었을 경우에는 일어나지 않는다. ##는 토큰열 앞뒤에는 사용할 수 없다.

두 경우의 매크로 모두, 새로 정의된 명칭을 확인하기 위해 토큰열을 반복해서 검사한다. 그러나 명칭이 일단 확장되면 다시 토큰열에 나타나도 변하지 않고 그대로 남아 있게 된다.

메크로 확장에 대한 것은 ANSI 표준에 잘 설명되어 있다. 특징적인 것은 #와 ##가 추가된 것이다. #와 ##의 사용은 잘못되면 더 혼란스러울 수 있다.

몇 가지 예로 설명하도록 한다. 다음의 것은 상수를 정의하는 예이다.

```
#define TABSIZE 100
int table[TABSIZE];
```

다음과 같은 정의는

```
#define ABSDIFF(a, b) ((a)>(b) ? (a)-(b) : (b)-(a))
```

그 매개변수들의 차이 값의 절댓값을 리턴시키는 매크로를 정의한다. 함수로도 같은 동작을 할 수 있지만 함수와의 차이점은 매개변수나 리턴되는 값이 어떤 형태로도 될 수 있고 또한 포인터도 될 수 있다는 것이다.

다음과 같은 정의의 매크로 호출은

```
#define tempfile(dir)    #dir "/%s"
```

tempfile(/usr/tmp)를

```
"/usr/tmp" "/%s"
```

로 만든다. 다음과 같은 경우는

```
#define cat(x, y)    x ## y
```

cat(var, 123)을 호출했을 때 cat(var123)의 결과를 출력하게 된다. cat(cat(1, 2), 3))은 정의되지 않는다. 바깥쪽 cat이 치환되면서 안쪽 cat의 치환이 안 되도록 변해 버리고, 따라서 다음과 같은 토큰열을 생성한다.

```
cat  (  1 , 2 )3
```

매크로를 두 단계로 사용하면 해결이 되는데 다음과 같다.

```
#define xcat(x,y)     cat(x,y)
```

xcat(xcat(1, 2), 3)은 123을 출력시킨다. xcat의 치환이 ## 연산자를 포함하고 있지 않기 때문이다.

마찬가지로 ABSDIFF(ABSDIFF(a, b), c)는 올바른 결과를 얻을 수 있다.

A.12.4 파일 포함

다음과 같은 명령은

```
#include <filename>
```

filename 파일의 내용 전체를 프로그램에 삽입시키는 기능을 한다. *filename*은 > 또는 newline을 포함하지 않아야 하며 ", ', \, /* 등의 문자를 포함할 경우 파일 이름이 정의되지 않으므로 사용을 피해야 한다. 프로프로세서는 *filename*을 표준 파일 중에서만 찾아본다. 그러나

```
#include "filename"
```

은 우선 원래의 소스 파일 디렉토리에서 찾아보고, 거기에 없으면 표준 파일 중에서 찾아본다. 이 경우도 ', \, /* 문자를 피해야 하나 >는 가능하다.

#include들은 중첩될 수도 있다.

A.12.5 조건부 컴파일

프로그램의 각 부분들은 다음 구문에 따라 조건적으로 컴파일될 수도 있다.

```
preprocessor-conditional:
    if-line text elif-parts else-partopt #endif

if-line:
    # if constant-expression
    # ifdef identifier
    # ifndef identifier

elif-parts:
    elif-line text
    elif-partsopt

elif-line:
    # elif constant-expression

else-parts:
    else-line text

else-line:
    # else
```

#if와 계속되는 #elif 명령은 수식 표현(expression)의 값을 계산하며, 0이면 그다음에 오는 문장(text)을 무시하고, 0이 아니면 그 문장을 실행시킨다.

일단 #if나 #elif 명령이 수행되어 그다음에 오는 문장이 실행되면 그 뒤에 오는 #elif와 #else 문장은 무시된다. 만약 모든 표현이 0이면 #else 뒤의 문장이 수행하게 된다.

#if와 #elif 내의 수식 표현은 일반적으로 매크로일 경우가 많은데, #if, #elif 등의 분기는 매크로 치환이 일어나기 전에 행해진다.

```
defined identifier
```

또는

```
defined(identifier)
```

는 그 identifier가 정의되어 있으면 1L, 그렇지 않으면 0L이 된다. 결과의 형이 long임에 주의하라. 이 변환도 매크로 치환보다 먼저 행해진다.

치환 결과 생긴 상수 표현(A.7.19절)에는 제약이 있는데 상수는 정수여야 하고 sizeof가 있으면 안 되며 cast나 열거도 올 수 없다.

다음과 같은 제어 라인은

```
#ifdef identifier
#ifndef identifier
```

각각 다음과 동일하다.

```
# if defined identifier
# if ! defined identifier
```

A.12.6 프로그램의 행 제어

다음 행은

```
# line constant "filename"
# line constant
```

컴파일러로 하여금 다음 행의 번호가 상수로 주어져 있고, 현재의 입력 파일 이름이 "filename"이라고 간주하게 하는데, 이것은 에러 진단을 하기 위해 사용된다. 파일 이름을 정해 주지 않으면 기억된 파일 이름은 변경되지 않는다.

A.12.7 에러 발생

```
# error token-sequenceopt
```

위와 같은 명령은 프리프로세서가 에러 메시지를 발생할 수 있게 한다.

A.12.8 pragma

```
# pragma token-sequenceopt
```

위의 명령은 프리프로세서가 특정 기종에 의존(implementation-dependent)하는 동작을 할 수 있게 해 준다.

A.12.9 널(null)

```
#
```

위와 같이 표시된 라인은 아무런 동작도 하지 않는다.

A.12.10 예약된 이름

몇 개의 명칭은 미리 정해져 있어서 다시 정의되거나 정의를 해제할 수 없다.

`__LINE__`	소스 파일의 행을 나타내는 정수 상수
`__FILE__`	컴파일되고 있는 소스 파일의 이름을 나타내는 문자열
`__DATE__`	컴파일 날짜를 나타내는 문자열. "Mmm dd yyyy" 형식
`__TIME__`	컴파일 시간을 나타내는 문자열 "hh : mm : ss" 형식
`__STDC__`	표준을 따르는 컴파일러에서 이 상수의 값은 1이 된다.

##error와 #pragma는 새로운 것이다. preprocess 매크로는 새로 정의된 것이지만 이전에 사용되기도 했다.

A.13 문법

다음에 지금까지 앞에서 설명했던 문법을 요약하여 정리하였다. 우리말로 번역하면 오히려 이해하는 데 방해가 될 것 같아서 영문을 그대로 싣는다.

translation-unit:

  external-declaration

  translation-unit external-declaration

external-declaration:

  function-definition

  declaration

function-definition:

  declaration-specifiers$_{opt}$ *declarator declaration-list*$_{opt}$

  compound-statement

declaration:

  declaration-specifiers init-declarator-list$_{opt}$;

declaration-list:

  declaration

  declaration-list declaration

declaration-specifier:

  storage-class-specifier declaration-specifiers$_{opt}$

  type-specifier declaration-specifiers$_{opt}$

  type-qualifier declaration-specifiers$_{opt}$

storage-class-specifier: one of

  auto register static extern typedef

type-specifier: one of

  void char short int long float double signed

```
      unsigned struct-or-union-specifer enum-specifier typed-name

type- qualifier: one of
      const  volatile

struct-or-union-specifier:
      struct-or-union identifier_opt { struct-declaration-list }
      struct-or-union identifier

struct-or-union: one of
      struct  union

struct-declaration-list:
      struct-declaration
      struct-declaration-list struct-declaration

init-declarator-list:
      init-declarator
      init-declarator-list, init-declarator

init-declarator:
      declarator
      declarator = initializer

struct-declaration:
      specifier qualifier-list struct-declarator-list ;

specifier-qualifier-list:
      type-specifier specifier-qualifier-list_opt
```

```
    type-specifier specifier-qualifier-list_opt

struct-declarator-list:
    struct-declarator
    struct-declarator-list , struct-declarator

struct-declarator:
    declarator
    declarator_opt : constant-expression

enum-specifier:
    enum identifier_opt { enumerator-list }
    enum identifier

enumerator-list:
    enumerator:
    enumerator-list , enumerator

enumerator:
    identifier
    identifier = constant-expression

declarator:
    pointer_opt direct-declarator

direct-declarator:
    identifier
    ( declarator )
    direct-declarator [ constant-expression_opt ]
```

```
        direct-declarator ( parameter-type-list )
        direct-declarator ( identifier-listopt )

pointer:
        * type-qualifier-listopt
        * type-qualifier-listopt pointer

type-qualifier-list:
        type-qualifier
        type-qualifier-list type-qualifier
parameter-type-list:
        parameter-list
        parameter-list , ...

parameter-list:
        parameter-declaration
        parameter-list , parameter-declaration

parameter-declaration:
        declaration-specifiers declarator
        declaration-specifiers abstract-declaratoropt

identifier-list:
        identifier
        identifier-list , identifier

initializer:
        assignment-expression
        { initializer-list }
```

```
    { initializer-list , }

initializer-list:
    initializer
    initializer-list , initializer

type-name:
    specifier-qualifier-list abstract-declarator_opt

abstract-declarator:
    pointer
    pointer_opt direct-abstract-declarator

direct-abstract-declarator:
    ( abstract-declarator )
    direct-abstract-declarator_opt [ constant-expression_opt ]
    direct-abstract-declarator_opt ( parameter-type-list_opt )

typedef-name:
    identifier

statement:
    labeled-statement
    expression-statement
    compound-statement
    selection-statement
    iteration-statement
    jump-statement
```

```
labeled-statement:
      identifier : statement
      case constant-expression : statement
      default: statement

expression-statement:
      expression_opt;

compound-statement:
      { declaration-list_opt statement-list_opt }

statement-list:
      statement
      statement-list statement

selection-statement:
      if ( expression ) statement
      if ( expression ) statement else statement
      switch ( expression ) statement

iteration-statement:
      while ( expression ) statement
      do statement while ( expression ) ;
      for ( expression_opt; expression_opt; expression_opt ) statement

jump-statement:
      goto identifier ;
      continue ;
      break ;
```

```
    return expression_opt ;

expression:
    assignment-expression
    expression, assignment-expression

assignment-expression:
    conditional-expression
    unary-expression assignment-operator assignment-expression

assignment-operator: one of
    = *= /= %= += -= <<= >>= &= ^= |=

conditional-expression:
    logical-OR-expression
    logical-OR-expression ? expression: conditional-expression

constant-expression:
    conditional-expression

logical-OR-expression:
    logical-AND-expression
    logical-OR-expression || logical-AND-expression

logical-AND-expression:
    inclusive-OR-expression
    logical-AND-expression && inclusive-OR-expression

inclusive-OR-expression:
```

```
        exclusive-OR-expression
        inclusive-OR-expression | exclusive-OR-expression

exclusive-OR-expression:
        AND-expression
        exclusive-OR-expression ^ AND-expression

AND-expression:
        equality-expression
        AND-expression & equality-expression

equality-expression:
        relational-expression
        equality-expression == relation-expression
        equality-expression != relation-expression

relational-expression:
        shift-expression
        relational-expression < shift-expression
        relational-expression > shift-expression
       relational-expression <= shift-expression
       relational-expression >= shift-expression

shift-expression:
        additive-expression
        shift-expression << additive-expression
        shift-expression >> additive-expression

additive-expression:
```

```
        multiplicative-expression
        additive-expression + multiplicative-expression
        additive-expression - multiplicative-expression

multiplicative-expression:
        cast-expression
        multiplicative-expression * cast-expression
        multiplicative-expression / cast-expression
        multiplicative-expression % cast-expression

cast-expression:
        unary-expression
        ( type-name ) cast-expression

unary-expression:
        postfix-expression
        ++ unary-expression
        -- unary-expression
        unary-operator cast-expression
        sizeof unary-expression
        sizeof ( type-name )

unary-operator: one of
        &  *  +  -  ~  !

postfix-expression:
        primary-expression
        postfix-expression [ expression ]
        postfix-expression ( argument-expression-list_opt)
```

```
        postfix-expression . identifier
        postfix-expression -> identifier
        postfix-expression ++
        postfix-expression --

primary-expression:
        identifier
        constant
        string
        ( expression )

argument-expression-list:
        assignment-expression
        argument-expression-list, assignment-expression

constant:
        integer-constant
        character-constant
        floating-constant
        enumeration-constant

control-line:
        # define identifier token-sequence
        # define identifier (identifier, …, identifier) token-sequence
        # undef identifier
        # include <filename>
        # include "filename"
        # include token-sequence
        # line constant "filename"
```

```
        # line constant
        # error token-sequence_opt
        # pragma token-sequence_opt
        #
        preprocessor-conditional

preprocessor-conditional:
        if-line text elif-parts else-parts_opt # endif

if-line:
        # if constant-expression
        # ifdef identifier
        # ifndef identifier

elif-parts:
        elif-line text
        elif-parts_opt

elif-line:
        # elif constant-expression

else-part:
        else-line text
else-line:
        # else
```

APPENDIX B

표준 라이브러리

부록 B에서는 ANSI 표준에 정의된 표준 라이브러리에 대해 설명하였다. 표준 라이브러리는 C 언어 자체의 한 부분은 아니지만 C 언어로 된 프로그램이 잘 동작할 수 있도록 함수 선언, 형, 매크로 선언을 해 주고 있어서 쉽게 사용할 수 있다. 지엽적인 문제를 다루는 함수, 여러 바이트로 이루어진 문자 등에 대한 설명은 생략하고 자주 사용되는 것을 중점으로 설명한다.

표준 라이브러리의 함수(function), 형(type), 매크로(macro) 등은 표준 헤더(header)에 정의되어 있다. 표준 헤더는 다음과 같다.

```
<assert.h>   <float.h>    <math.h>     <stdarg.h>   <stdlib.h>
<ctype.h>    <limits.h>   <setjmp.h>   <stddef.h>   <string.h>
<errno.h>    <locale.h>   <signal.h>   <stdio.h>    <time.h>
```

헤더를 사용할 때는 다음과 같이 한다.

```
#include <header>
```

헤더는 순서나 횟수에 관계없이 사용할 수 있다. include 문은 외부 선언 내에 포함되면 안 되고, 라이브러리가 사용되는 곳보다 앞에 있어야 한다. 라이브러리의 명칭(identifier)은 밑줄로 시작하는 이름으로 되어 있다.

B.1 입출력 〈stdio.h〉

입출력 함수, 형, 매크로 등은 <stdio.h>에서 정의되는데 <stdio.h>는 전체 라이브러리의 3분의 1 정도가 되는 큰 크기이다. 디스크나 그 외의 장치를 오가는 데이터의 모임을 "stream"이라고 하는데, 라이브러리는 text stream 또는 binary stream을 처리한다. UNIX 등의 시스템에서는 텍스트나 이진수는 같이 취급된다. text stream은 '\n'으로 끝나는 행들의 모임이다. 다른 형태의 stream과 text stream 사이의 변환이 필요한 경우도 있을 것이다('\n'을 carriage return이나 linefeed로 바꾸는 것 같은 변환). binary stream은 아무런 처리를 거치지 않은 데이터의 모임을 말한다. 같은 시스템에서 읽어 들이면 원래의 데이터를 그대로 읽어 낼 수 있다.

stream은 "open"을 통해서 파일이나 "device"로 바뀔 수 있고, "close"에 의해 종료된다.

파일을 open 하면 그 파일의 포인터가 리턴된다. 이 책에서는 혼동될 가능성이 없는 경우 "file pointer"와 "stream"을 구별하지 않고 사용한다. 어떤 프로그램이 실행될 때 stdin, stdout과 stderr가 우선 open 된다.

B.1.1 파일 처리

다음에 열거하는 함수들은 파일을 다루는 함수이다. 여기서 size_t는 부호 없는 정수형인데 sizeof 연산에 의해 만들어진다.

FILE *fopen(const char *filename, const chat *mode)

fopen은 파일을 열어 stream으로 읽을 수 있게 해 준다. 열리지 않으면 NULL 문자가 리턴된다. mode는 다음과 같다.

"r"	파일을 open(읽기 위해서)
"w"	파일을 open(쓰기 위해서), 원래 어떤 내용이 있었다면 그 내용은 없어진다.
"a"	append, 파일에 덧붙여 쓰기 위해서 파일을 연다.
"r+"	파일을 수정하기 위해서 연다(읽고 쓸 수 있다).
"w+"	수정하기 위해서 파일을 만든다. 원래 있던 내용은 없어진다.
"a+"	append, 수정하기 위해 파일을 열거나 만든다(파일의 끝에 덧붙여 쓰게 된다).

수정하는 mode는 파일에서 읽고 쓸 수 있다. 읽는 동작과 쓰는 동작 사이에는 fflush나 파일 위치 지정함수를 실행시켜야 한다. 이진수(binary) 파일을 처리할 경우에는 "rb" 또는 "w+b" 처럼 b를 넣어 준다. 파일명의 길이는 FILENAME_MAX에 의해 지정되며 동시에 열 수 있는 파일의 수는 FOPEN_MAX에 의해 지정된다.

FILE *freopen(const char *filename, const char *mode, FILE *stream)

파일을 mode에 맞게 open 하고 stream을 리턴해 준다. 에러가 있으면 stream은 NULL 문자가 된다. 보통 stdin, stdout 또는 stderr와 관련된 파일을 변경하는 데 사용된다.

int fflush(FILE *stream)

출력 stream에 이 함수를 적용시키면 출력할 수 있는 상태로 "buffer" 된다. 즉 stream이 버퍼에 저장된다. 입력 stream에 사용하는 것은 정의되어 있지 않다. 리턴 값은 0인데 에러(write error)가 있으면 EOF(end of file : 파일의 끝을 나타내는 문자)가 리턴된다.

int fclose(FILE *stream)

사용되던 버퍼(buffer)를 지우고 정리한 다음 stream을 닫는다. 리턴 값은 0인데 에러가 있으면 EOF가 리턴된다.

int remove(const char *filename)

파일을 지운다. 에러가 생기면 0이 아닌 어떤 값이 리턴된다.

int rename(const char *oldname, const char *newname)

파일의 이름을 다른 것으로 바꾼다. 에러가 생기면 0이 아닌 값이 리턴된다.

FILE *tmpfile(void)

"wb+" mode의 동작을 할 때 임시 파일을 만들어 준다. close를 할 때 또는 프로그램이 끝날 때 임시 파일이 자동적으로 없어진다. tmpfile은 stream을 리턴해 주는데 임시 파일을 만들 수 없으면 NULL 문자가 리턴된다.

char *tmpnam(char s[L_tmpnam])

tmpnam(NULL)은 존재하는 파일의 이름이 아닌 새로운 이름을 갖는 문자열의 포인터를 리턴해 준다. tmpnam(s)는 문자열을 s에 저장해 준다. s의 크기는 L_tmpnam 이상이 되어야 한다. tmpnam은 실행될 때마다 다른 이름의 문자열을 만든다. 이름의 가짓수는 최대 TMP_MAX 개까지 가능하다. 이 함수는 파일을 만드는 함수가 아니라 이름을 붙이는 함수라는 것에 유의하자.

int setvbuf(FILE *stream, char *buf, int mode, size_t size)

stream에 buffer 작용을 해 준다. 읽거나 쓰기 전에 이 함수를 꼭 실행해야 한다. mode를 _IOFBF로 하면 'full buffering' _IOLBF는 'line buffering' 그리고 _IONBF로 하면 'buffer'를 하지 않음을 뜻한다. buf가 NULL이 아니면 buf가 buffer로 사용되고 NULL로

하면 buffer는 임의로 지정된다. size는 buffer의 크기를 지정해 주고, 에러가 있으면 0이 아닌 값이 리턴된다.

void setbuf(FILE *stream, char *buf)

buf이 NULL이면 'buffer' 작용이 정지되고, NULL이 아니면 (void) setvbuf(stream, buf, _ IOFBF, BUFSIZ)와 같은 동작을 한다.

B.1.2 정형화된 출력

정형화된 출력을 하는 함수는 printf이다.

int fprintf(FILE *stream, const char *format, ...)

fprintf는 format에 맞는 출력을 stream으로 보낸다. 리턴 값은 출력된 문자의 개수인데 에러가 있으면 음의 값이 리턴된다.

format이라는 문자열에는 두 가지 종류의 정보가 포함되는데 그것은 보통 문자와 출력 형식이다. 출력 형식은 앞에 %가 붙은 문자로 표시해 준다. %와 문자 사이에 다음과 같은 문자를 넣을 수도 있다.

- 출력 형식을 정리하는 기호
  - : 왼쪽 끝이 정렬된 출력
  + : 숫자 앞에 부호를 붙여 준다.
  space : 첫 문자가 음의 부호 또는 빈칸이 된다.
  0 : 칸수에 맞게 앞에 0을 넣어 준다.
  # : 0의 경우 첫 자리가 0이 되고, x나 X의 경우 0x 또는 0X가 앞에 붙게 된다. e, E, f, g와 G의 경우 소수점이 항상 출력되며, g와 G의 경우 연속된 0을 없애지 않는다.
- 숫자는 출력될 최소 자릿수를 나타낸다. 더 많은 자리가 필요할 경우는 더 많은 자리가 사용된다. 최소 자릿수보다 작은 자릿수의 출력이 있을 때는 오른쪽으로 붙는다(왼쪽 정렬을 지정한 경우는 왼쪽). 나머지는 빈칸으로 남게 되는데 위의 출력 형식 정리 기호를 0으로 하면 빈칸 대신 0으로 채워진다.
- .(점) : 앞의 숫자는 전체 자릿수, 뒤의 숫자는 소수점 이하 자릿수이다.

표 B.1 Printf 변환 형식

변환 지정 문자	매개변수형 : 설명
d, i	int : 부호 있는 10진 정수
o	int : 부호 없는 8진수(앞에 0이 붙지 않는 형식)
x, X	int : 부호 없는 16진수(앞에 0이 붙지 않는 형식. 0x로 하면 abcdef, 0X로 하면 ABCDEF가 사용된다.
u	int : 부호 없는 10진 정수
c	int : 부호 없는 정수형으로 변환된 문자
s	char * : 문자열을 출력한다. '\0'을 만나거나 지정된 길이까지 출력하면 출력이 끝난다.
f	f6.2처럼 하면 전체 여섯 자리 소수점 이하 두 자리의 double이 출력된다.
	[−]*mmm.ddd* 형식.
e, E	[−]*m.dddddd*e±*xx* 또는 [−]*m.dddddd*E±*xx*의 형식으로 출력한다.
g, G	e, E 또는 f 중 알맞은 형으로 변환해 준다. 자릿수를 맞추기 위한 0은 출력되지 않는다.
p	포인터로 출력
n	변환하지 않고 그대로 출력
%	%로 출력

- 숫자는 문자열 중에서 출력될 문자의 개수, e, E, f가 사용되었을 경우의 자릿수, 정수형이 출력될 최소 자릿수(자리가 남으면 앞에 0을 붙여 준다) 등을 지정하는 데 사용된다.
- 출력의 길이를 재조정하기 위해 h, l, L 등을 사용한다. "h"는 short 또는 부호 없는 short 형, "l"은 long 또는 부호 없는 long 형, "L"은 long double을 뜻한다.

  변환형식을 지정하는 문자들은 표 B.1에 나타냈다. 표에 있는 문자들의 앞에 %를 붙여서 사용한다.

int printf(const char *format, ...)

fprintf(stdout, ...)와 같다.

int sprintf(char *s, const char *format, ...)

printf와 같은데 출력이 문자열 s에 저장된다. s는 \0으로 끝나게 되고 s의 크기는 충분히 크게 잡혀야 한다. 리턴 값은 \0을 제외한 s의 길이이다.

vprintf(const char *format, va_list arg)

vfprintf(FILE *stream, const char *format, va_list arg)

vsprintf(char *s, const char *format, va_list arg)

이 세 함수는 printf 함수와 같은데 다른 점은 매개변수들이 arg에 있는 것으로 된다는 점이다. arg는 va_start 매크로에서 초기화하게 되고(va_arg를 호출하는 경우가 많다) <stdarg.h>에 대해서는 B.7절에서 설명한다.

B.1.3 형식화된 입력

형식화된 입력을 담당하는 함수는 scanf이다.

int fscanf(FILE *stream, const char *format, ...)

fscanf 함수는 stream을 읽어서 그 내용을 매개변수(arguments)에 할당해 주는데, 매개변수들은 포인터이다. fscanf 함수는 파일의 끝을 만나든지 혹은 stream을 변환하기 전에 에러를 만나면 EOF를 리턴한다. 에러가 없으면 입력을 정상적으로 변환해 준다.

format은 문자열 형태로 되어 있는 매개변수인데 입력 형식을 정해 주는 역할을 한다. format의 내용에는 다음과 같은 것이 올 수 있다.

- 공백이나 탭은 무시된다.
- 보통 문자(% 제외)
- 변환 형식, 즉 %와 자릿수 지정하는 문자들 h, l, L 등

매개변수는 포인터의 형태로 주어져야 하므로 *를 붙이면(예를 들어 %*s) 입력을 받아들이지 않게 된다. 입력 stream을 읽다가 white space를 만나거나 지정해 준 문자길이에 도달하면 거기까지가 해당되는 매개변수인 것으로 인식하고 변환을 한다.

행바꿈 문자(newline)도 white space의 일종이므로 scanf의 입력으로 여러 행의 stream이 들어가도 된다.

변환 형식을 지정하는 문자는 여러 가지가 있는데 표 B.2에 정리해 놓았다.

변환 형식 지정 문자(conversion characters) d, i, n, o, u의 앞에는 h와 1이 올 수 있는데, h는 매개변수가 short 형의 포인터인 경우, l은 long 형의 포인터인 경우에 사용한다. 변환 형식 지정 문자 e, f, g의 앞에 l을 붙이면 double 형의 포인터, L이 오면 long double 형의 포인

표 B.2 Scanf 변환 형식

변환지정문자	입력 데이터 : 매개변수형
d	10진 정수 : int *
i	정수 : int *. 8진수 또는 16진수일 수도 있다.
o	8진 정수 앞에 0 없는 형 : int *
u	부호 없는 10진 정수 : unsigned int *
x	16진 정수(0이 붙을 수도 있다) : int *
c	문자 : char *. 정해 준 길이가 될 때까지 문자를 읽어 들인다. '\0'이 붙지 않는다. 공백은 무시된다. 다음에 오는 문자 하나를 읽으려면 %ls와 같이 한다.
s	공백 없는 문자열 : char *. '\0' 으로 끝나는 문자열의 포인터를 사용한다.
e, f, g	부동소수점 : float *. 부호와 자릿수를 printf의 경우에서처럼 정해 줄 수 있다.
p	포인터 값 : void *. printf("%p")의 경우와 같은 포인터
n	읽힐 문자의 개수를 매개변수에 넘겨준다 : int * 입력은 읽히지 않는다.
[...]	[ ] 속에 있는 문자들과 일치하는 가장 긴 문자열 입력 : char *. 끝에 '\0'이 붙는다. [ ] 속에 ...]가 있어도 된다.
[^...]	[ ] 속에 있는 문자들과 일치하지 않는 가장 긴 문자열 입력 : char * 끝에 '\0'이 붙는다. [^] 속에 ...]가 있어도 된다.
%	입력에 %가 그냥 들어올 수 있다.

터를 뜻한다.

int scanf(const char *format, ...)

fscanf(stdin, …)과 같다.

int sscanf(char *s, const char *format, ...)

scanf와 같은데 한 가지 다른 점은 입력을 문자열 s로부터 받아들인다는 것이다.

B.1.4 문자 입력, 출력 함수

int fgetc(FILE *stream)

stream의 다음 문자를 부호 없는 char 형(int 형으로 된 것)으로 리턴한다. 파일의 끝이나 에러를 만나면 EOF를 리턴한다.

char *fgets(char *s, int n, FILE *stream)

입력의 다음 n-1 문자(입력이 n-1보다 작으면 가능한 만큼만)를 s라는 배열에 넣는다. 행바꿈 문자(배열에서는 '\0')를 만나면 변환을 끝내고 s를 리턴한다. 파일의 끝이나 에러를 만나면 NULL 문자를 리턴한다.

int fputc(int c, FILE *stream)

문자 c(int형으로 변환된 것)를 stream에 쓴다. 쓰인 문자를 리턴하는데, 에러가 있으면 EOF를 리턴한다.

int fputs(const char *s, FILE *stream)

문자열 s를 ('\n'이 포함되지 않아도 된다) stream에 쓴다. 0 또는 양수가 리턴되는데 에러가 있으면 EOF가 리턴된다.

int getc(FILE *stream)

fgetc와 같은 동작을 하지만 다른 점은, 이 함수는 매크로에서 stream을 여러 번 읽을 때 사용 가능하다는 것이다.

int getchar(void)

getc(stdin)과 같다.

char *gets(char *s)

다음에 들어오는 입력 행을 읽어 문자열 s에 넣어 준다. 에러가 있으면 EOF가 리턴되고, 없으면 0 또는 양수가 리턴된다.

int putc(int c, FILE *stream)

fputc와 같은 동작을 하지만 다른 점은 매크로에서 반복 사용이 가능하다는 것이다.

int putchar(int c)

putc(c, stdout)와 같다.

int puts(const char *s)

문자열 s의 끝에 행바꿈 문자를 붙여 stdout에 쓴다. 에러가 있으면 EOF를, 없으면 0 또는 양수를 리턴한다.

int ungetc(int c, FILE *stream)

문자 c(int 형)를 stream에 돌려보낸다. 한 stream에 문자 둘 이상을 돌려보내면 안 된다. EOF는 돌려보낼 수 없다. 에러가 있으면 EOF를, 없으면 되돌려지는 문자를 리턴한다.

B.1.5 직접 입출력을 하는 함수

size_t fread(void *ptr, size_t size, size_t nobj, FILE *stream)

stream에서 읽은 입력을 ptr이라는 배열에 넣는다. 크기는 size로 지정하고 최대 대상체 수는 nobj로 정해 준다. 리턴 값은 읽은 대상체의 개수이며, size보다는 작은 값이 되어야 한다. 입력 상태를 나타내기 위해서 feof와 ferror를 사용해야 한다.

size_t fwrite(const void *ptr, size_t size, size_t nobj, FILE *stream)

배열 ptr의 내용을 stream에 쓴다. 대상의 개수는 nobj, 크기는 size이다. 쓰인 대상체의 개수가 리턴된다. 이 개수가 nobj보다 작으면 에러이다.

B.1.6 파일 배치 함수

int fseek(FILE *stream, long offset, int origin)

stream의 위치를 선정한다. 다음의 읽거나 쓰기는 선정된 위치에 하게 된다. binary 파일인 경우 번지는 시작 번지 origin과 오프셋 번지 offset에 의해 정해진다. 이 번지는 SEEK_SET(시작), SEEK_CUR(현재 위치), SEEK_END(파일 끝)에서 알 수 있다. 텍스트 stream 경우 offset은 0이 되든지 ftell에 의해 정해져야 한다(시작 번지는 SEEK_SET으로 된다).

fseek은 에러인 경우 0이 아닌 값을 리턴한다.

long ftell(FILE *stream)

현재의 파일 위치를 리턴한다. 에러가 있으면 -1L을 리턴한다.

void rewind(FILE *stream)

rewind(fp)는 fseek(fp, 0L, SEEK_SET); clearerr(fp)과 같다.

int fgetpos(FILE *stream, fpos_t *ptr)

stream의 현재 위치를 *ptr에 넣어 준다. fpos_t의 형은 알맞은 형태가 된다. 에러가 생기면 0이 아닌 값을 리턴한다.

int fsetpos(FILE *stream, const fpos_t *ptr)

stream을 *ptr이 지정하는 위치에 놓는다. 에러가 생기면 0이 아닌 값을 리턴한다.

B.1.7 에러에 관한 함수

라이브러리에 있는 많은 함수들은 에러가 발생했을 때 에러가 발생했음을 알려 준다. 보통 리턴 값으로 알려 주는데 이 값을 검사하면 에러가 발생했을 경우 어떻게 하라는 문장을 작성할 수 있다. 또 <errno.h>에는 errno라는 변수가 선언되어 있어서 어떤 에러가 발생했는지를 알 수 있다.

void clearerr(FILE *stream)

stream 처리 중 발생한 에러 신호나 파일 끝을 알리는 신호를 지운다.

int feof(FILE *stream)

stream의 처리 중 파일의 끝을 알리는 신호가 들어오면 0이 아닌 값을 리턴한다.

int ferror(FILE *stream)

stream 처리 중 에러 신호가 생기면 0이 아닌 값을 리턴한다.

void perror(const char *s)

perror(s)는 s와 error에 해당하는 에러 메시지를 출력한다. 출력 형식은 다음과 같다.

fprintf(stderr, "%s: %s\n", s, "*error message*")

strerror에 대해서는 B.3절을 참조한다.

B.2 문자 분류 <ctype.h>

헤더인 <ctype.h>는 문자를 분류하는 함수를 정의한다. 함수의 매개변수는 정수형이며 리턴 값도 정수형이다. 매개변수는 EOF가 아닌 경우에는 부호 없는 정수로 문자를 나타내고 있다. 각 함수는 그 함수의 조건에 만족되는 경우는 0이 아닌 값을 리턴하고, 만족하지 않은 경우에는 0을 리턴한다.

`isalnum(c)`	isalpha(c) 또는 isdigit(c)가 만족되는 경우
`isalpha(c)`	isupper(c) 또는 islower(c)가 만족되는 경우
`iscntrl(c)`	제어 문자인 경우
`isdigit(c)`	10진수
`isgraph(c)`	출력되는 문자(공백 제외)
`islower(c)`	영문 소문자
`isprint(c)`	출력되는 문자(공백 포함)
`ispunct(c)`	영문자, 숫자 공백이 아닌 문자
`isspace(c)`	공백, 행바꿈, 캐리지 리턴, 탭, 페이지 바꿈 등
`isupper(c)`	영문 대문자
`isxdigit(c)`	16진수

B.3 문자열 처리 함수

<string.h>에 정의되어 있는 문자열 처리 함수는 두 가지로 분류된다. 하나는 이름이 str로 시작되는 함수이고, 다른 하나는 mem으로 시작한다. memmove 이외의 함수를 중복된 대상에 실행했을 때의 결과는 알 수 없다.

다음의 요약 내용에서 s와 t는 char * 형 변수이고, cs와 ct는 const char * 형의 변수이다. n은 size_t 형, c는 int화된 char이다.

`char *strcpy(s, ct)`	문자열 ct를 '\0'을 포함해서 문자열 s에 복사, 리턴 값은 s
`char *strncpy(s, ct, n)`	문자열 ct의 최대 n 문자를 s에 복사, 리턴 값은 s, t의 문자 수가 n보다 작으면 '\0'이 붙는다.
`char *strcat(s, ct)`	문자열 ct를 s의 끝에 붙인다. 리턴 값은 s
`char *strncat(s, ct, n)`	ct의 최대 n 문자와 \0을 s의 끝에 붙인다. 리턴 값은 s
`int strcmp(cs, ct)`	cs와 ct를 비교 cs<ct이면 리턴 값<0, cs>ct이면 리턴 값>0, cs==ct이면 리턴 값=0
`int strncmp(cs, ct, n)`	cs와 ct의 최대 n 문자에 대해서 strcmp와 같은 동작을 한다.
`char *strchr(cs, c)`	cs 중 c와 첫 번째 일치하는 문자의 포인터를 리턴, 일치하는 문자가 없으면 NULL이 리턴
`char *strrchr(cs, c)`	cs 중 c와 마지막으로 일치하는 문자의 포인터를 리턴, 없으면 NULL이 리턴
`size_t strspn(cs, ct)`	ct에 들어 있는 문자로 되어 있는 cs로 주어진 접두어의 길이를 리턴
`size_t strcspn(cs, ct)`	ct에 있지 않은 문자로 되어 있는 cs로 주어진 접두어의 길이를 리턴
`char *strpbrk(cs, ct)`	ct에 있는 문자와 일치하는 첫 번째 cs의 문자의 포인터를 리턴, 없으면 NULL이 리턴
`char *strstr(cs, ct)`	ct에 있는 문자열과 일치하는 첫 번째 cs의 문자열의

	포인터를 리턴, 없으면 NULL이 리턴
`size_t strlen(cs)`	cs의 길이를 리턴
`char *strerror(n)`	에러 번호 n에 해당되는 에러 메시지의 포인터를 리턴
`char *strtok(s, ct)`	ct에 있는 문자를 가지고 s를 검색. 다음의 설명을 보라.

strtok(s, ct)는 ct의 문자를 구분기호로 해서 s를 토큰으로 구분한다(콤마로 구분된 단어를 생각하면 된다). 처음 호출에서 처음 찾은 토큰 뒤에 '\0'을 붙이고 그 토큰의 포인터가 리턴된다. 계속 호출하면 그다음, 그다음의 토큰을 찾아서 포인터를 리턴하는데, 더 이상 토큰이 없으면 NULL을 리턴한다. ct는 호출할 때마다 달라져도 된다.

mem으로 시작하는 이름의 함수는 대상을 문자 배열을 처리하는 함수이다. 다음의 요약에서 s와 t는 void * 형, cs와 ct는 const void * 형, n은 size_t 형, c는 int화된 char 형이다.

`void *memcpy(s, ct, n)`	ct의 n개의 문자를 s에 복사, 리턴 값은 s
`void *memmove(s, ct, n)`	memcpy와 같으나 중복된 대상에도 동작
`int memcmp(cs, ct, n)`	cs와 ct의 처음 n 문자를 비교, 리턴 값은 strcmp와 같다.
`void *memchr(cs, c, n)`	cs에서 처음으로 c와 일치하는 문자의 포인터를 리턴, n 문자 이내에 없으면 NULL이 리턴된다.
`void *memset(s, c, n)`	c를 s의 처음 n 문자에 넣는다. 리턴 값은 s

B.4 수학계산 함수 <math.h>

<math.h>에서는 수학계산 함수와 매크로를 정의한다. 매크로인 EDOM과 ERANGE (<errno.h>에 있다)는 0이 아닌 상수로서 domain과 범위(range)의 에러를 찾는 데 사용된다. HUGE_VAL은 양의 double 값이다. domain 에러는 함수가 정의된 domain의 밖에 있는 매개변수를 사용할 때 발생한다. domain 에러가 발생하면 errno는 EDOM으로 되는데 리턴 값은 사용하는 함수에 따라 다르다. 함수의 계산 결과가 double형의 범위를 넘으면 범위(range) 에러가 발생한다. 오버플로가 발생하면 함수는 HUGE_VAL을 리턴하고 errno가 ERANGE가 된다. 언더플로우가 발생하면 리턴 값은 0이 되고, 함수에 따라 errno가

ERANGE로 될 수도 있다.

다음의 요약에서 x와 y는 double 형, n은 int 형이며 모든 함수의 리턴 값은 double이다. 삼각함수는 라디안을 사용한다.

`sin(x)`	sine of x
`cos(x)`	cosine of x
`tan(x)`	tangent of x
`asin(x)`	$\sin^{-1}(x)$ 범위는 $[-\pi/2, \pi/2]$, $x \in [-1, 1]$
`acos(x)`	$\cos^{-1}(x)$ 범위는 $[0, \pi]$, $x \in [-1, 1]$
`atan(x)`	$\tan^{-1}(x)$ 범위는 $[-\pi/2, \pi/2]$
`atan2(y, x)`	$\tan^{-1}(y/x)$ 범위는 $[-\pi, \pi]$
`sinh(x)`	hyperbolic sine of x
`cosh(x)`	hyperbolic cosine of x
`tanh(x)`	hyperbolic tangent of x
`exp(x)`	exponential function e^x
`log(x)`	자연로그 $\ln(x)$, $x>0$
`log10(x)`	상용로그 $\log_{10}(x)$, $x>0$
`pow(x, y)`	x^y. $x=0$이고 $y \le 0$일 경우와 $x<0$이고 y가 정수가 아닐 경우에는 domain error
`sqrt(x)`	$\sqrt{x}$, $x \ge 0$
`ceil(x)`	x보다 작지 않은 최소 정수(double)
`floor(x)`	x보다 크지 않은 최대 정수(double)
`fabs(x)`	절댓값 $\|x\|$
`ldexp(x, n)`	$x \cdot 2^n$
`frexp(x, int *exp)`	x를 [1/2, 1] 범위의 분수의 합으로 분해한다. 결과는 *exp에 x가 0이면 결과는 모두 0이 된다.
`modf(x, double *ip)`	x를 정수부와 소수부로 분리, 정수부는 *ip에, 소수부는 리턴
`fmod(x, y)`	x/y의 나머지, y가 0인 경우는 기종에 따라 다르게 처리된다.

B.5 유틸리티 함수 <stdlib.h>

<stdlib.h>에서는 숫자변환, 기억장소, 배정 등의 여러 함수를 정의한다.

double atof(const char *s)

s를 double로 변환한다. strtod(s, (char **)NULL)과 같다.

int atoi(const char *s)

s를 int로 변환한다. (int)strtol(s, (char **)NULL, 10)과 같다.

long atol(const char *s)

s를 long으로 변환한다. strtol(s, (char**)NULL, 10)과 같다.

double strtod(const char *s, char **endp)

s를 double로 변환한다. 맨 앞의 빈칸은 무시한다. endp가 NULL이 아닐 경우 변환하지 않은 부분의 포인터를 *endp에 저장한다. 오버플로가 생기면 HUGE_VAL이 부호와 함께 리턴된다. 언더플로가 생기면 0이 리턴된다. 두 경우 모두 errno는 ERANGE가 된다.

long strtol(const char *s, char **endp, int base)

s를 long으로 변환한다. 앞의 빈칸은 무시된다. endp가 NULL이 아닐 경우 변환되지 않은 부분의 포인터는 *endp에 저장된다. base가 2~36이면 입력이 2~36진수라고 가정하게 된다. base가 '0'이면 8, 10, 16진수, 0이 앞에 오면 8진수, 0x나 0X가 앞에 오면 16진수이다. 오버플로가 생기면 LONG_MAX나 LONG_MIN이 리턴된다. errno는 ERANGE가 된다.

unsigned long strtoul(const char *s, char **endp, int base)

strtol과 같은데 결과 값은 부호가 없고, 에러 값은 ULONG_MAX가 된다.

int rand(void)

0~RAND_MAX(32767 이상)의 랜덤 수를 리턴한다.

void srand(unsigned int seed)

이 함수는 seed 있는 랜덤 발생 함수인데, 초기의 seed는 1이다.

void *calloc(size_t nobj, size_t size)

크기가 size인 nobj개의 요소를 가진 배열을 기억할 빈 공간의 포인터를 리턴한다. 없으면 NULL이 리턴된다. 공간은 0으로 채워진다.

void *malloc(size_t size)

calloc와 같으나 공간이 0으로 채워지지 않는다.

void *realloc(void *p, size_t size)

포인터가 p가 가리키는 대상의 크기를 size로 바꾼다. 대상의 내용은 바뀌지 않는다. size가 원래 크기보다 크면 나머지 공간은 그대로 방치된다. 새로운 공간의 포인터가 리턴되고 크기를 바꿀수 없으면 NULL이 리턴된다(*p가 그대로 있을 경우).

void free(void *p)

p가 가리키는 공간의 포인터를 해제한다. p가 NULL이면 아무 일도 일어나지 않는다. p는 calloc, malloc 또는 realloc에 의해 정해져 있는 상태라야 정상적인 동작이 이루어진다.

void abort(void)

프로그램을 그 상태에서 정지시켜 버린다. raise(SIGABRT)에 의한 것과 같다.

void exit(int status)

프로그램을 정상적인 상태로 종료시킨다. atexit 함수를 호출하면서 열린 파일과 stream도 닫고 프로그램이 정상적으로 끝나게 된다. status가 어떻게 되는지는 기종과 경우에 따라 다르지만 리턴 값은 0이 된다. EXIT_SUCCESS와 EXIT_FAILURE가 사용될 수도 있다.

int atexit(void (*fcn)(void))

프로그램 종료 시 함수 fcn을 호출할 수 있는 상태로 해 준다. 실패하면 0이 아닌 값이 리턴된다.

int system(const char *s)

문자열 s를 system으로 리턴해 준다. s가 NULL이면 0이 아닌 값이 리턴되고, 0일 경우는 경우에 따라 다르다.

char *getenv(const char *name)

name이라는 이름의 문자열을 system에 리턴한다. 문자열이 없으면 NULL이 리턴된다. 자세한 동작은 기종에 따라 다르다.

void *bsearch(const void *key, const void *base, size_t n, size_t size,
int (*cmp)(const void *keyval, const void *datum))

*key와 맞는 대상을 base[0]~base[n-1]에서 찾는다. cmp 함수는 첫째 매개변수(search key)가 두 번째 매개변수(테이블 시작점)보다 작을 경우 음의 값을 리턴한다. 같으면 0이 리턴되고, 크면 양수가 리턴된다. 배열 base 속의 항목은 작은 것이 앞에 있도록 정렬되어야 한다. *key와 일치하는 항목이 리턴되고 일치하는 것이 없으면 NULL이 리턴된다.

void qsort(void *base, size_t n, size_t size,
int (*cmp)(const void *, const void *))

크기가 size인 배열 base[0]~base[n-1]을 작은 것이 앞에 오는 순서로 정렬한다.

int abs(int n)

절댓값을 리턴한다.

long labs(long n)

long 형 변수 n의 절댓값을 리턴한다.

div_t div(int num, int denom)

num/denom의 몫과 나머지를 계산한다. 몫은 quot(int)에, 나머지는 rem(div_t형의 structure)에 저장된다.

ldiv_t ldiv(long num, long denom)

ldiv_t와 같은데 long을 사용하는 것만 다르다.

B.6 진단 <assert.h>

프로그램에 진단기능을 첨가할 때 사용한다.

void assert(int *expression*)

*expression*이 0이면 다음과 같은 문장이 stderr에 출력된다.

```
Assertion failed: expression, file filename, line nnn
```

그리고 abort에 의해 프로그램이 종료된다. 파일 이름과 행번호는 __FILE__과 __LINE__의 두 매크로에 의해 주어진다.

<assert.h>가 프로그램에 포함되어 있어도 NDEBUG가 선언되어 있는 상태라면 assert는 무시된다.

B.7 매개변수 리스트 <stdarg.h>

<stdarg.h>는 형이나 숫자를 알 수 없는 매개변수를 처리하는 동작을 하도록 해 준다. 여러 매개변수가 있는 함수 f의 이름 붙은 마지막 매개변수가 *lastarg*이라고 해 보자. f의 내부에서 변수 ap를 va_list 형으로 선언하면 ap는 매개변수를 차례로 가리키게 된다.

```
va_list ap;
```

이름 없는 매개변수가 있으면 ap는 매크로 va_start를 사용해 초기화해야 한다.

```
va_start(va_list ap, lastarg);
```

매크로 va_arg를 실행하면 이름 없는 매개변수와 같은 형 같은 값의 숫자(또는 문자)가 리턴된다. ap는 같이 움직여서 다음번 va_arg를 실행할 때 다음 매개변수를 처리하도록 된다.

```
type va_arg(va_list ap, type);
```

다음의 매크로

```
void va_end(va_list ap);
```

는 함수 f가 끝나기 전, 매개변수의 처리가 끝났을 때 꼭 한 번 실행해야 한다.

B.8 non-local Jumps <setjmp.h>

보통의 함수 호출과 리턴이 아닌 다른 방식의 분기를 하도록 해 준다. 예를 들어, 여러 겹으로 함수가 호출되었을 때 한꺼번에 다 빠져나오도록 하는 것이다.

```
int setjmp(jmp_buf env)
```

현재 상태에 대한 정보를 기록해서 longjmp가 사용할 수 있게 한다. setjmp를 직접 호출하면 리턴 값은 0이 되고 longjmp와 같이 반복 호출하면 0이 아닌 값을 갖는다. setjmp를 호출하려면 다음과 같은 문장이 필요하다. 판단, 분기, 루프의 이 세 가지 요소가 있어야 한다.

```
if (setjmp(env) == 0)
    /* get here on direct call */
else
    /* get here by calling longjmp */
```

void longjmp(jmp_buf env, int val)

setjmp에 의해 기록되었던 상태 정보를 env에 기록된 것으로 바꾼다. 그리고 setjmp를 실행해서 0이 아닌 val이 리턴된 것처럼 동작한다. setjmp를 포함하고 있는 함수에서 프로그램을 종료하면 안 된다. 액세스할 수 있는 대상의 값은 longjmp가 호출되기 전의 값을 갖는다. setjmp에 의해 값이 기록되지 않는다.

B.9 신호 처리 〈signal.h〉

<signal.h>는 인터럽트 신호 등의 신호를 처리할 수 있게 한다.

```
void (*signal(int sig, void (*handler) (int)))(int)
```

signal은 들어오는 신호를 어떻게 처리할 것인지를 결정한다. handler가 SIG_DFL로 되면 기본설정 상태(default)로 동작한다. handler가 SIG_IGN로 되면 그 신호는 무시하게 된다. 그 외의 경우에는 handler가 가리키는 함수가 실행된다. 신호는 다음과 같은 것이 있다.

SIGABRT	비정상적인 프로그램 종료(abort)
SIGFPE	계산 에러, 0으로 나눔 또는 오버플로
SIGILL	함수호출 에러
SIGINT	인터럽트
SIGSEGV	메모리 지정 에러
SIGTERM	프로그램 종료 요구 신호

signal의 리턴 값은 실행 전 handler의 값인데 에러가 있으면 SIG_ERR가 리턴된다. 신호 sig가 들어오면 그 신호는 원래 정해진 대로 동작하고 handler가 정하는 함수가 (*handler)(sig)와 같이 호출된다. 그 함수가 끝나면 신호가 들어오기 전의 상태로 되돌아간다. 신호의 초기 상태는 기종에 따라 다르다.

int raise(int sig)

신호 sig를 알려 준다. 에러가 있으면 0이 아닌 값이 리턴된다.

B.10 날짜와 시간에 대한 함수 <time.h>

<time.h>는 날짜와 시간에 대한 형과 함수를 정의한다. 어떤 함수는 지역시간을 다루도록 되어 있다. clock_t와 time_t는 프로그램 실행시간을 알려 주며, struct tm은 달력 표시의 시간을 알려 준다.

`int tm_sec;`	초(0~59)
`int tm_min;`	분(0~59)
`int tm_hour;`	시각(0~23)
`int tm_mday;`	날짜(1~31)
`int tm_mon;`	달(0~11)
`int tm_year;`	연도 −1900
`int tm_wday;`	요일(0~6, 0은 일요일)
`int tm_yday;`	날짜(0~365)
`int tm_isdst;`	일광 절약시간 사용 여부

tm_isdst가 양수이면 일광 절약시간(여름시간) 사용을 뜻하고, 0이면 아님을 뜻한다. 음수이면 정보가 틀렸다는 것을 뜻한다.

clock_t clock(void)

프로그램 실행 시작부터의 시간, 에러가 있으면 −1을 리턴한다. 시작부터 몇 초 지났는지 알려면 clock( )/CLK_TCK를 계산하면 된다.

time_t time(time_t *tp)

현재 시간을 알려 준다. 시간이 잘못되어 있으면 −1을 리턴한다. tp가 NULL이 아니면, 리턴값은 *tp에도 할당된다.

double difftime(time_t time2, time_t time1)

time2-time1을 초로 계산한다.

time_t mktime(struct tm *tp)

*tp에 있는 지역시간을 표준시간으로 변환한다. 변환 후의 시간도 *tp 형이다. 표준시간이 리턴되고 변환이 불가능하면 -1이 리턴된다.

다음 네 개의 함수는 static 변수의 포인터를 리턴한다. 그 정적 대상(변수)은 다른 함수에서 고쳐도 무방하다.

char *asctime(const struct tm *tp)

구조체(structure) *tp에 있는 시간을 다음 형태의 문자열로 바꾼다.

```
Sun Jan 3 15: 14: 13 1988\n\0
```

char *ctime(const time_t *tp)

표준시간(calendar time)을 지역시간으로 변환한다.

```
asctime(localtime(tp))
```

와 같다.

struct tm *gmtime(const time_t *tp)

표준시간 *tp를 UTC(Coordinated Universal Time)로 변환한다. UTC로 변환할 수 없으면 -1이 리턴된다.

struct tm *localtime(const time_t *tp)

표준시간을 지역시간으로 변환한다.

size_t strftime(char *s, size_t smax, const char *fmt, const struct tm *tp)

*tp의 형태로 되어 있는 정보를 fmt의 형태인 s로 변환한다. fmt는 printf 형식과 비슷한 형식이다. 보통문자('\0' 포함)는 s에 그대로 기록되고 %는 다음의 요약과 같이 사용된다. s의 최대 문자 수는 smax에 의해 정해지고, s의 문자('\0' 포함) 수는 strftime이 리턴해 준다.

smax보다 많은 수의 문자가 만들어지면 리턴 값은 0이 된다.

%a	요일 이름 약자
%A	요일 이름
%b	달 이름 약자
%B	달 이름
%c	지역표기 시간
%d	날짜(01~31)
%H	시간(00~23)
%I	시간(01~12)
%j	날짜(001~366)
%m	달(01~12)
%M	분(00~59)
%p	오전, 오후 표시
%S	분(00~59)
%U	1년 중 몇 번째 주인가(00~53, 주의 처음은 일요일)
%w	요일(0~6, 일요일이 0)
%W	1년 중 몇 번째 주인가(00~53, 주의 처음은 월요일)
%x	지역 날짜 표기법
%X	지역 시간 표기법
%y	연도 -1900(00~99)
%Y	연도
%Z	시간 지역 이름
%%	%

B

B.11 기종에 따른 크기 제한 <limits.h><float.h>

<limits.h>는 정수형 변수(혹은 상수)의 크기에 대한 선언을 포함하고 있다. 다음에 제한을 나타내는 상수를 열거한다. 실제로는 최댓값이 열거한 것보다 클 수도 있다.

CHAR_BIT	8	문자당 비트 수
CHAR_MAX	UCHAR_MAX 또는 SCHAR_MAX	char의 최댓값
CHAR_MIN	0 또는 SCHAR_MIN	char의 최솟값
INT_MAX	+32767	int의 최댓값
INT_MIN	-32767	int의 최솟값
LONG_MAX	+2147483647L	long의 최댓값
LONG_MIN	-2147483647L	long의 최솟값
SCHAR_MAX	+127 부호 붙은	char의 최대
SCHAR_MIN	-127 부호 붙은	char의 최소
SHRT_MAX	+32767	short의 최댓값
SHRT_MIN	-32767	short의 최솟값
UCHAR_MAX	255U	부호 없는 char의 최대
UINT_MAX	65535U	부호 없는 int의 최대
ULONG_MAX	4294967295UL	부호 없는 long의 최대
USHRT_MAX	65535U	부호 없는 short의 최대

<float.h>에 있는 여러 상수들은 부동소수점 연산에 관계된 것을 나타낸다. 다음에 상수들을 열거하고 최소 크기를 나타낸다.

FLT_RADIX	2	지수 표현의 밑수
FLT_ROUNDS		부동소수점 덧셈의 rounding mode
FLT_DIG	6	유효 자릿수(10진 표현)
FLT_EPSILON	1E-5	$1.0+x \neq 1.0$이 되는 최소 x 값
FLT_MANT_DIG		$x\ 10^n$ 표현의 유효 자릿수

FLT_MAX	1E+37	부동소수점 최대수
FLT_MAX_EXP		FLT_RADIX^{n}−1이 가능한 최대 n 값
FLT_MIN	1E−37	부동소수점 표현 가능한 최소 크기
FLT_MIN_EXP		10^{n} 표현 가능한 최소 n
DBL_DIG	10	10진 표현 유효 자릿수
DBL_EPSILON	1E−9	1.0+x≠1이 되는 최소 x
DBL_MANT_DIG		x10^{n} 표현의 유효 자릿수
DBL_MAX	1E+37	double형의 최댓값
DBL_MIN_EXP		FLT_RADIX^{n}−1이 가능한 최대 N 값
DBL_MIN	1E−37	DOUBLE 표현 가능한 최소 크기
DBL_MAX_EXP		10^{n} 표현 가능한 최소 n

APPENDIX C

개선점 요약

이 책의 제1판(우리나라에서도 번역 출판되었다)이 나왔을 무렵에는 C 언어의 정의가 아직 확고히 확립되지 못하고 조금씩 변화할 무렵이었다. 대부분의 확장된 버전은 구 버전과 호환성을 유지하고 있다. 또한 구 버전에서의 모호성이 확실하도록 개선되었으며, 많은 기능이 추가되었다. AT&T에서 여러 가지 새로운 기능이 공표되었고, 각 C 컴파일러 회사들은 그 새로운 기능을 수용하여 각각의 컴파일러를 개선시켜 나갔다. 최근에는 ANSI 위원회에서 여러 가지 변화를 수용하여 새로운 표준을 정하였고, 따라서 많은 C 컴파일러도 수정하게 되었다.

이 책의 제1판에서 설명했던 내용과 앞으로 표준으로 정착되리라 여겨지는 내용과의 차이점을 요약해 놓았다. 여기서는 언어 그 자체만을 다루었으며, 환경이나 라이브러리에 대해서는 다루지 않았다. 환경이나 라이브러리도 매우 중요한 요소이지만 제1판에서 다루지 않았기 때문에 차이점 요약이 별 의미가 없으리라 생각된다.

- 프리프로세싱이 제1판보다 더욱 조심스럽게 정의되었으며, 새로운 연산자들이 추가되었다. 예를 들면 #, ##과 같은 것들이다. #elif 나 #pragma와 같은 새로운 제어 라인이 추가되었다.
- 내부 변수의 길이가 31자로 늘어났다. 외부 변수의 길이는 종전과 같이 6자이다.
- ??에 의해 세 개의 특수문자의 조합이 가능해졌다.
- void, const, volatile, signed, enum 같은 새로운 키워드가 추가되었고, entry 키워드는 삭제되었다.
- 문자 정수나 문자열 문자를 위한 새로운 escape 문자열이 새로 정의되었다.
- 8과 9가 8진수 숫자가 아닌 것으로 되었다.
- 상수의 형을 명확하게 구별하기 위해 표준 첨자가 도입되었다. 즉, 정수형에는 U, L 실수형에는 F, L 첨자를 사용한다. 첨자가 없는 경우는 종전과 동일하다.
- 인접된 문자열 문자는 연결된다.
- 문자 상수와 긴 문자열에 대한 표현이 가능하다. A.2.6절을 참조하라.
- 다른 형들과 마찬가지로 문자도 signed 또는 unsigned 키워드를 사용하여 부호를 가질 수 있다. double 같은 뜻으로 쓰이던 long float 명령이 삭제되었다. 그러나 long double은 배정도의 변수선언을 위해 사용될 수 있다.

- 당분간 unsigned char형이 사용될 수 있다. 표준은 char 형 또는 다른 정수형에 signed 키워드를 사용하도록 하고 있다.
- void 형이 최근 몇 년간 사용되어 왔는데, 표준은 일반적인 포인터형으로서 void*를 사용하도록 하고 있다. 이전까지는 char*이 역할을 대신해 왔다. 또한 포인터와 정수를 혼용하여 사용하는 것을 금지하고 있다.
- 표준은 type-qualifier를 c++로부터 도입하였다. A.8.2절을 참조하라.
- 스트링은 수정이 불가능하게 되었다. 그것들은 ROM에 주로 위치해 있다. 제1판에서 sizeof 연산자는 정수형이었다. 표준에서는 sizeof 표준 헤더인 〈stddef. h〉의 size_t에 형을 지정함으로써 연산자의 형을 임의로 지정할 수 있다.
- 지정자(specifier)가 없는 외부 선언(external declaration)이 금지되었다.
- 자동 구조나 배열 또는 유니온(union)을 초기화시킬 수 있다.
- switch 문의 제어 수식이나 레이블이 정수형을 가질 수 있게 되었다.

Index

찾아보기

• 영문 •